互联网法治系列丛书

Research
on Internet Case Trial

互联网案件审判研究

/ 第二辑 /

陈增宝 / 主编
侍孝祥　朱敏明 / 副主编
杭州互联网法院　互联网法治研究院（杭州）/ 编

法律出版社 LAW PRESS · CHINA | 北 京

图书在版编目（CIP）数据

互联网案件审判研究. 第二辑 / 陈增宝主编 ; 侍孝祥等副主编. -- 北京 : 法律出版社, 2025. --（互联网法治系列丛书 / 陈增宝主编）. -- ISBN 978-7-5244-0620-4

Ⅰ. D925.05

中国国家版本馆 CIP 数据核字第 2025GL7675 号

互联网案件审判研究(第二辑)
HULIANWANG ANJIAN SHENPAN YANJIU(DI-ER JI)

陈增宝 主 编
侍孝祥 朱敏明 副主编
杭州互联网法院
互联网法治研究院(杭州) 编

策划编辑 曲 杰
责任编辑 曲 杰
装帧设计 臧晓飞

出版发行 法律出版社
编辑统筹 学术·对外出版分社
责任校对 王语童
责任印制 胡晓雅 宋万春
经 销 新华书店

开本 710 毫米×1000 毫米 1/16
印张 22.5 **字数** 312 千
版本 2025 年 8 月第 1 版
印次 2025 年 8 月第 1 次印刷
印刷 河北虎彩印刷有限公司

地址:北京市丰台区莲花池西里 7 号(100073)
网址:www.lawpress.com.cn
投稿邮箱:info@lawpress.com.cn
举报盗版邮箱:jbwq@lawpress.com.cn

销售电话:010-83938349
客服电话:010-83938350
咨询电话:010-63939796

书号:ISBN 978-7-5244-0620-4
定价:89.00 元

凡购买本社图书,如有印装错误,我社负责退换。电话:010-83938349

互联网案件审判研究（第二辑）
编辑委员会

总　序

习近平总书记强调，“网信事业代表着新的生产力和新的发展方向”“互联网不是‘法外之地’”“要坚持依法治网、依法办网、依法上网，让互联网在法治轨道上健康运行”。互联网法治是中国之治的重要组成部分，是构建网络空间命运共同体的重要一环。互联网法治发展要始终坚持以习近平总书记关于网络强国的重要思想为根本遵循和行动指南，在有效应对时代之变、历史之变、科技之变中引领社会治理的法治维度，不断在实践中培育和厚植法治文化基础，努力建构和完善依法治网的法律体系和体制机制，将互联网时代信息革命的磅礴伟力转化为阶梯式递进、跨越式发展的强劲动力。

“法制无常，近民为要；古今异势，便俗为宜。”法因实际需要而制定，又根据实际变动而完善。互联网法治必须与时俱进、改革创新，积极探索网络法治工作规律，保障网络法治建设始终充满活力、行稳致远。互联网立法应守正创新，加快推进重点立法，健全互联网法治理论研究与支撑；互联网执法应当加大力度，强化地方执法，切实增强针对性与实效性，震慑与遏制违法乱象；互联网司法应当增速提效，深化科技在司法领域应用，全面推进数字法院建设，加快探索互联网司法新模式，建立健全具有中国特色的互联网司法新模式和制度规则体系，促进审判体系和审判能力现代化；互联网普法应当深入人心，积极开展以案释法工作，推广普法性读物，营造全网全社会尊法学法守法用法的良好氛围。如此形成整体智治、高效协同的互联网法治新格局，推动完善网络空间行为准则与治理规则，为网络强国战略贡献法治力量，为互联网全球治理提供更多中国方案、贡献更多中国智慧。

在“数字产业化、产业数字化”变革背景下，互联网法治研究院（杭州)和杭州互联网法院历经反复打磨、精心凝练,联合推出“互联网法治系列丛书”,下分《互联网案件审判研究》与《互联网法治论丛》两个类丛。前者辑选互联网审判中的典型案例评析举隅,以案释法、层层深入,助力网络司法发展、夯实互联网法治理论基础。后者精选领域内知名专家与青年学者对互联网法治发展的独到见解,集文成集、积微成著,为互联网法治理论研究提供新视角、开拓新境界。丛书出版,是开篇、亦是探索,敬待各界指正。

是为序。

浙江省高级人民法院党组书记、院长
互联网法治研究院(杭州)名誉院长
李占国
二〇二一年八月十八日

序

党的二十大报告提出，要"加快建设网络强国、数字中国"，并对"坚持全面依法治国，推进法治中国建设"作出专门部署，中国特色的依法治网道路越走越宽，网络空间建设更加普惠繁荣、和平安全、平等包容。随着信息技术的蓬勃发展，这柄"双刃剑"带来的不确定难预料因素随之增多。数据泄密、算法歧视、平台垄断、网络暴力等新型违法犯罪行为，给网络秩序和安全带来了更大挑战。法治是网络空间治理的基本方式，互联网司法是推动网络空间治理法治化的关键环节。如何充分发挥互联网司法的能动作用，防范化解各类互联网时代的风险挑战，以高质量互联网司法服务保障高质量发展，是需要持续深入探寻答案的时代课题。

新时代新征程，杭州互联网法院紧紧围绕"高标准打造新时代互联网法院"目标任务，坚决扛起"改革创新典范"的责任担当，坚持"五型引领"，全方位、全链条、全要素推进学习型、创新型、功能型、示范型、勤廉型的现代化互联网法院建设，深入践行"以裁判树规则、以规则促治理、以治理助发展"，充分发挥互联网法院依法治网的功能作用，在数据权益保护、算法技术规制、平台生态治理、网络知识产权保护、个人信息保护等领域率先确立了系列裁判规则、形成了系列网络行为规范指引，以更加优质的公共法律服务产品助力加快形成新质生产力，推动网络空间法治化水平不断提升，护航数字经济健康高质量发展。

本书是杭州互联网法院联合互联网法治研究院（杭州）共同推进互联网司法理论和实践研究的重要成果，主要以杭州互联网法院审结的案件为蓝本，希冀透过互联网典型案例的窗口，全面展示以互联网司法助力网络强国、数字中国建设的最新成效，促进经济社会高质量发展。全书共四编、二十四章，内容涵盖网络数据与虚拟财产纠纷、网络算法纠纷、网络不正当竞争纠纷、个人信息保护。每章主要分为案例索引、审判人员、核心问题、案情简介、分歧意见、审判观点、理论探索七个部分,便于读者了解案件事实、明晰争议焦点、把握审判意见、深挖理论价值、引用典型案例。本书集中展示了高标准打造新时代互联网法院的案例成果,所呈现的案例集中反映了当前一个阶段网络空间治理的难点、痛点、堵点问题,体现了审判法官坚持系统思维,统筹考量政策导向、产业动态、法律规定等要素,着力破解治理难题,努力实现办案的政治效果、法律效果和社会效果有机统一的司法智慧。

本书注重从更高站位、更广视角、更深层次研究司法助推数字社会高质量发展之策。如第一编围绕不同数据形态的数据权益归属、数据处理者对数据产品或衍生数据享有的权益、公共数据商业化利用的合法性边界等问题作出了详尽阐释,有利于促进数据要素制度创新,激活数据要素潜能,释放数据要素价值,为构筑数字经济新优势注入强大动能。第二编专门研究了算法治理问题,针对算法自动化决策引致的侵权、算法生成物的独创性认定、算法个性化定价的违法性判断等问题,分别选取了代表性案例进行分析,清楚展示了算法治理领域的既有裁判规则,有助于引导算法技术向上向善。总而言之,本书作为以案释法、以文说法的互联网案件审判研究专著,有效打通了司法实践与理论研究"最后一公里",对数字经济发展研究、网络与信息法学研究及其他关注数字法治发展的读者来说,是可资借鉴的参考文献。

习近平总书记强调"一个案例胜过一打文件",生动、深刻阐释了案例的重要功能。系统总结梳理展示互联网典型案例,有助于更好发挥司法裁判的评价、规范、引领功能,广泛传播司法政策导向,培树法治理念、法治精神、法治风尚,助推法治中国建设向更高水平迈进。值本书付梓之际,期待杭州互联网法院与互联网法治研究院(杭州)继续深耕互联网案件审判研究,持续推动以高质量研究促进高质量司法,以互联网法院现代化支撑和服务中国式现代化。

是为序。

杭州互联网法院院长

陈增宝

二〇二五年七月二十三日

目录
CONTENTS

第一编　网络数据与虚拟财产纠纷

第二编　网络算法纠纷

第三编 网络不正当竞争纠纷

第四编 个人信息保护

第一编

网络数据与虚拟财产纠纷

第一章　数据权益的权属判断与分类保护

周　辉*　张心宇**　沙　丽***

【案例索引】

一审案号:杭州铁路运输法院(2019)浙8601民初1987号

二审案号:浙江省杭州市中级人民法院(2020)浙01民终5889号

【审判人员】

王江桥、沙丽(承办人)、叶胜男

【核心问题】

碎片化的用户数据(单一原始数据)与原始数据集合(数据资源整体)等不同的数据形态是否具有不同的法律权利/权益?分别归属于谁?

【案情简介】

深圳某计算机公司、某科技(深圳)公司(以下简称两原告)共同开发运营个人微信产品,为消费者提供即时社交通讯服务。浙江某网络公司、杭州某科技公司(以下简称两被告)开发运营"某群控软件",以外挂技术将该软件中的"个人号"功能模块嵌套于个人微信产品中运行,利用个人微信用户的用户账号数据、好友关系链数据、用户操作数据为购买该软件

* 周辉,中国社会科学院法学研究所网络与信息法研究室副主任、副研究员。

** 张心宇,北京理工大学法学院博士后。

*** 沙丽,杭州互联网法院(杭州铁路运输法院)副院长。

服务的微信用户在个人微信平台中开展商业运营活动提供帮助。

两原告诉称,其对于微信平台中的全部数据享有数据权益,两被告擅自获取、使用微信数据,已构成不正当竞争,遂诉请判令两被告停止侵害、赔礼道歉并连带赔偿经济损失500万元。两被告辩称,微信用户信息所形成的涉案数据应归用户所有,两原告并不享有任何数据权益,无权就此主张权利;被控侵权软件的应用属于创新性竞争,不应被认定为不正当竞争。一审法院判决两被告立即停止侵权,赔偿两原告经济损失及合理费用260万元。两被告不服一审判决进行上诉,二审法院驳回上诉,维持原判。

【分歧意见】

第一种意见认为,两原告对微信平台中有关用户的数据不享有数据权益,被诉行为不构成不正当竞争。微信平台中有关软件用户与其买家好友的社交数据权益应当归用户所有,两原告不享有任何数据权益,用户享有个人数据携带权,其将个人数据选择以何种方式备份、存储与原数据控制者无关。故在取得用户同意的情况下,两被告有权使用此类数据,不构成不正当竞争。

第二种意见认为,两原告对涉案数据享有数据权益,两被告行为属于不正当竞争行为。两原告作为微信平台的经营者和平台数据的收集者、控制者,微信产品数据资源的积累已成为两原告获取市场收益的基本商业模式及核心竞争力,两原告对其应享有竞争权益,而两被告在未经原告同意的情形下,擅自攫取两原告的数据资源,且实质性损害了两原告对于微信数据享有的合法权益,构成不正当竞争。

【审判观点】

本案针对不同数据形态的权益归属阐明如下观点:

法院将数据分为两种形态,并针对不同数据形态分析不同数据权益。首先,两种数据形态分为:一是单一原始数据个体,二是数据资源整体。其次,在不同数据形态中,网络平台所享有的不同数据权益为:(1)针对单一原始数据个体，数据控制主体只能依附于用户信息权益，依其与用户的约定享有原始数据的有限使用权。使用他人控制的单一原始数据只要不违反"合法、必要、征得用户同意"原则，一般不应被认定为侵权行为，数据控制主体亦无赔偿请求权。(2)就数据资源整体而言，因系网络平台方经过长期经营积累聚集而成，且能够给网络平台方带来开发衍生产品获取增值利润和竞争优势的机会，网络平台方应当就此享有竞争权益。如果擅自规模化破坏性使用他人数据资源的，构成不正当竞争，数据控制主体有权要求获得赔偿。

【理论探索】

一、问题的提出

在现代的数字社会中，数据作为新型的生产要素，因其独特的价值，成为推动社会发展的关键力量。习近平总书记高度重视数据在数字时代的重要作用，指出要"维护国家数据安全，保护个人信息和商业秘密，促进数据高效流通使用、赋能实体经济，统筹推进数据产权、流通交易、收益分配、安全治理，加快构建数据基础制度体系"①。在以全要素数字化转型为重要推动力的数字经济时代，数据在经济活动中的作用变得越来越重要。它不仅能够帮助人们更好地组织和规划生产经营，更能有效地进行判断和预测。② 2020年4月，国务院发布《关于构建更加完善的要素市场化配置体制机制的意见》，提出要加快培育数据要素市场，提升社会数据资源价值，加强数据资源整合和安全保护，并首次将数据与土地、劳动力、资本、技术并列为五大要素，是我国关于生产要素理论的重大创新。生产要素是指用于生产产品和服务的投入的资源。③

与资本、土地等传统生产要素不同的是，在数字时代投入生产经营的

---

① 习近平：《加快构建数据基础制度 加强和改进行政区划工作》，载《人民日报》2022年6月23日，第1版。

② 参见周辉、张心宇、孙牧原：《数据要素市场的法治化：原理与实践》，中国社会科学出版社2022年版，第1页。

③ 参见[美]N.格里高利·曼昆：《宏观经济学》，卢远瞻译，中国人民大学出版社2011年版，第45页。

数据具有以下特点:第一,不是所有数据均有显著的商业价值,数据一方面需要达到一定的规模才可通过关联性推介而应用到各类具体业务场景之中;另一方面,数据需要经加工后才能使用,即对主体达成处理和利用目的的有质量数据才有价值,才能成为价值创造的“燃料”。第二,数据的收集、处理、利用和存储都需要相应的软件和硬件数据基础设施,它应该达到可用、包容和产生收益的要求。第三,虽然在对数据的相关研究中,常有数据是数字时代新型“石油”的表述,但与石油这类传统资源相比,数据资源可以被无限产出、可以多次利用,相应价值不会被一次取尽,数据不仅包含数据主体的财产利益,还有可能包括人格利益,不仅关乎个人主体的权益,还可能关乎公共利益,具有一定的社会属性。

数据的复杂特性也导致了界定其所附含的权利属性存在困难。由于数据具有非竞争性、非排他性和可复用性的特点,数据的多重属性也导致对数据权属的界定并不存在可以统一、排他适用的框架。如果将数据放置于传统经济学理论中的“产权”架构,一般产权强调的绝对占有处置权利在数据实际流通利用环节中则无法实现。数据的权属问题如果得不到有效的解决,就无法作为影响数字经济乃至整个市场经济运行的关键生产要素发挥作用、产生价值。

二、关于数据权益配置的理论观点

(一)数据权益的“公有”:促进数据流通利用

区分于具有显著人格属性的个人信息,数据在流通利用上具有非财产性、非排他性和非竞争性的特征,数据权益的“公有”即将数据视为一种公共物品,数据权益应由各数据利用主体共同享有,即数据是“网络社会中的公物”。[①] 对数据权益的分配不能完全以个人的判断和允许他人使用为前提,要平衡数据主体权利与数据流通利用的基本需求,提升数据信息的公众可获取性。

“免费、共享、协同”被认为是互联网时代的核心精神,在互联网架构

① 参见段泽孝:《人工智能时代互联网诱导行为的算法规制》,载《江西社会科学》2019年第2期。

中,网络信息通过发挥“管道”的作用,让数据通过信息技术应用在各类网络用户之间流动,从而激发网民的创造性,在互联网上进行内容生产协作和技术合作。“免费、共享、协同”是数据流通利用过程中的常态,如用户在网络平台的消费、评论以及其他行为的留痕数据免费提供给网络平台,网络平台又将这类数据通过技术架构在平台上予以公布,供其他用户参考,或者用于建设公开的信用评价体系。虽然平台企业可能在收集数据和数据对外提供的技术架构上投入大量人力、物力和财力,但基础仍是对于其所收集的原始数据进行加工处理,平台企业不应对此类数据主张排他性的权利。一方面,这与平台企业的商业模式相关,如对于电商平台、生活信息平台而言,制作并免费提供数据是其作为第三方平台实现撮合交易功能的必然路径;另一方面,当数据已经通过平台架构向社会公开,就意味着平台企业主张绝对的占有使用权益已不现实,数据权益归公共所有则是题中应有之义。按照数据权益“公有”的观点,数据应可以实现自由流通和免费开放,避免产生数据完全的“私有化”,导致形成各数据主体在数字时代的交互壁垒,同时数据权益的“公有”也是当前数据权益分配的主要模式,数据的获取及处分不必支付相应的对价,大部分的数据流通活动呈现相对自由的状态。

但是,数据权益的公有化思路并不适用于所有场景。数据必须进行加工和分析才能产生价值,而聚合大量数据并进行处理本身就需要一定的成本投入,处理方有理由主张其正当权益来防止“搭便车”行为;另外,数据的公共性和自由流通需求并不意味着数据流通过程中不需要考虑数据安全、隐私保护等问题。也就是说,在数据要素成为发展所需的重要资产的当下,要鼓励数据合理利用开发,就需要尊重作为数据开发、处理和利用主力的企业的权益诉求,并考虑个人权利的保护,而不能将数据权益完全公有化。①

(二)数据权益的“私有”:保护数据主体合法权益

在数据权益“公有”的基础上,要考虑的是,即便数据不像“石油”一

① 参见周辉、张心宇、孙牧原:《数据要素市场的法治化:原理与实践》,中国社会科学出版社2022年版,第138页。

般是再生的资源,但滥用同样会对相应的数据主体权益造成损害,最终导致数据流通利用秩序的混乱,如部分企业对投入大量物力和财力所形成的商业数据,应考虑其所具有的“竞争性利益”[①]。如与个人隐私、日常生活、社会活动高度相关的个人数据,应考虑其所具有的“人格利益和财产利益”[②]。我国《数据安全法》第7条表明“国家保护个人、组织与数据有关的权益”。当数据的形成和使用同某一个人与组织(或者公民与法人)的人格利益和财产利益高度相关时,应承认其在数据处理活动中的主体地位,并允许其对数据享有有限度的权利和承担有限度的义务。

由于数据外延广泛,数据处理者在处理数据之时并不一定能够穷尽数据的所有价值和具体用途,为了最大限度地获取处分数据权益,往往存在过度收集和滥用情况,这就会给相应主体带来不必要的权益受损风险。数据权益的“私有”强调数据主体合法权益应该得到保障,从而鼓励企业促进数据质量增加、促进数据创造更多价值,降低个人受到隐私被刺探、数据被滥用的风险。通过数据权益的“私有”,可以调和划定多元数据主体在数据处理活动之中的纠纷,从而避免数据的无序开发和利用。[③] 有效保护数据主体合法权益,个人将在信息时代生活得更有尊严且更加安全,企业将更有动力进行数据处理以及产出更具有附加值的数据,符合现代社会生产力发展趋势,能有效促进数字经济更好发展。

目前,《民法典》中已经明确数据权益受法律保护,而《个人信息保护法》也基于数据承载的人格利益的重要程度,对个人数据权益作出了相应的制度设计,明确了包括知情权、决定权、删除权等在内的个人数据权益,进一步健全和完善保护个人信息权益的体制机制。但是,数据权益“私有”无论是从目前的实践还是从长期来看,也无法完全适用于所有的情形:目前关于数据权益界定没有专门立法进行解释,《个人信息保护法》

---

① 参见江小涓、黄颖轩:《数字时代的市场秩序、市场监管与平台治理》,载《经济研究》2021年第12期。

② 参见季卫东:《数据保护权的多维视角》,载《政治与法律》2021年第10期。

③ 参见李爱君:《论数据权利归属与取得》,载《西北工业大学学报(社会科学版)》2020年第1期。

对个人信息数据权益的配置更多是从“权益保护”的立场而并非从“促进流动”的立场,其虽然明确匿名化处理后的个人信息可豁免《个人信息保护法》的规定,但也存在其所指向匿名化处理的要求过高、较难实现等方面的问题。《民法典》也只是强调数据权益受法律保护,但究竟应采用何种保护路径,留待其他法律予以规范。

而对于广大的在数据要素市场中流动的非个人数据而言,除了制度缺乏影响数据流通,数据权益完全私有还会带来数据垄断等一系列问题。竞争加快带来对数据更多的需求、数据资源争夺更容易形成“赢家通吃”及数字技术在各主体间的不对等都容易引发和导致大型企业垄断数据资源,带来信息壁垒、“掐尖”式并购、算法共谋和“大数据杀熟”等行为。如果不能有效对这种现象加以遏制,数据权益的“私有”就会影响市场公平竞争,损害用户利益和公共利益。①

无论是数据权益的“公有”或是“私有”,实际上是当前数据权益配置的两种常见思路,但是对于目前数据主体多元化、数据类型的多样化、数据处理业务复杂化的趋势,数据权益的“公有”或是“私有”的路径选择及其选择后保护措施的落实仍不明确。

(三)数据权益的“类型化”:平衡多维目标

数据是数字经济的关键生产要素,但现有法律制度并未充分回应这一新型的财产形式。从目前大数据技术的应用以及数据相应收益的提高,确定数据权益配置具有十分重要的意义。通过对数据权益是“公有”还是“私有”的讨论,可以明确在相关制度设计的过程中应综合考量各类因素,在实质上回应权责划分、收益分配等问题,可以在不明确触及产权制度的前提下先行推进数据要素交易流通的实践。一方面,不应对数据权益的归属采取绝对性与排他性的保护路径,避免数字时代数据流动存在不必要的障碍;另一方面,法律应当适度创新数据权益配置的规范内容,以更为合理的制度设计维系数据有效利用和数据主体权益有效保护

---

① 参见周辉、张心宇、孙牧原:《数据要素市场的法治化:原理与实践》,中国社会科学出版社 2022 年版,第 63 ~64 页。

之间的平衡。

从促进数据要素市场化发展的视角,应平衡数据要素市场中多元主体的多维目标,完善数据的类型化利用规则。[①] 数据权益的保护要从单一场景转向多维场域[②],从不同场域的特殊性出发设计数据权益保护的制度,更好地服务于数字经济发展需要。这也是考虑在当前的数据要素市场中,数据的多场景化利用与再利用实现了数据要素价值的增值,数据利用流通存在对不同类型数据的处理活动及其所属的各类专业性业务场景。一方面,不同业务场景设计意味着数据在获取、处理、利用、存储和消灭生命周期全过程中可归属于多个主体,数据的这种共享和非稀缺的特征也使数据权益在数据主体层面无法作出清晰有效的区分;另一方面,不同的业务场景意味着不同的数据处理方式。处理设备的结构方式、工作方式以及数据的时间空间分布方式的不同,其中的安全风险、技术实现和劳动贡献都会有所不同,数据权益的边界和范围自然也会随之发生变化。

由于数据的利用价值呈现显著的异质性,不同类型个人数据的价值功效也不同,即使是同一类型个人数据的价值功效也因应用场景而异。数据权益归属的“类型化”需要深入数据利用各个环节,构建一系列规则,指引数据相关方在不同场景下按照某一种特定的标准或是某些统一的原则进行数据的收集、处理、应用等过程;同时,各相关方依照这些规则和制度可以明确谁能主张何种权益,或谁可以对这些数据要素应用过程进行控制和限制,以有效保护和激励各方主体的相关权益,平衡利益诉求。[③]

三、平台企业数据权益的类型化配置

为应对数据及其处理活动的复杂特征,对数据进行分类保护是满足

① 参见高志宏:《隐私、个人信息、数据三元分治的法理逻辑与优化路径》,载《法制与社会发展》2022 年第 2 期。

② 关于场域理论,参见[法]皮埃乐・布迪厄、[美]华康德:《实践与反思——反思社会学导引》,李猛、李康译,中央编译出版社 1998 年版,第 133 ~ 134 页。

③ 参见周辉、张心宇、孙牧原:《数据要素市场的法治化:原理与实践》,中国社会科学出版社 2022 年版,第 50 页。

数据具体应用场景和数据主体利益诉求的基本路径，对这一路径的实现也存在多种理论及思考，如按“展示性数据”与“辅助性数据”，[①]“公开数据”、“半公开数据”与“非公开数据”，[②]“原始数据”与“衍生数据”[③]等数据类型的划分进行区分保护。

伴随着数字经济发展，社会生产活动开始从传统的现实物理空间走向网络虚拟空间，越来越多的物理资源被数字化，也有了许多形成于网络虚拟空间的数据资源。作为网络空间中的关键节点，网络平台企业开始在数字经济社会生产中承担核心经济组织的角色，数据作为新型生产要素被平台企业提取、加工、流转，进入了数字经济的社会生产过程。[④] 在当前立法暂时未明确规定的情况下，如何平衡平台用户数据权益、第三方合理使用权益与平台数据权益之间关系，已成为当下数据权属纠纷案件中要关注的问题，平台企业数据权益的明确与规范需要“类型化”的制度设计。

（一）单一数据个体和数据资源整体的区分

平台对数据的获取和处分是平台得以生存和发展的基础，其市场目标群体为互联网用户，作为互联网用户进行网络活动的基本媒介，所有用户必须遵守其规则方可使用平台相应的产品或服务，使平台具有“天然”获取用户个人及其在平台上活动的各类数据的能力。平台将数据提取技术植入其 DNA 中，通过算法技术融合了线上线下的产品与服务，与广告、物流活动实现同步匹配。在平台的发展中，大型网络平台汇聚和控制越来越多的数据，并据此获得了在数字市场的竞争优势。

从当前网络平台企业的数据利用实践出发，可以基于数据量级、呈现形式的不同将平台企业控制的数据区分为单一数据个体和数据资源整体，对平台企业在单一数据个体与数据资源整体方面所具有的权益进行

① 胡凌：《数据要素财产权的形成：从法律结构到市场结构》，载《东方法学》2022 年第 2 期。

② Jeremy W. Crampton, *Collect It All: National Security, Big Data and Governance*, 80 GeoJournal 519 (2015).

③ 浙江省杭州市中级人民法院民事判决书，(2018) 浙 01 民终 7312 号。

④ 参见张凌寒：《数据生产论下的平台数据安全保障义务》，载《法学论坛》2021 年第 2 期。

分类保护。在平台数据的处理中,单一数据个体一般指向平台对其用户数据简单的汇聚集合。平台将用户身份信息、联系方式、地址等信息进行汇总,直接服务于平台的生产经营各项环节。数据资源整体通常指向平台企业通过收集、存储海量单一数据的基础上,经过技术处理而形成的规模化的数据集合,如社交平台的好友关系链、电商平台的用户交易活动特征、信息搜索平台的用户搜索指数等。就单一数据个体而言,企业在收集过程中虽然付出了一定的劳动,但并未提供创造性劳动成果,故只能依其与用户的约定享有有限使用权;但就数据资源整体而言,系企业通过长期经营、投入大量人力和物力积累聚集而成。①

对于平台企业的数据处理活动而言,单一数据个体是其进行平台经营活动产生的基础,也是维系平台经营模式的必然产出成果,其内容与平台用户个人的社会属性、生理特征或者网络交互行为高度相关。而数据资源整体则是平台企业为实现开展某一服务或实现某种功能而主动地通过算法技术处理、数据清洗流程而形成的结构化的数据集合。要明确的是,虽然平台企业对于单一数据个体的处理形成的数据集合并不当然属于"非个人数据"类型,但是凝聚了平台企业在数据处理的创造性劳动成果,对平台形成的数据资源整体予以相应的保护有利于数据价值的有效释放。对于平台所载的这两类不同类型数据,数据权益配置当有所差异,从而才能在保护个人信息安全的基础上,不断加速平台经济循环和数字市场生产效率。

(二)平台对控制的数据资源整体享有竞争权益

巨量单个原始数据聚合在一起所形成的一定规模的数据资源,能够给大数据分析提供必要的样本,给平台企业带来开发数据衍生产品获取增值利润的机会空间。如果其他经营者破坏性使用该数据资源,则构成不正当竞争,侵犯其竞争权益,平台企业作为数据控制主体有权要求获得赔偿。

---

① 余建华:《"微信数据"引发数据权益之争 群控软件被判赔 260 万元》,载《人民法院报》2020 年 6 月 4 日,第 3 版。

在欧盟的《数据库指令》中，对企业数据库采取"双轨式"的制度安排。一方面，基于著作权保护原则，当企业的收集、编排的数据库具有独创性且满足汇编作品构成要件时，可以对该数据库寻求著作权的保护；另一方面，即便未能形成著作权法所保护的智力成果，但当"创造数据库需要足够的人力、技术和财政资源"时，此时数据库就受到法律保护。从数字经济的实践来看，挖掘整理汇聚而成的数据资源整体不仅能够为互联网企业带来商业利益，更能够保障其在市场上的竞争优势，企业对其应当享有竞争权益。

在数字时代，数据汇聚与处理已成为当前互联网行业的主要商业模式，是网络平台企业市场竞争优势的重要来源与核心竞争力所在。因而，应保障平台作为数据加工方以及数据控制主体对数据资源整体享有的竞争权益，尊重其在进行收集、存储、加工原始数据等活动时投入的人力、资本、时间等经营成本，尊重其对于数字经济的发展做出的有益贡献。若缺乏对数据控制主体对于数据资源整体的保护或过度强调数据的自由利用，为数据控制主体制造过高的权益维护起点，让其他市场主体以较低成本实现"数据搭便车"获取数据控制主体的经济利益，则不利于激励处理者从事数据活动制造衍生数据产品，进而会阻碍数字经济运行效率。保障数据资源整体为数据控制主体所带来的商业利益与市场竞争优势，维护其蕴含的竞争性利益，符合《反不正当竞争法》提出的"促进社会主义市场经济健康发展，鼓励和保护公平竞争，制止不正当竞争行为"等基本目标，能够更好利用和挖掘数据价值，同时有益于预防损害其他经营者或者消费者的合法权益的行为发生。

（三）平台数据竞争权益的合理边界

对数据价值的认识存在一个逐渐深化的过程：从认为数据本身并不一定构成企业参与竞争的最关键资产，到有效利用数据能够提升企业创新、管理、产出效率，再到数字经济时代数据的经济价值和战略价值日益凸显。[①] 数据权属的有效配置对于数字经济发展具有重要意义。

① 参见戚聿东、褚席：《数字经济学学科体系的构建》，载《改革》2021 年第 2 期。

不过,对于数据权属配置这一问题并不存在“一刀切”式的解决方案。平台数据竞争权益保护高度依赖其所在的具体场景。由于数据所具有的公共物品属性,不适用于完全排他的财产权,数据控制主体享有对数据资源整体的竞争权益应有相应的边界。一方面,平台应尊重用户作为数据主体的权益,即便平台企业对来自用户的单一数据主体进行各类结构聚合或者脱敏处理,也不代表相应数据与用户的完全脱离。如在社交平台、电商等典型类型的网络平台场景下,平台进行交易撮合、实现用户交互的基本经营模式所依据的数据基础实际上是用户提供和产生的数据与社交平台数据之间相互补充、相互作用的结果,两者在平台运作的过程中都发挥了必不可少的作用。用户可以依据《个人信息保护法》的数据可携带权,可以基于个人意愿主动将与其高度关联的个人数据迁移至第三方,平台企业应当配合。[①] 另一方面,第三方对平台数据资源的利用不能是毫无限度的,但同时平台对于第三方利用数据爬虫等技术方式爬取平台数据的限制措施也应有其限度。参考欧盟的《数据库指令》,对企业数据库的权益保护只是防止他人提取或重新使用数据库的实质性部分,或者提取或重新使用数据库全部或大部分内容,但并不禁止提取或重复使用数据库的非实质部分的数据,或者提取数据库中的事实类数据等行为。[②] 而在美国提出的对数据库进行特殊保护的立法案以及相应司法案例均未能获得美国国会和联邦最高法院的认可。在承认数据控制主体享有对数据资源整体的竞争权益的同时,也不能完全限制第三方主体使用他人控制的数据资源,避免大型网络平台凭借其所在技术和数据方面具备的优势地位而形成数据垄断。

基于“免费、共享、协同”的互联网时代精神,对于他人控制的单一用户数据资源,其权益归属并非谁控制谁享有,第三方爬取使用他人控制的用户数据只要不违反“合法、正当、必要、不过度、征得用户同意”的原则,一般不应被认定为侵权行为。只有在威胁用户数据安全时,数据控制者应当有权请求对第三方的数据处理行为予以禁止。对于他人控制的数据

① 参见包晓丽:《二阶序列式数据确权规则》,载《清华法学》2022 年第 3 期。

② 参见丁晓东:《论企业数据权益的法律保护——基于数据法律性质的分析》,载《法律科学(西北政法大学学报)》2020 年第 2 期。

资源整体，则需要从竞争利益的角度考量，只要不是对他人数据资源破坏性利用或违反现有法律法规的强制性规定，且能够给用户带来全新体验的，一般不应被认定为属于侵犯数据控制者正当竞争利益的行为。

数字时代，数据资源是互联网企业发展的重要基础，数据处理是当前互联网企业开展经营活动的起点，第三方对他人控制数据资源的获取与处分应遵循一定的限度。第一，对他人控制数据资源使用要有合法的使用目的，使用数据资源应有合法目标，不能用于违法目的，如不能将获取的数据资源用于提供淫秽、色情、赌博、暴力、凶杀、恐怖等信息服务。第二，对他人控制数据资源的获取应有明确范围，不能以突破访问限制为前提，应限于对开放数据的获取，对个人数据则遵循《个人信息保护法》的规定落实“知情同意”规则，对非个人数据遵守数据控制主体的 Robots 协议，不获取数据控制主体的“内网”或后台内部数据，不获取其存储的敏感个人信息或者受法律保护的特定数据或信息（商业秘密等）。第三，对他人控制数据资源的获取与处分不得妨碍数据控制主体的正常经营，如避免多次大范围的爬虫行为干扰数据控制主体的正常经营活动，不破坏其用户的正常使用体验。

四、结语

在数据权益配置问题上，目前还无法形成一套适用于所有场景的标准答案，应当着眼于具体场景下的权益保障进行探索。但是，为了保障数据行业的持续健康发展，提升数据质量，创新数据用途，可赋予数据控制者对其数据资源享有一定的许可使用权以及竞争性权益。同时，也要兼顾原始数据主体、数据提供者、数据消费者的合法权益，从维护社会公共利益，增强社会整体福祉的角度平衡各方利益，明确使用他人控制的数据资源的合理边界，促进数据有序利用。对数据权益的科学保护，是激励数据主体增强进入数据要素市场信心、积极参与数据要素市场交易、有序开展数据处理活动的基础，也是大数据交易市场开展数据交易、进行数据要素定价和在收入分配中充分体现数据要素价值的前提。[①] 当然，随着实

---

① 参见周辉：《加快数据法治建设　推进数据要素市场化改革》，载《中国信息安全》2021年第1期。

践和理论研究的发展,日后也可能自下而上地归纳、提炼出一套行之有效的数据权益分配宏观机制,但这种发展突破需要多个学科的共同努力,尤其是从经济学角度对数据权属问题形成明确的答案,而不能仅从法学角度进行分析。① 对于数据权益的权属判断与实现数据分类保护,应始终坚持审慎包容的态度,以促进创新竞争和有利于广大用户的长远利益为指引,在数据控制主体、数据用户和同行业竞争者之间予以利益平衡。

① 参见周辉、张心宇、孙牧原:《数据要素市场的法治化:原理与实践》,中国社会科学出版社2022年版,第138页。

第二章　数据产品的法律属性及权益保护

徐玖玖*　沙　丽**

【案例索引】

一审案号:杭州铁路运输法院(2017)浙8601民初4034号

二审案号:浙江省杭州市中级人民法院(2018)浙01民终7312号

【审判人员】

王江桥、沙丽(承办人)、盛放

【核心问题】

当原始数据/原生数据被处理为数据产品之后,数据处理者对数据产品或衍生数据享有何种法定权益?

【案情简介】

原告为某(中国)软件公司,系某电商平台运营商,其开发的涉案数据产品为网店商家提供大数据分析参考,帮助商家实时掌握相关类目商品的市场行情变化,改善经营水平。该数据产品系原告在收集网络用户浏览、搜索、交易等行为信息所产生的巨量原始数据基础上,以特定的算法通过深度分析过滤、提炼整合后而形成的以趋势图、排行榜、占比图等方式呈现的指数型、统计型、预测型衍生数据。被告系某“互助平台”的

---

* 徐玖玖,中国社会科学院法学研究所助理研究员。

** 沙丽,杭州互联网法院(杭州铁路运输法院)副院长。

运营商,其以提供远程登录已订购涉案数据产品用户电脑技术服务的方式,招揽、组织、帮助他人获取涉案数据产品中的数据内容,从中牟利。

原告认为涉案数据产品中的原始数据与衍生数据均系其无形资产,原告享有财产所有权,被诉行为恶意破坏了原告的商业模式,构成不正当竞争,请求判令被告停止侵害并赔偿经济损失500万元。被告辩称,原告擅自收集使用网络用户的相关信息,侵犯了个人隐私以及商户的经营秘密,具有违法性;涉案数据产品系网络用户提供的用户信息,网络用户对于其提供的信息享有财产权,原告无权主张权利。一审法院判决被告立即停止侵权,赔偿原告经济损失及合理费用200万元。被告不服一审判决进行上诉,二审法院驳回上诉,维持原判。

【分歧意见】

第一种意见认为,原告对原始数据及其数据产品或衍生数据不享有财产权,被告有权使用该数据产品。原始数据为用户的行为痕迹信息,经济价值十分有限,用户对此都尚无独立的财产权,此类信息的收集者无法享有独立的权利。而对于数据产品或者衍生数据而言,由于其数据内容系网络用户提供的用户信息,网络用户对于其提供的信息享有财产权,原告无权主张权利。因此,被告有权使用其衍生数据或数据产品。

第二种意见认为,原告对原始数据不享有财产权,但对衍生数据或数据产品享有值得法律保护的利益,被告无权使用数据产品。虽然原告只能依其与网络用户的约定享有对网络原始数据的使用权,而不享有独立的经济权利,但对于其衍生数据或数据产品而言,此类产品的数据内容系经过网络运营者大量智力劳动成果投入,通过深度开发与系统整合,最终呈现给消费者的是与网络用户信息、网络原始数据无直接对应关系的独立的衍生数据,故网络运营者对于其开发的数据产品应享有独立的财产性权益。被告在未获得原告同意的情况下,无权使用此类数据产品。

【审判观点】

法院对数据产品的审理思路如下:

首先,法院认为本案中原告处理用户数据,形成数据产品的行为具有正当性。

因涉案数据产品所涉网络用户信息主要表现为网络用户浏览、搜索、收藏、加购、交易等行为痕迹信息以及由行为痕迹信息推测所得出的行为人的性别、职业、所在区域、个人偏好等标签信息。这些行为痕迹信息与标签信息并不具备能够单独或者与其他信息结合识别自然人个人身份的可能性,故不属于《网络安全法》规定的网络用户个人信息。网络用户行为痕迹信息包含有涉及用户个人偏好或商户经营秘密等敏感信息,部分网络用户在网络上留有个人身份信息,其敏感信息容易与特定主体发生对应联系,会暴露其个人隐私或经营秘密。因此,对于网络运营者收集、使用网络用户行为痕迹信息,除未留有个人信息的网络用户所提供的以及网络用户已自行公开披露的信息之外,应比照《网络安全法》关于网络用户个人信息保护的相应规定予以规制。在原告相关隐私权政策所宣示的用户信息收集、使用规则在形式上符合"合法、正当、必要"的原则要求下,原告开发涉案数据产品的行为符合网络用户信息安全保护的要求,具有正当性。

其次,法院认为原告对于涉案数据产品享有法定权益。鉴于单个网上行为痕迹信息的经济价值十分有限,在无法律规定或合同特别约定的情况下,网络用户对此尚无独立的财产权或财产性权益可言。网络原始数据的内容未脱离原网络用户信息范围,故网络运营者对于此类数据应受制于网络用户对其所提供的用户信息的控制,不能享有独立的权利,网络运营者只能依其与网络用户的约定享有对网络原始数据的使用权。但网络数据产品不同于网络原始数据,数据内容经过网络运营者大量的智力劳动成果投入,通过深度开发与系统整合,最终呈现给消费者的是与网络用户信息、网络原始数据无直接对应关系的独立的衍生数据,可以为运营者所实际控制和使用,并带来经济利益。因此,原告对于其开发的数据产品享有独立的财产权益。

【理论探索】

一、问题的提出

数字经济时代,大数据成为社会经济发展和产业变革的重要影响因素,数据与土地、劳动力、资本和技术并列为五大要素市场,“数据已经成为了一种商业资本,一项重要的经济投入,可以创造新的经济利益”①。数据权属被认为是数据权益涉诉纠纷法律适用的基础,但是现有规则在数据权益以及数据相关法律关系方面的规定较为宏观和原则化,无法对权责关系提供明确的指向,数据要素产权不清晰、权利属性不明确、数据要素交易规则的缺乏成为影响我国数据要素市场形成的制约因素。② 从数据权益的司法实践来看,由于现行法律规则中数据权属界分的“真空”状态,数据产品或衍生数据的权属界分是相关涉诉案件的争议焦点。

二、区分原始数据与衍生数据的法律意义

区分原始数据与衍生数据的意义在于,不同属性数据进行权属界分的正当性基础存在差异:原始数据来源者的权利主张并非由于其赋予了数据新的价值,而是由于其作为生成者所先天享有的,因此原始数据的权属界分需要尊重和保障数据来源者的权益,只有获取同意或满足法定情形,原始数据的流通利用和价值释放才具有正当性;衍生数据或数据产品的权利是后天产生的而非先天享有的,其主张依据源于劳动者后天所投入的各类生产要素,因此衍生数据的权属界分基础在于公平原则的实现,根据数据处理者所投入的人力、物力、财力、技术、算力等要素资源对收益进行公平分配。

网络大数据产品有别于原始网络数据,虽然在内容上源于网络用户信息即原始数据,但是网络运营者在网络大数据产品的形成过程中运用了系统整合、深度开发等技术手段,投入了大量智力劳动成果,使网络大数据产品呈现的样态在一定程度上区别于原始网络数据,甚至脱离对应

① [英]维克托·迈尔·舍恩伯格、肯尼斯·库克耶:《大数据时代:生活、工作与思维的大变革》,盛杨燕、周涛译,浙江人民出版社2013年版,第8页。

② 参见李爱君:《数据要素市场培育法律制度构建》,载《法学杂志》2021年第9期。

关系而形成独立于网络用户数据、原始网络数据的衍生数据。① 以本案为例,法院经审理认为,涉案数据产品中的数据内容虽然源于原始用户信息数据,但经过深度开发已不同于普通的网络数据:首先,该产品所提供数据内容不再是原始网络数据,而是在巨量原始网络数据基础上通过一定的算法,经过深度分析过滤、提炼整合以及匿名化脱敏处理后而形成的预测型、指数型、统计型的衍生数据;其次,该产品呈现数据内容的方式是趋势图、排行榜、占比图等图形,提供的是可视化的数据内容。涉案数据产品将巨量枯燥的原始网络数据通过一定的算法过滤,整合成适应市场需求的数据内容,形成大数据分析,并直观地呈现给用户,能够给用户全新的感知体验,其已不是一般意义上的网络数据库,已成为网络大数据产品。②

三、数据产品或衍生数据的权属界分

数据权属的争议由来已久。《民法典》第127条规定,法律对数据、网络虚拟财产的保护有规定的,依照其规定。在《民法典》起草过程中,针对采用何种模式保护数据相关权利也产生了许多争议,一种观点认为应当按照既有财产保护规则,如所有权保护、知识产权保护等;另一种观点认为应当采取新型数据财产权保护方式。最终《民法典》没有对此进行明确界定,而是在第127条仅进行了指向性的规定。因此,《民法典》虽然确立了数据获得法律保护的法益基础,但是并没有明确基于数据的具体权利(益)内容和权属定位,而是将具体的权利义务关系的判定留待司法实践的个案判定和未来立法进行解决。数据具有非竞争性、非排他性、无形性的特点,数据产品或衍生数据的保护需要审慎把握权利保护与流通利用之间的平衡:如果权属界分过于绝对或者排他,会导致权利人相互牵制,数据流通因成本过高而“断链”;如果权属界分完全以效率为导向,可能会产生损害个人数据相关合法权利的后果,也可能会在一定程度上激

① 参见杭州铁路运输法院民事判决书,(2017)浙8601民初4034号;浙江省杭州市中级人民法院民事判决书,(2018)浙01民终7312号。

② 参见杭州铁路运输法院民事判决书,(2017)浙8601民初4034号;浙江省杭州市中级人民法院民事判决书,(2018)浙01民终7312号。

化目前平台作为数据资源优势者的垄断地位,使数据市场偏离公平公正的价值轨道。受到这种利益均衡两难困境的影响,数据确权正经历从权利范式、权利—权力范式和私权—经济范式的嬗变①,并形成了赋权保护模式和行为保护模式两种主要路径。

(一)数据产品或衍生数据界权的赋权保护模式

赋权保护模式主要围绕数据产品或衍生数据的权属构建展开,尝试通过一般性数据权属的创设或改造,明确数据作为“物”的权利内容及其行权基础。例如,数据财产权说②认为,应当为企业数据构建完整的数据财产权;新型财产权说③认为,应当设立数据新型财产权,为数据提供全面保护;数据所有权—数据用益权说④认为,应当设定数据原发者拥有数据所有权与数据处理者拥有数据用益权的二元权利结构,以实现数据财产权益分配的均衡;有限排他权说⑤认为,应当为耗费实质投入并达到实质规模的大数据集合设置有限排他权;工业产权说⑥认为,应当将商业数据纳入工业产权序列,作为数字时代具有标志意义的一种新型工业产权,并可以成为与商业秘密相对称的商业数据权等。也有研究创新性地提出了“权利球”(Right as a Ball)、“权利束”(Bundle of Rights)、“权利块”(Right as Modularity)等新的权利解释模型。具体到企业数据权属问题,又存在多种学说:有观点将企业数据产权分为静态的数据资产权和动态

---

① 参见文禹衡:《数据确权的范式嬗变、概念选择与归属主体》,载《东北师范大学报(哲学社会科学版)》2019 年第 5 期。

② 参见沈健州:《数据财产的权利架构与规则展开》,载《中国法学》2022 年第 4 期;Andreas Boerding et al., *Data Ownership—A Property Rights Approach from a European Perspective*, 11 Journal of Civil Law Studies 323 (2018).

③ 参见龙卫球:《数据新型财产权构建及其体系研究》,载《政法论坛》2017 年第 4 期。龙卫球教授在后续研究中进一步完善了数据新型财产权的法律属性,认为不能采取简单意义的财产权构造,而应形成能够兼顾多种功能、多种利益协同的、具有极强外部协同性的复杂财产权设计。参见龙卫球:《再论企业数据保护的财产权化路径》,载《东方法学》2018 年第 3 期。

④ 参见申卫星:《论数据用益权》,载《中国社会科学》2020 年第 11 期。

⑤ 参见崔国斌:《大数据有限排他权的基础理论》,载《法学研究》2019 年第 5 期。

⑥ 参见孔祥俊:《商业数据权:数字时代的新型工业产权——工业产权的归入与权属界定三原则》,载《比较法研究》2022 年第 1 期;孔祥俊:《论反不正当竞争法“商业数据专条”的建构——落实中央关于数据产权制度顶层设计的一种方案》,载《东方法学》2022 年第 5 期。

的数据经营权，前者是指认可企业对数据享有排他性占有的物权或准物权，后者是指企业可以根据经营需要自主对数据进行利用和处置[①]；有观点认为数据产权应根据具体情况分属个人、企业等不同主体，形成数据产权的类型化配置[②]；有观点认为公共数据产权归属国家，显名数据产权归属数据产生者，交易产生数据的产权依照约定或法律规定归属一方或多方共有，增值数据产权归属付出劳动者[③]；有观点提出应当构建包含所有权、使用权、管理权、平台权等在内的多权分离的产权配置模型[④]；有观点认为个人信息的人格权归属于个人，但其财产权因个人信息的不同分类而不同，即基本个人信息的财产权为个人所独有，伴生个人信息和预测个人信息的财产权为个人与信息企业所共有。[⑤]

虽然赋权保护模式能够为数据提供最强有力的法律保护，使数据权益主体获得具有一定排他性的权能基础，满足理论研究对于数据要素通过赋权激活数据创新动力、增加数据红利和福祉、激励数据产业发展等美好期待，但是数据赋权保护模式也同样面临着一系列的困境：一是赋权保护模式是否会激化数据的排他性和绝对性，使数据流通效率受到阻滞。二是赋权保护模式的重要理论基础之一就是劳动财产理论，但这很难证成个人基于数据获得收益的正当性，由此是否会引发偏离经济正义、重效率轻公平的数据产权体系。

（二）数据产品或衍生数据权属的行为规制模式

诚然，数字经济时代，数据已然成为经济社会发展的重要资源，承载着财产性利益、人格性利益等多元价值内涵。但是现行法律规范体系尚无关于数据产品或衍生数据权属的明确规定，数据权益相关司法实践主要通过知识产权法和反不正当竞争法两种行为规制模式进行展开。

---

① 参见龙卫球：《再论企业数据保护的财产权化路径》，载《东方法学》2018 年第 3 期。

② 参见赵磊：《数据产权类型化的法律意义》，载《中国政法大学学报》2021 年第 3 期。

③ 参见朱宝丽：《数据产权界定：多维视角与体系建构》，载《法学论坛》2019 年第 5 期。

④ 李晓东：《数据的产权配置与实现路径》，载《人民论坛》2022 年第 2 期。

⑤ 邢会强：《大数据交易背景下个人信息财产权的分配与实现机制》，载《法学评论》2019 年第 6 期。

1.知识产权法对于数据产品或衍生数据权属的界定

数据产品或衍生数据(特别是数据库)与汇编作品存在一定的相似性。早在1992年欧盟委员会《数据库法律保护指令(草案)》便确立数据库的著作权保护(copyright protection of databases),认为数据库权是法律对数据权益的保护,以保护实质投资为目的,赋予数据库控制者对抗他人对数据库内容提取的排他权利。在我国知识产权法律框架内来看,《著作权法》第15条规定,汇编若干作品、作品的片段或者不构成作品的数据或者其他材料,对其内容的选择或者编排体现独创性的作品,为汇编作品,其著作权由汇编人享有,但行使著作权时,不得侵犯原作品的著作权。该条规定,汇编作品包含三个构成要件:其一,汇编对象是作品、作品的片段或者不构成作品的数据或者其他材料。其二,汇编活动为对内容进行选择或者编排。其三,是独创性要求,即汇编作品在内容的选择或者编排上能够体现独创性。许多企业通过对所收集的数据进行汇总、分类、整理等处理活动形成企业数据库,如果这种对于数据的选择和编排能够体现出独创性,那么就符合汇编作品的构成要件,可以适用著作权法的专门性保护。例如,"白兔诉鼎容数据库侵权案"中,法院经过审理后认为,白兔公司对公开资料中的商标信息进行提取、分类和整理,对后续变更情况进行汇总,并加入自定义的字段信息等,其对商标数据的编排和整理体现出独创性,涉案数据库构成汇编作品。①

但是,通过汇编作品等知识产权法界定数据产品或衍生数据权属的方式也存在一定局限性。数据产品或衍生数据需要经过是否符合汇编作品构成要件的前提性判定,如果不具备独创性,那么就无法适用著作权法的相关规定,这在司法实践中并不少见。例如,在"上证所信息网络公司诉新华富时指数公司案"中,法院认为股票行情数据库系其通过对原始交易数据选择和编排,然后经交易系统软件处理后的劳动成果,但该数据库只是运用一定的计算规则而产生的结果,运用该规则处理相同股票行情

① 参见广东省佛山市禅城区人民法院民事判决书,(2016)粤0604民初1541号;广东省佛山市中级人民法院民事判决书,(2016)粤06民终9055号。

数据的结果必然具有唯一性，故该计算结果不具有独创性，并非汇编作品。[①] 从数据产业的行业实践来看，为了适用著作权法的相关规定而要求数据产品或衍生数据都必须具备独创性，对于数据处理者而言似乎较为"严苛"。其一，数据并不必然具备创造性要件，其更多地呈现对象性、稀缺性、时间性和价值性的特点，无法成为知识产权法意义上的典型客体，这种特点使数据汇编产品的独创性认定在司法实践中存在较大的不确定性。[②] 其二，许多数据产品或衍生数据并不能达到选择或编排具有独创性的程度，数据信息收集的全面性与独创性相互钳制，全面的数据信息往往会导致独创性的降低，但这也是其商业价值的来源，导致数据处理者在实践中容易陷入商业价值和可保护性的两难境地。[③] 其三，著作权法的保护所针对的是数据汇编产品具有独创性的选择和编排本身，并不及于数据汇编产品所依据的原始数据，并不能够满足企业作为数据处理者基于数据多样化的法益保护需要。

2. 反不正当竞争法对于数据产品或衍生数据权属的界定

数据产品或衍生数据所蕴含的经济价值往往会与企业竞争利益相关，因此数据权益相关案件中不正当竞争纠纷占据很大比重。[④] 对此，已有部分法院在裁判规则上尝试创新探索，通过对创新、竞争、效率等不同价值之间的权衡，运用反不正当竞争法的一般条款，在个案中结合数据类型、损害程度、获取方式、使用方式等方面，对于涉诉行为的违法性和损害

---

① 参见上海市浦东新区人民法院民事判决书，(2006)浦民二(商)初字第 2963 号；上海市第一中级人民法院民事判决书，(2007)沪一中民五(商)终字第 2 号。

② 例如，在"大众点评网诉爱帮网侵权案"中，北京市第一中级人民法院在二审中，推翻了一审法院所认定的大众点评网中针对餐馆的介绍和点评整体构成汇编作品并享有著作权的观点，认为大众点评网仅是以时间顺序编排网友的点评内容，不具有独创性，不构成汇编作品。参见北京市第一中级人民法院民事裁定书，(2009)一中民终字第 5031 号。

③ 参见浙江省高级人民法院联合课题组：《关于企业数据权益知识产权保护的调研报告》，载《人民司法》2022 年第 13 期。

④ 根据浙江省高级人民法院联合课题组发布的《关于企业数据权益知识产权保护的调研报告》，2016 年至 2021 年上半年，在数据权益相关案件中，浙江法院受理的案件案由均为不正当竞争纠纷。

程度进行综合判断。[①]《反不正当竞争法》第2条第1款规定,经营者在生产经营活动中,应当遵循自愿、平等、公平、诚信的原则,遵守法律和商业道德。该条款为《反不正当竞争法》的一般条款,作为原则性规定成为竞争法领域的"帝王规范",能够弹性地应对不断涌现的新型不正当竞争行为,为权利形态和权益关系尚不明晰的新型法益提供兜底性保护。《反不正当竞争法》一般条款的特殊性,使其成为数字经济时代数据权属相关案件重要的裁判依据。例如,"新浪微博诉脉脉案""大众点评诉百度地图案"等案件中,法院均在案件的具体裁判中运用和结合了《反不正当竞争法》一般条款,用来分析和判断涉诉行为是否违背诚实信用原则和商业道德。行为规制模式主导下,个案的利益均衡判断虽然成为目前规则"真空"状态下的"权宜之计",为司法裁判创新探索提供了充分的空间,但也在一定程度上减损了司法的安定性和主体的规范性预期,使数据相关法律关系更加复杂、动态和模糊。

四、数据产品或衍生数据权属的判定

2022年12月发布的《中共中央 国务院关于构建数据基础制度更好发挥数据要素作用的意见》(以下简称《意见》)指出要探索建立数据产权制度,建立公共数据、企业数据、个人数据的分类分级确权授权制度,建立数据资源持有权、数据加工使用权、数据产品经营权等分置的产权运行机制,为建立具有中国特色的数据产权制度体系奠定了整体框架,也在整体上为数据产品或衍生数据权属划定了新的确权方向。

1. 以权能分离为基础,认可企业的数据资源持有权、数据加工使用权、数据产品经营权

如果赋予数据处理者对数据产品或衍生数据享有绝对化的财产所有权,将会使不特定多数人因此承担相应的义务。基于此,《意见》提出了"建立数据资源持有权、数据加工使用权、数据产品经营权等分置的产权运行机制",实质上是遵循通过权能分离解构数据产品或衍生数据的权属

---

① 参见浙江省高级人民法院联合课题组:《关于企业数据权益知识产权保护的调研报告》,载《人民司法》2022年第13期。

关系,丰富数据使用权利的基本思路,在一定程度上肯定和发展了数据"权利束"的理论进路。事实上,借助权能分离化解经济改革痛点难点问题的做法并不鲜见,《农村土地承包法》确立所有权、承包权、经营权三权分置,经营权流转格局的做法同样如此。但是,数据资源持有权、数据加工使用权、数据产品经营权"三权分置"与农村集体土地三权分置不能等同而语,更不能直接移植适用。① 数据具有非竞争性和非排他性,与土地能够实现排他性保护的基础条件不同,法律无法在数据上设立过于绝对的强保护,只能基于"持有"施加弱保护,在一定限度内防止和排除其他主体的侵害。

首先,数据资源持有权是对于数据处理者合法持有数据这一状态的法律保护,非基于法定事项,任何人不得篡改、泄露、破坏、非法获取、非法利用数据处理者合法持有的数据。数据资源持有权是数据产品或衍生数据权属界分的基础,但是这一权益的实现前提是数据资源持有应当合法、正当,不得损害个人或其他主体的合法权利(益)。

其次,数据加工使用权是对于数据处理者加工、处理、使用其合法持有或合法取得的数据,这种加工使用权可以为自己使用的目的,也可以为他人使用的目的,但应当以数据安全管理和个人信息权益保护为底线,不得从事侵害他人权益、损害社会公共利益、破坏伦理道德的数据处理活动。

最后,数据产品经营权是指,数据处理者对于加工使用合法持有或合法取得的数据所产生的数据产品、数据服务或衍生数据,可以通过自己使用、授权他人使用、出售、交换、提供服务等方式进行交易并获取经营性收益。

2. 以分类为标准,对于企业投入与贡献所形成的数据产品或衍生数据,认可企业在投入与贡献范围内享有独立的财产性利益

司法实践中对于数据产品或衍生数据相关权益的保护,既秉持了司法的谦抑性,又在现行法框架内创新阐释了数据产品或衍生数据所承载

---

① 参见徐玖玖:《利益均衡视角下数据产权的分类分层实现》,载《法律科学》2023 年第 2 期。

的“独立价值”[①]。以本案为例,法院明确企业数据具有独立的财产价值,数据产品或衍生数据为原告付出人力、物力、财力,经过长期经营积累而形成的,对数据产品或衍生数据原告应当享有竞争法意义上的财产权益。[②] 一审法院认为,网络大数据产品虽然表现为无形资源,但可以为运营者所实际控制和使用,网络大数据产品应用于市场能为网络运营者带来相应的经济利益,网络大数据产品已实质性具备了商品的交换价值,成为其拥有的一项重要的财产权益,因此网络运营者对于其开发的大数据产品应当享有自己独立的财产性权益。[③] 本案在裁判中回避了将数据产品或衍生数据作为一种新型财产的确权进路,而是以竞争法为视角,跃迁确权问题的争议与论证,通过认可企业的投入与贡献,承认数据处理者基于劳动所应享有的财产性利益。与此同时,为平衡数据权益保护与数据流通利用之间的关系,数据处理者对于自身所主张的财产性利益,应当承担相应的证明责任,例如,证明自身基于特定数据所付出的贡献,包括在经营运营、安全维护等过程中所投入人力、物力、财力甚至技术等生产要素的行为是实际发生的。如果数据处理者在实际付出之外,还要主张数据产品或衍生数据资源可能带来的商业利益与竞争优势,还需证明特定数据产品或衍生数据可能带来的竞争利益。

3. 以市场评价要素贡献、按贡献决定报酬的机制确定数据要素收益的公平分配

企业对数据信息进行加工处理,为数据产品或衍生数据付出了人力、物力、财力,经过长期经营积累形成具有经济价值的经营性信息,并以有偿方式提供,具有显著的即时性、实用性,能够产生积极效应,同时为自身带来可观的商业利益与市场竞争优势。基于公平原则,应当认可企业的投入与贡献,确认数据产品或衍生数据可成为一种要素资源,属于《反不

---

① 参见张建文:《网络大数据产品的法律本质及其法律保护——兼评美景公司与淘宝公司不正当竞争纠纷案》,载《苏州大学学报(哲学社会科学版)》2020 年第 1 期。

② 参见姬蕾蕾:《企业数据保护的司法困境与破局之维:类型化确权之路》,载《法学论坛》2022 年第 3 期。

③ 参见杭州铁路运输法院民事判决书,(2017)浙 8601 民初 4034 号;浙江省杭州市中级人民法院民事判决书,(2018)浙 01 民终 7312 号。

正当竞争法》所保护的财产性权益，并且根据由市场评价要素贡献、按贡献决定报酬的机制公平分配数据要素收益。但是，考虑到数字经济的外延式扩张效应，数据资源的剩余控制权并不能天然地归物质资源的控制者（数据处理者）所有，对于数据要素的收益分配应当通过公平分配机制进行调节，以实现数字公平、数字普惠等公共价值目标。与此同时，考虑促进数据流通利用的目的，对于已公开数据，可以借鉴欧盟立法中数据库特殊权利的相关规定，将权利限定于防止他人提取或重新使用衍生数据的实质性部分。

五、结语

数据产品或衍生数据的权属界分以及权益保护是数字经济时代的重要议题，其核心在于如何平衡数据处理者对于数据产品或衍生数据的合法权益与流通利用之间的关系。本案关于数据产品或衍生数据财产性利益的司法认可，在现行法律规则尚不清晰的客观语境中，为数据处理者维护自身合法权益提供了有力支持，也为数据流通利用和收益分配划清了基本的边界。未来在权能分离的基础上，数据处理者基于数据资源所享有的数据资源持有权、数据加工使用权、数据产品经营权等合法权益，将为数据产品或衍生数据相关权益提供更加明确的法律预期和合规指引，保障企业在投入与贡献的范围内享有独立的财产性利益。

第三章　公共数据商业化利用的合法性边界

张心宇*　郭　彤**

【案例索引】

一审案号:杭州铁路运输法院(2019)浙8601民初1594号

二审案号:浙江省杭州市中级人民法院(2020)浙01民终4874号

【审判人员】

郭彤(承办人)、张翀、盛放

【核心问题】

对于公共数据或者其他类型的公开数据,使用者进行合理、合法利用的判断标准是什么?数据使用者在使用过程中,是否应当对数据使用质量承担基本的注意义务?

【案情简介】

2019年,被告利用其运营的网络平台通过发布以及向特定用户推送的方式,发布了针对原告某小微小额贷款公司清算的企业信息,引发媒体围绕原告公司是否存在清算行为进行报道。案涉清算信息系被告网络平台抓取自全国企业信用公示系统的公共数据,但系原告公司2014年企业年度报告出现的历史信息。

---

* 张心宇,北京理工大学法学院博士后。

** 郭彤,杭州互联网法院(杭州铁路运输法院)信息技术中心主任。

经原告申请，法院作出诉前行为保全裁定，要求被告公司停止散布与原告公司有关的清算信息，并对推送行为予以澄清。被告在其多个平台的官方账号上发表声明，回应了关于被告网络平台审慎不足的相关质疑，对其行为作出解释。该声明发出后，引发了媒体新一轮的关注和报道。最终，法院判决被告败诉，赔偿原告经济损失及合理费用60万元并为其消除影响。二审维持原判。

【分歧意见】

第一种观点认为，被告行为已然不属于公共数据合理使用的范畴。该观点认为被告平台作为专业企业信用信息提供平台，并且以收取费用的方式有偿向其用户提供服务，理应尽到足够的审慎义务，但其未尽到审核和检验的义务，从而导致错误信息的广泛发布。

第二种观点认为，被告公司行为属于公共数据的合理利用。该观点认为被告行为符合诚实信用的基本准则，以官方渠道作为数据来源，从数据源头确保其真实性与准确性，已经建立起完善的"通知—修改"机制，形成了数据准确性保障闭环。

【审判观点】

法院对公共数据商业化利用行为进行了合理性边界的分析：

首先，公共数据的利用和挖掘可以不征得原始数据主体的同意，但不应损害合法权益。公共数据作为促进经济发展的重要生产要素，应当鼓励市场主体对公共数据的利用和挖掘，使用公开的公共数据无须征得原始数据主体的同意。但同时，对公共数据的利用应当合法、正当，不得损害国家利益、社会利益和其他主体合法权益，特别是不能损害数据原始主体的合法权益。本案中，原告作为原始数据主体，被告利用信息抓取技术，通过多种渠道抓取公共数据中涉及原告的企业数据，经过分类整理供网络平台用户查询。因此，原告与被告同处于大数据平台构建的数据生态系统中。被告通过国家企业信用信息公示系统抓取原告的企业信息，虽然数据本身源于公共数据，但是信息的发布和推送行为应当保持与原告公司企业信息的一致性,即客观公正地反映企业信息,不应因数据来源的公共属性,而损害数据原始主体的商业利益。

其次,互联网征信企业在从事企业信用信息的收集和发布活动中,应当坚持以下基本原则:其一,数据来源合法原则。其二,注重信息时效原则。其三,保障信息质量原则。其四,敏感信息校验原则。而在本案中,其一,被告网络平台在2019年推送采用的信息是2014年的历史信息,并不符合信息时效原则。其二,被告网络平台在信息处理中对新增/变更信息的设置容易引发误导,在信息选择和机制设置上具有随意性。其三,被告网络平台也没有对敏感负面信息尽到审慎的注意义务。其四,被告在后来的声明当中并未对不实推送内容问题进行纠正,进一步扩大了误导性信息的负面影响。此外,在司法裁判上,应认识到数据开发利用企业发展的客观现状,不宜为互联网征信企业赋予过高的注意义务,对于一般的信息偏差,应当允许其通过事后救济的方式进行修正。

【理论探索】

一、问题的提出

党的十八大以来,以习近平同志为核心的党中央高度重视数字化发展,实施国家大数据战略,推动建设数字政府。全国一体化在线政务服务平台、"互联网+监管"平台、全国一体化大数据中心等建设成效突出,数字政府效能显著提升。党的十九大报告将"数字中国"上升为国家战略,"数字政府"建设成为"数字中国"的重要组成部分。数字政府是电子政务发展的高级阶段,涉及数字化设计、政府平台搭建、数据驱动转型、公共数据开放等不同维度,通过数字技术构筑政府机关、非政府组织、企业与个人之间的数字政府生态系统,并在各主体与政府的互动中产生和提供数据、服务与内容,实现国家治理体系和治理能力的现代化。

在国家大数据战略和数字经济战略的引领下,我国公共数据的开放共享工作已经起步并正在稳步推进,国家正在推动丰富完善公共数据开放目录,构建统一规范、互联互通、安全可控的公共数据开放平台,推动公共数据开放利用。同时还出现了地方政府"先行先试",在公共数据开放领域率先进行了立法尝试。但总体上看,我国公共数据的开放共享规范化程度不高,存在已经开放的公共数据利用不充分、数据去向不明确、缺少数据开放后监管等问题,这些都影响着公共数据开放的秩序稳定。[①]应在明确公共数据开放价值导向的理论基础上,建构符合公平利用要求的数据开放秩序基本规则,促进公共数据开放制度及实践向好发展。

二、公共数据开放的价值导向

作为一种新兴的行政方式,公共数据开放被视为数字中国、数字政府建设中所应遵循的重要战略,能够为数字市场发展提供更多活力,有效提高政府公共服务水平,对于当代经济社会发展和提升政府治理能力具有重要意义。我国《促进大数据发展行动纲要》提出,要在依法加强安全保障和隐私保护的前提下,稳步推动公共数据资源开放。《数据安全法》第41条规定:"国家机关应当遵循公正、公平、便民的原则,按照规定及时、准确地公开政务数据。依法不予公开的除外。"要发挥丰富数据资源的潜在效能,取得应用市场优势,首先要做的就是数据开放尤其是公共数据开放。开放是价值创造的基础。公共数据开放是推动数据有序流动这一任务的重要部分,同时也是数字法治政府实现数字化治理的题中应有之义。[②]

(一)公民知情权在数字时代的创新发展

第二次世界大战以来,人类社会吸取了独裁政府的"黑箱"对世界文明造成巨大伤害的经验教训,要求确保公民的知情权。《世界人权宣言》第19条规定,人人有权通过任何媒介和不论国界寻求、接受和传递消息与思想的自由。我国《宪法》虽未直接规定"知情权",但公民的监督、批评、检举权等都是"知情权"的具体体现,"知情权本身具有宪法权利的属性",并在诸权利中处于"母权利"地位。[③] 公民知情权的实现不仅意味着

---

① 参见付熙雯:《数字中国建设中政府数据开放利用政策的优化》,载《陕西师范大学学报(哲学社会科学版)》2022年第4期。

② 参见金成波、王敬文:《数字法治政府的时代图景:治理任务、理念与模式创新》,载《电子政务》2022年第8期。

③ 参见胡伟:《财政民主之权利构造三题》,载《现代法学》2014年第4期。

政府需要公开其各项行政行为,更是要求强调更深层次上的自由。

随着全面深化改革的进程加快以及信息化的快速发展,数字时代对政府信息公开的广度、深度提出了更高要求。公共数据开放应时而起,成为落实公民知情权的创新路径。有学者认为,信息公开是政府的一种责任,是提高政府透明度一种路径,强调政治和行政意义;而公共数据开放则是政府提供的公共服务,强调经济与社会价值。① 实际上,对于公民知情权的实现而言,有获取信息的权利只是知情权实现的第一步,还需打破信息壁垒、结束公众与权威主体之间信息不对称的局面。公共数据开放站在新的时代背景,通过数字技术架构以结构化的方式向广大公众传递政府掌握的各项数据,公众可以通过相应的在线政务服务平台或者公共数据平台更加便利地申请与获得需要的各类数据,为公开后的“表达、参与、监督和再利用”做出了有效保障。②

(二)社会创造力和市场活力的产生来源

公共数据开放不仅是对公民知情权的发展与转向,更是数字时代进一步激发全社会创造力和市场活力,推动经济发展质量变革、效率变革、动力变革的重要路径。

在数字时代,数据正在成为各种产品和服务生产的必要前提。③习近平总书记提出,“信息流引领技术流、资金流、人才流,信息资源日益成为重要生产要素和社会财富,信息掌握的多寡成为国家软实力和竞争力的重要标志”④,深刻阐释了数据对于国家和经济发展的重要作用。在以全要素数字化转型为重要推动力的数字经济时代,数据在经济活动中的作用变得越来越重要。它不仅能够帮助人们更好地组织和规划生产经营,更能有效地进行判断和预测。而且,对比土地、资本等传统的生产要

---

① 参见郑磊:《开放不等于公开、共享和交易:政府数据开放与相近概念的界定与辨析》,载《南京社会科学》2018 年第 9 期。

② 参见肖卫兵:《论我国政府数据开放的立法模式》,载《当代法学》2017 年第 3 期。

③ See Graef Inge., *EU Competition Law, Data Protection and Online Platforms: Data as Essential Facility*, Kluwer Law International BV, 2016, p. 3.

④ 习近平:《总体布局统筹各方创新发展 努力把我国建设成为网络强国》,载《人民日报》2014 年 2 月 28 日,第 1 版。

素而言,“数据”作为一种新的生产要素,可被多个主体反复适用,其价值却不会随着使用次数的增加而减少。且存储和传输成本较低、整体流动性较强,边际产出远高于边际成本。基于数据非排他性、可复用性、强流动性等特点,通过数据边际效益递增为社会创造出巨大的财富。数字经济的快速发展亦符合当代信息化社会高速、便捷的特征。数据要素的时代价值正在受到全面的关注与重视。[①] 在目标和功能层面,政府信息公开目标侧重于“知”,而公共数据开放不仅强调“知”,同时也强调“用”。[②] 巨量可利用的公共数据不断集中、共享和融合,为数字经济的健康快速发展和数字社会的快速转型提供了巨大的驱动力。

公共数据主要源于行政管理活动中对公民的管理以及政府机关运行所产生的数据。由于公共数据产生于行政机关或公共服务机构的具体业务活动之中,既有公民个人直接参与的环节,也包括各个具体行政部门履行行政职责的过程。公共数据呈现私人权利与公共利益高度竞合的状态。[③] 从保障公民私人权利的视角出发,针对数据权属的讨论,多数学者指出公共数据归属于政府支配,但是国家所有权不能异化为民法上绝对的所有权,公共数据不仅服务于政府效益,更要服务于社会与市场经济发展。数据也同税收一样,有着取之于民、用之于民、造福于民的特点。

公共数据开放是指公共管理和服务职能的事业单位面向社会各界、各主体提供具备原始性、可机器读取、可供社会化利用的数据集。[④] 数字经济时代,政府、企业都获取了大量数据资源,双方无论是从优化监管还是更好服务方面,彼此都有非常多的合作需求。[⑤] 公共数据开放是政府在主动或被动地适应数据汇聚集中的时代趋势,跟随数字时代的发展变化提供了新型的政策工具,更好发挥数据的价值。公共数据开放具有鲜

---

① 参见周辉、张心宇、孙牧原:《数据要素市场的法治化:原理与实践》,中国社会科学出版社2022年版,第1页。

② 参见王锡锌、黄智杰:《公平利用权:公共数据开放制度建构的权利基础》,载《华东政法大学学报》2022年第2期。

③ 参见徐珉川:《论公共数据开放的可信治理》,载《比较法研究》2021年第6期。

④ 参见《浙江省公共数据开放与安全管理暂行办法》第2条。

⑤ 参见周汉华、周辉:《数字经济立法为什么重要?》,载《财经》2019年第10期。

明的技术属性,符合信息化时代发展需求,也符合数字政府利用技术思维与手段回应社会变迁和技术发展的敏捷治理理念。同时,作为显著具有公共物品属性的数据类型,公共数据开放强调对经济和社会发展的支撑作用,其所具备的再利用和反复挖掘的开发价值,能够发挥基础资源作用和创新引擎作用,营造良好营商环境,助力传统产业优化升级,支撑智慧社区、智慧城市建设。

(三)实现数据赋能公平的途径

在网络信息社会,对数据的有效利用,能够为社会与经济发展带来巨大增量,创造更多的"数据红利",能够使各类主体更好地适应现代化过程以及享受现代化发展对美好生活的追求。但是,数据的赋能不是无差别的,而是具有显著的差异。数据开放利用所增加的社会财富并未均衡分给广大公众,由于当前经济实力和数据处理能力等方面存在差异,各方主体对数据的使用有着显著的区别。数据对人类社会的赋能并不当然会推动社会整体平衡发展,反而会加剧极化现象,导致各主体之间信息不对称的情况,助推形成"数据垄断"。数据的不平等赋能是数据利用负外部性的主要表征。

在数据赋能的实践中,单一原始的数据往往可利用价值较小,只有结构化的、系统化的、机器可读的数据集合才具有较高的可利用价值。但是,形成结构化的、系统化的、机器可读的数据往往意味着巨额的经济投入。而能负担数据处理的巨额经济成本,并且坚持至数据可以盈利的主体主要就是那些可以利用数据资源,并将形成的数据集合用于追求经济收益的网络平台企业。[①] 这就导致平台企业掌握的数据及经济效益急速增加,而其他主体如传统企业和公民却难以在数字时代依靠单一数据获得更好的发展。

当然,除了平台这一类商业组织能形成高质量结构化数据集合之外,基于政府公共资金的支持而产生的公共数据也是数字经济时代的重要性基础资源之一。公共数据开放有利于全面激活社会用数活力、全面赋能

① 参见周辉:《算法权力及其规制》,载《法制与社会发展》2019年第6期。

数字经济发展。一方面，对于市场部门而言，公共数据开放可以更好地帮助那些数据需求量大却缺少数据处理能力的中小微企业便利地获取数据资源，对冲“数据垄断”现象，助力数据加工等新兴业态发展，从而增添数字经济的活力；[①]另一方面，对于公共领域发展而言，公共数据开放给予广大公众知情权和公共数据可获取权，让公民平等合理利用公共数据成为可能，让人人在数字时代仍可以发挥主观能动性。公民可将开放的公共数据用于科学研究、志愿服务、政务监督等，从而发挥公共数据的社会效益。在数字时代背景下，响应数据作为新的重要生产要素，应由政府来提供数据增量，公平赋能各个领域各方主体，充分释放数据的价值和效能。

三、公共数据合理利用的规则展开

公共数据作为促进经济发展的重要生产要素，以“公开为原则，不公开为例外”。在公共数据开放和大数据商业模式下，对公共数据的使用行为仍应受到正当性判断，防止不当使用损害国家利益、社会利益和其他主体合法权益。在公共数据开放后，各类主体使用公共数据时，应遵循来源合法原则、保障数据质量原则、敏感信息校验原则。对公共开放数据的不当使用，未能尽到必要的注意义务，导致法人、非法人组织或自然人等原始数据主体的合法利益受损，公共数据使用者应承担相应法律责任。

(一)公共数据应合法使用

公共数据应合法使用是实现公共数据有序开放、有效赋能的基本前提。对公共数据的合法利用即要求自然人、法人和非法人组织使用公共数据要符合“法”的规范要求。[②] 公共数据开放利用不得损害国家利益、社会利益和其他主体合法权益。

我国《网络安全法》、《数据安全法》以及《中共中央 国务院关于构建更加完善的要素市场化配置体制机制的意见》等法律、法规及政策文件均多次强调要实施公共数据开放，在向社会公开各类高价值数据集如企

---

① 参见肖泽晟：《论国家所有权与行政权的关系》，载《中国法学》2016年第6期。

② 参见周汉华主编：《〈个人信息保护法〉条文精解与适用指引》，法律出版社2022年版，第28页。

业登记监管、卫生、交通、气象等领域数据的同时,鼓励对数据价值进行深度挖掘。在这种政策的激励和引导下,我国各省、市纷纷推进关于公共数据开放的地方性立法,如《浙江省公共数据条例》《深圳经济特区数据条例》《广东省公共数据管理办法》《上海市公共数据开放暂行办法》《上海市公共数据开放实施细则(征求意见稿)》等,这些地方公共数据开放实践提供了包括数据查询、数据可视化、数据应用、研究成果、创新方案等多种数据服务形式。[①] 目前,我国已初步形成了围绕开放政府数据的利用主体、利用条件、利用行为、利用成果和利用生态而展开的政策框架。[②] 公共数据使用方作为数据处理者应根据《网络安全法》、《数据安全法》、《个人信息保护法》、《关键信息基础设施安全保护条例》以及地方相关法律法规的规范要求,落实相关政策文件的精神,合法利用公共数据开展相关业务活动,履行相应的数据安全保障义务。公共数据使用方从政府机关及其政务平台获取数据后,也应遵循各地政府出台的数据安全管理办法或者数据开放办法合法地获取使用数据,依法加工数据,相应数据处理活动不应超出双方约定的范围。

在使用行为规范的基础上,各主体获取公共数据的程序和技术也应合法进行,对属于应当开放类的公共数据,可以从公共数据开放平台直接获取;但是,对数据安全和处理能力要求较高或者需要按照特定条件提供的公共数据,各主体应当参考公共数据主管部门制定的公共数据开放的具体程序,提出开放申请,依申请按程序获取数据。在技术规范上,公共数据使用方应从规范渠道获取公共数据。当然,部分有数据获取需求的主体为提高数据获取效率,借助网络爬虫等工具通过自动化手段爬取公共数据。虽然使用爬虫这一数据采集的技术手段并未直接违反法律法规的要求,但应注意禁止使用爬虫工具爬取不予开放或者有条件开放的公共数据类型。同时,公共数据使用方也要注意通过爬取工具获取数据的

---

① 参见周辉、张心宇、孙牧原:《数据要素市场的法治化:原理与实践》,中国社会科学出版社 2022 年版,第 28 页。

② 参见付熙雯:《数字中国建设中政府数据开放利用政策的优化》,载《陕西师范大学学报(哲学社会科学版)》2022 年第 4 期。

数量、频次、安全性，避免因数据爬取获得影响电子政务平台或者公共数据开放平台的正常运行，否则可能构成非法侵入计算机信息系统罪、非法获取计算机系统数据罪等，以及触碰《网络安全法》《数据安全法》等相关法律法规的罚则。除了应当对照法律法规的规范要求做到合法合规外，自然人、法人和非法人组织使用处理公共数据还应根据具体的情形进行实质判断，保证其利用的目的与措施的正当性。由于当前在公共数据开放领域仍然缺少统一的上位法，即便具有法律，也难以穷尽数据利用不同的业务场景，各方主体利用公共数据应尊重公序良俗和商业习惯，采取有效措施控制数据的滥用风险，保护公共数据集合中所涉及的其他主体的合法权益，特别是不能损害数据原始主体的合法权益。

(二)公共数据使用应遵循质量原则

与公共数据相关联的规范性问题固然复杂，但是消除了数据作为新兴客体带来的迷惑性表象之后，公共数据开放实践中的核心关切，依然是在以数据开放实践活动为基础的社会关系架构中寻求并维持各方权益的均衡。

公共数据使用应遵循质量原则，才能有序释放公共数据的价值。无论是开放方还是使用方，都应当通过技术的革新和规则的完善，向广大公众提供可信赖的、安全的、不损害他人合法权益的公共数据，从而推动公共数据开放这一公共事业正常有序发展，充分释放公共数据价值，提升政府治理能力和公共服务水平。自然人、法人和非法人组织获取公共数据之后可能会用于咨询服务、信用服务、社会预测、科学研究等，相应业务场景都要求自然人、法人和非法人组织所获取的公共数据应是真实的、准确的、完整的，否则将会导致严重的后果。如在金融机构向个人发放贷款前，一般会从征信机构处获得贷款申请人的信用记录，若征信机构提供了错误的信息或者金融机构未准确获取贷款申请人的信用记录，则可能导致贷款被拒绝，从而损害贷款申请人的合法权益。[①] 公共数据使用方在

① 参见周汉华主编：《〈个人信息保护法〉条文精解与适用指引》，法律出版社 2022 年版，第 73 ~ 74 页。

使用公共数据前,应当积极采用各种管理措施、技术措施等保证数据的准确性、完整性。

公共数据的使用方在处理数据的过程中发现被处理数据不准确或者不完整,应当及时更新、修改。公共数据的使用方对于存在明显错误、缺乏或者超过法律规定的相关数据,应当停止处理或者重新收集,避免使用有瑕疵的数据。即便其数据本身源于公共数据,公共数据的使用方也应确保相应的真实性、准确性、完整性。例如,在股票市场信息服务、企业信用信息查询、保险赔付等场景下,公共数据的真实、准确、完整可能对相关主体造成重要影响。公共数据使用方不应因数据来源的公共属性,就默认数据是完整无误的,需遵循数据质量原则进行数据处理活动,要避免因使用信息的不准确而损害数据原始主体的相关利益。

对于数据来源本身可能存在不准确的情况,公共数据的使用方发现数据存在错误、遗漏或者应进行技术处理等情形,可以通过开放平台向公共数据开放主体提出异议。此外,《个人信息保护法》第 46 条个人的更正、补充权规定,即“个人发现其个人信息不准确或者不完整的,有权请求个人信息处理者更正、补充。个人请求更正、补充其个人信息的,个人信息处理者应当对其个人信息予以核实,并及时更正、补充”。数据主体发现数据有误的,也可以对公共数据开放方或者使用方进行提出异议,要求其及时修正。

(三)公共数据使用方的注意义务及其适用标准

在推进公共数据开放的过程中,需要遵守质量原则,确保公共数据利用的正向效果。对于公共数据使用方亦是如此,其应当善意、合理利用公共数据,对其所使用的公共数据尽到一定的注意义务,不得因其所使用的公共数据存在显著可见的瑕疵损害国家利益、社会公共利益和第三方合法权益。

公共数据使用方的注意义务意味着其在使用公共数据时应避免使用有质量瑕疵的公共数据,或者使用后应及时消减对他人带来的威胁。注意义务是指因社会接触或社会交往活动而对他人引发一定的危险,基于诚信原则、善良风俗或适当社会生活不成文的规则所要求的对此等危险之合理的注意而对一般人负有的除去或者防止危险的义务。[①] 公共数据使用方需遵循质量原则，避免在数据处理过程中出于主观故意或过失对相关主体合法权益造成侵扰。公共数据使用方因使用有质量瑕疵的数据对涉及主体造成人格尊严、财产权益或者经济利益、竞争优势造成损失，为保护相关主体的合法权益，维护公共数据开放秩序，应承担相应的法律责任。

公共数据的利用是相关主体权益受损风险的来源。在公共数据开放的过程中，其他主体合法权益受损的风险不是产生于数据的形成阶段，而是数据的流通利用阶段，此阶段公共数据使用方更靠近风险产生源头。从成本控制视角而言，公共数据使用方基于风险控制者的角色定位，甄别和阻断数据瑕疵带来的负面效应具有显著的成本优势，对于相关主体核心关切或者可能会使其受到负面影响的数据内容应做到仔细核验，避免因数据处理行为对相关主体造成巨大损害。

对于确定公共数据使用方注意义务的适用标准而言，由于在公共数据开放中，往往会优先开放与民生紧密相关、社会迫切需要、行业增值潜力显著和产业战略意义重大的公共数据。[②] 公共数据开放对维护公民知情权、创造市场活力、缓解信息不对称、实现数据平等赋能具有重大意义。“公共数据获得私人利用越多，产生社会价值总量越大”[③]。当前，数据基础制度尚未完善，关于数据共享的行业规范尚未成熟的情况下，应当以鼓励数据共享流通、兼顾各方利益为原则，推动公共数据的广泛利用，并正视在相应实践中海量数据处理的技术困境，合理确定公共数据使用方注意义务的适用标准。

特别要注意的是，由于“质量”不是一个绝对的概念，而是一个相对的概念，公共数据使用方承担注意义务应是相对的而非绝对的。注意义务的概念本身也具有相应模糊性，需要放置于具体的场景之中加以判断。对公共数据使用方注意义务的适用标准的判定，相关司法实践中应做到

---

① 参见杨垠红：《一般注意义务研究》，载《厦门大学法律评论》2005 年第 9 期。

② 《上海市公共数据开放暂行办法》第 10 条。

③ 戴昕：《数据界权的关系进路》，载《中外法学》2021 年第 6 期。

具体问题具体分析,保持注意义务的适用标准与行业整体的发展水平、造成损害一方的技术水平相当。在发生因所使用的公共数据存在质量瑕疵对相关主体造成负面影响的案件中,公共数据使用方如采取积极有效的措施弥补损失或消除负面影响,应减轻或免除其法律责任。从推动公共数据利用和促进数据相关产业发展的角度,不宜为公共数据使用方苛以过重的注意义务。

四、结语

近年来,公共数据开放在各国迅速兴起,并已演变成为全球趋势。我国仍需要继续细化相关法律规则,推动公共数据开放有序进行。对于政府部门而言,要不断丰富公共数据开放共享目录和责任清单。对于数字经济发展而言,随着全球范围内超级平台利用数据优势阻碍竞争现象的加剧,各国开始建立数字守门人制度,加强平台治理。[①] 在这一过程中,应鼓励互联网平台公司、大型研究机构等向社会共享公共数据。同时,确保各类所有制企业平等获取、公平利用数据要素。[②]

在持续推动公共数据开放的基础上,也应明确公共数据利用规范。即便在当前数据脱敏技术难以达到《个人信息保护法》关于"匿名化"要求的情况下,政府机构依然需要探索提高技术处理能力和可复原难度的路径,提高公共数据开放的安全性保障。公共数据使用方获取数据后,在对数据进行了融合、处理与应用的过程中,应能做到谨慎处理,妥善协调数据的所涉主体利益与数据广泛利用之间的冲突,并且明确相应的救济渠道,做到权益受损快速响应,积极消除负面影响。

---

① 参见周汉华:《〈个人信息保护法〉"守门人条款"解析》,载《法律科学(西北政法大学学报)》2020年第5期。

② 参见周辉:《加快数据法治建设 推进数据要素市场化改革》,载《中国信息安全》2021年第1期。

第四章　直播数据构成商业秘密的认定标准

杨尚东[*]　蒋　枫[**]　江　怡[***]

【案例索引】

一审案号：杭州铁路运输法院(2021)浙8601民初609号

二审案号：浙江省杭州市中级人民法院(2021)浙01民终11274号

【审判人员】

沙丽、江怡(承办人)、卢忆纯

【核心问题】

企业数据能否作为商业秘密予以保护？如何确定直播行业数据类型经营信息作为商业秘密保护的司法审查标准？

【案情简介】

被告系原告某平台的前运营总监，双方签订保密协议，允许被告在职期间，利用自身账号权限，登录查看、分析后台数据，掌握中奖率高的时间点，多账号刷奖获得平台高额奖金(感觉没写清楚)。后被告离职后入职相同行业另一平台公司，在自身账号已被注销的情形下，仍通过获取原告员工甲账号的方式，继续登录后台进行刷奖，被告持续一年多时间多次登

---

* 杨尚东，西南政法大学数字法治政府研究院副教授。

** 蒋枫，西南政法大学公法研究中心研究员。

*** 江怡，杭州互联网法院(杭州铁路运输法院)互联网审判第二庭法官。

录实施被诉行为,通过数十名主播提现,被告自述获利200余万元。

原告认为,被告上述行为侵犯了原告的商业秘密,导致平台其他注册用户基本无法获取中奖奖励,平台的注册用户充值大幅减少、用户流失,情节恶劣。原告主张依据《反不正当竞争法》,并适用惩罚性赔偿,以被告获利金额的1.5倍为依据,请求法院判决被告赔偿原告损失390万元。被告答辩称,被告不是反不正当竞争法规定的竞争者,不存在侵权行为,原告诉请金额并无依据。最终一审、二审法院均支持了原告诉求,并确认适用惩罚性赔偿,判决被告赔偿原告经济损失300万元。

【分歧意见】

第一种意见认为,平台的直播数据,尤其是本案中的奖品实时送出数量、中奖时间,带有随机性,该部分数据掌握并不能直接提升中奖率,被告掌握的礼物单价、礼物数量等数据不具有秘密性。另外,被告不是反不正当竞争法规定的经营者,作为原告的员工亦没有泄露直播数据,不构成对商业秘密的侵犯。

第二种意见认为,直播后台数据未对外公开,具有秘密性,只有拥有内部账号的工作人员才可以接触到,具有保密性,直播数据的分析和利用可以给公司带来数据再生产的利益,而且被告通过分析直播数据套取200余万元,可见直播数据具有直接的价值性,属于商业秘密。另外,被告作为员工签署了保密协议,却仍然利用职务之便为自己谋取利益,并在离职后的一年多内仍登录内部系统盗取分析数据以中奖牟利,构成侵犯商业秘密。

【审判观点】

本案中,法院对以下方面进行了认定:

第一,法院认定直播数据符合构成商业秘密的“三性”要件。首先,直播打赏实时数据,需登录平台管理人员账户查看,并无证据显示其属于通过公开渠道可获得,符合秘密性。其次,就商业秘密内容双方签订保密协议,原告对账户区分人员设置不同查看权限,限制能够接触或获取后台不同数据的人员范围，两平台账号不可通用，且在工作人员离职后，公司及时注销相关账号，对访问、使用相关数据采取必要措施，符合保密性。最后，直播平台中奖数据反映经营者特定经营策略及经营效果，体现用户打赏习惯和消费习惯等深层信息，可为经营者提供用户画像，吸引流量，获得竞争优势，具有商业价值。基于此，涉案直播数据在满足秘密性、保密性和价值性的要件之上构成商业秘密。

第二，商业秘密可通过反不正当竞争法进行保护。被告在职期间的“使用”行为，违反《反不正当竞争法》第9条第1款第3项的规定，离职后的“获取”行为，违反上述第9条第1款第1项的规定，离职后的“使用”行为，违反上述第9条第1款第2项的规定。被告在自身获利的同时，使互动打赏环节失去吸引力，注册用户的充值和打赏大幅减少，干扰打赏环节正常的运行机制，损害平台经营秩序和竞争优势，构成侵犯原告商业秘密。

第三，被告承担惩罚性赔偿责任的要件构成。依据《最高人民法院关于审理侵害知识产权民事案件适用惩罚性赔偿的解释》，被告具有主观故意和情节严重等因素。即被告侵权行为时间过长（发生于在职期间和离职以后），侵权具有主观故意（在离职后仍多次登录后台账号），侵权次数频繁，侵权获利金额大等影响。综上，确认适用惩罚性赔偿，判决被告赔偿原告经济损失300万元。

【理论探索】

一、问题提出

在“互联网+”和大数据时代背景下，一切信息都能以数据的形式存在，数字经济蓬勃发展，国家对此发展趋势高度重视。2019年，党的十九届四中全会则将数据作为一种新的生产要素，充分发挥其在推动经济持续发展方面至关重要的作用。《数据安全法》第14条更是明确表明国家大力鼓励和支持数据在各行业、各领域的创新应用。企业数据不仅有效帮助企业增强自身运营管理能力，同时数据的流通和利用还能够为企业带来巨大的商业价值，是企业保持和提高市场竞争力的重要资源。尤其对于互联网直播行业来说,数据就是企业的竞争优势所在,是企业的战略核心和竞争焦点,关系着企业的盛衰成败。作为21世纪互联网领域的代表性产物,网络直播已经深入人们的日常生活。直播平台日新月异,盈利模式五花八门,涉及直播平台数据权益纠纷、侵犯企业数据的行为也日渐增多。因此,当务之急是合理确定企业数据的保护方式,合理分配权利义务,保护当事人合法权益,减少数据权益纠纷,增强企业研发创新动力,为推进科技强国提供法治保障。然而,目前我国没有针对企业数据保护的专门法律规定,相关的法律规范并不完善。此前,人民法院在“杭州某科技公司与汪某商业秘密纠纷案”中采用了商业秘密路径保护直播行业数据经营信息,那么企业数据能否作为商业秘密予以保护?如何确定直播行业数据经营信息作为商业秘密保护的司法审查标准?这将是本文接下来重点讨论的内容。

二、企业数据商业秘密路径保护的原因分析

(一)企业数据的概念

数据的本质是信息,是1和0的二进制代码组合,是能够以电子形式存储和处理的体现一定事实内容的信息。[①]《数据安全法》第3条将其定义为任何以电子或者其他方式对信息的记录。《网络安全法》第76条则规定网络数据为“通过网络收集、存储、传输、处理和产生的各种电子数据”。从内容上看,数据可以分为个人数据和企业数据。企业数据泛指与企业经营相关的所有数据,因牵涉复杂的利益关系,实际上是由海量数据组成的一个集合体,通常表现为由企业进行实质掌握、包含个人数据和非个人数据的数据集合。学界认为企业数据具有广泛的内涵并且可划分为多种基础数据类型。根据企业数据的来源和构成,大致可以分为用户提交的网页数据、平台生成的个人数据和机器生成的非个人数据。[②]根据披露程度,则可以分为公开数据、半公开数据和非公开数据。根据生产方式,可以分为原始数据和衍生数据。

---

① 参见杨翱宇:《数据财产权益的私法规范路径》,载《法律科学(西北政法大学学报)》2020年第2期。

② 参见周樨平:《大数据时代企业数据权益保护论》,载《法学》2022年第5期。

(二)企业数据的特征

1. 一般特征

一般特征是指包含企业数据在内的所有数据类型共同具有的特点。企业数据的一般特征主要表现为电子信息性、无形性、无损耗性和非独占性。[①] 第一,电子信息性。数据本质是二进制代码,区别于记录于纸上的传统数据材料。第二,无形性。企业数据必须通过一定的载体才能被识别、存储和流通,这也意味着数据可以通过技术手段轻松复制而不会造成原始数据的损害和新数据的改变。第三,无损耗性。数据不会因为使用而产生损耗,也不会对其他主体的后续使用造成影响,反而能够通过加工整理形成新的衍生数据。第四,非独占性。由于其可复制性,同一个数据可以被多人同时占有使用而难以被某一特定主体独占。

2. 专有特征

专有特征是指其他数据类型不具有而专属于企业数据自身的特征。作为数据的一种特殊类型,企业数据的专有特征表现为稀缺性和主体归属特殊性。第一,稀缺性。企业数据是由海量数据组成的集合体。规模越大内容越完整的数据越有利于企业进行市场经济分析、指导商业决策。数据量大的数据反而稀缺性更加突出。企业数据的稀缺性特征表明其具有一定的商业价值。[②] 企业可以通过交易数据集合等方式利用数据获得经济效益。随着计算机信息技术的不断更新,数字经济迎来了前所未有的发展期,同时推动了商业模式的改变,数据作为一种新型资源能够为企业带来竞争优势。第二,主体归属特殊性。根据洛克的劳动财产理论,企业为其数据收集整理付出了巨大成本,而企业数据作为劳动产生的成果,企业对此劳动成果享有财产权益具有正当性。但是由上文的企业数据类型可知,部分企业数据实际上源于用户个人提交的信息。而企业将该部分内容进行收集整理并进行匿名化处理后所得到的数据是否归属于企业

---

① 参见李扬、李晓宇:《大数据时代企业数据边界的界定与澄清——兼谈不同类型数据之间的分野与勾连》,载《福建论坛(人文社会科学版)》2019 年第 11 期。

② 参见李扬、李晓宇:《大数据时代企业数据权益的性质界定及其保护模式建构》,载《学海》2019 年第 4 期。

目前仍然存在争议。有观点认为用户个人拥有该部分数据并对其享有财产权益。[①]

(三)企业数据的法律属性

企业数据的法律属性在我国法律中没有明确规定,目前学界主要从以下几个方面进行讨论。

1. 物权说

该观点认为企业数据具有价值性,能够被人为控制并且能够脱离人而独立存在,因此具有民法上"物"的特征,可以将企业数据当作民法中的"物",强调其物权属性。物权是一种绝对权,企业则对于数据拥有了具有绝对排他效力的所有权,能够对自己合法拥有的数据享有占有、使用、收益、处分等所有者权益,实现了对数据的合法控制。其中《民法典》第127条关于数据的原则性保护规定为企业数据财产权利提供了建立基础。但是企业数据所具有的非独占性会导致企业掌握的数据财产权利的结构与所有权不同,企业数据在遭受第三人非法侵害时,物权请求权发挥的作用十分有限。

2. 知识产权说

该主张认为企业数据并不符合民法中"物"的特征,因为物是指能够为人力所支配并且具有使用价值和价值的有体物和自然力[②],显然与数据的无形性相冲突。数据作为一种无形财产,可以作为知识产权法的客体在一定程度上受到保护。企业数据包含杂乱无序的原始数据和能够精准满足各种用途的数据集合体,其中的数据排列、整合等过程都离不开人的劳动,因而企业数据主要是人进行创造而形成的智力成果,具有知识产权属性。

3. 新型财产权说

该主张认为企业数据由于自身特性不能为物权和知识产权所接纳,应当设立为一种新型财产权,兼具人格权益和财产权益。一方面用户个

---

① 参见史宇航:《个人数据交易的法律规制》,载《情报理论与实践》2016年第5期。

② 参见王泽鉴:《民法概要》,北京大学出版社2011年版,第57页。

人对其数据享有充分的权益,如人格权益和一定的财产权益;另一方面因企业为原始数据的收集整理付出了大量成本,为了顺应数据产业发展、激励企业不断创造价值,应当赋予企业数据资产权和数据经营权。①

4. 企业数据权益说

目前理论界正审慎反思企业数据赋权模式,在将企业数据认定为权利之前,从财产性利益层面对其进行保护不失为一种有效方式,因此关于企业数据法律属性的学说有权利说和权益说两种,其中权益说包括商业秘密说。但实际上商业秘密本身是权利还是权益这一问题仍无定论,但多数观点将商业秘密定性为"未上升权利的一种法益"。② 学者对数据进行类型划分并对其采用不同的数据保护方式,而商业秘密说则只针对未公开企业数据。

(四)小结

企业数据自身法律属性的模糊性导致学术界和实务界对于企业数据的保护路径持有不同的观点,但是从企业数据的概念和特征出发,结合我国现行法规定,有理由认为企业数据能够作为商业秘密的客体进行保护。

2017 年《反不正当竞争法》规定,商业秘密仅指技术信息和经营信息。2019 年新修订的《反不正当竞争法》则扩展为商业信息,将商业秘密定义为不为公众所知悉、具有商业价值并经权利人采取相应保密措施的技术信息、经营信息等商业信息。同时,最高人民法院《关于审理侵犯商业秘密民事审理案件适用法律若干问题的规定》第 1 条中新增列举"数据"一项,将其纳入经营信息和技术信息的范畴。这种修改实际上扩大了商业秘密的保护范围,反映了司法实践中对商业秘密认定做宽泛解释的趋势,同时表明对于企业数据进行商业秘密路径保护是我国立法的选择,因此企业数据可以作为商业秘密的客体。而构成商业秘密需要满足秘密性、保密性和价值性三个要件,企业数据在满足商业秘密三要件的前提下,就能够作为数据类型的经营信息和技术信息被保护。对于企业数据

---

① 参见龙卫球:《数据新型财产权构建及其体系研究》,载《政法论坛》2017 年第 4 期。

② 参见杨翱宇:《数据财产权益的私法规范路径》,载《法律科学(西北政法大学学报)》2020 年第 2 期。

而言,部分企业数据能够反映企业经营实际状况、指导企业参与市场经营活动,属于商业信息范畴。在秘密性方面,未被公开的企业数据集合不被公众所知悉;在价值性方面,企业数据能够带来竞争优势,具有较强的经济价值;在保密性方面,企业通过身份识别、数字加密等技术措施对自身数据实施事实上的控制,阻止其他企业主体对本企业数据的获取与访问。因此,企业可以主张对具有商业价值、未公开且采取保密措施的商业数据进行商业秘密保护,保护客体包括"与技术有关的数据"和"与经营活动有关的数据"。

三、直播数据构成商业秘密的司法认定标准

网络直播是随着互联网等技术高速发展而出现的一种新型业态,具有参与主体多元、盈利方式多元等复杂性,在拉动消费、刺激经济增长方面作出了不可忽视的贡献,但同时网络直播行业也衍生出许多新的问题,对既有规则产生挑战。其中,直播平台可以通过后台实时数据了解当下流量、互动、交易数额等情况,及时调整直播策略,从而实现吸引更大流量、增强用户互动、提高交易额等商业目的。基于直播数据的巨大经济价值,直播平台迫切要求对其进行法律保护以维护自身利益,但如何对直播行业的实时统计数据进行保护目前讨论较少,本案则为企业通过商业秘密途径保护平台数据提供了参考。司法实践中判断商业秘密侵权行为的第一步是判断数据是否属于商业秘密,[①]因此以商业秘密路径对直播数据进行保护时,法院应结合直播行业的特殊性质对直播数据是否满足商业秘密的构成要件进行认定。即司法审查时不是进行抽象的概念描述而是要落实到具体个案中进行具体分析(本案中指直播行业数据类经营信息),并且审查标准仍然落实到商业秘密的构成要件上。

(一)秘密性:不为公众所知悉

秘密性作为商业秘密最本质的特征,是指商业秘密不为公众所知悉。对此,人民法院应当从以下几个方面进行审查:

---

① 参见北京市高级人民法院知识产权庭课题组:《〈反不正当竞争法〉修改后商业秘密司法审判调研报告》,载《电子知识产权》2019年第11期。

1. 知悉直播数据的人员范围

"公众"是指同行业或同领域的不特定多数人,而非商业秘密权利人以外的其他所有人。这表明商业秘密的秘密性并不排除权利人以外的主体知悉该秘密的可能性,但这个知悉人员的范围需要排除同行业或同领域,主要是指同业竞争者,即在相关领域内不为相关人员普遍知悉,但允许权利人在采取保密措施的情况下让有必要知悉的人员知道。对于直播数据而言,这个领域主要为具有相似性、竞争性的直播行业。此外,即使是直播平台内部,根据工作特征,可能分为负责吸引流量和观众的主播、调节设备协调沟通的场控、监控数据变化的技术人员等。根据职级,可以分为普通职工、经理、董事或监事等。这些不同岗位、职级的工作人员能够接触到的数据应该是有所区别和限制的。因此,人民法院需要从企业规章制度、数据保密措施等方面审查实际有权获取或可能知悉直播数据的人员范围,判断是否存在因为知悉人员范围过大而不具有秘密性的问题。

2. 获得直播数据的难易程度

不可否认的是,用户在观看直播时能够通过直播间界面显示直接获取在线观看人数、用户个人信息等直播数据。但是一方面用户打赏数额、实际交易量等数据并不会直接显示;另一方面企业从公开渠道收集的数据,通过自己独特的整理方式或者与其他数据相结合又会形成新内容,而这部分是不公开的。如果这些数据仍然能够被他人轻易获取,那么该直播数据不属于商业秘密的范围。

在本案中,直播平台规定,汪某作为该平台的运营总监,在已经具有较高职位的情况下仍然需要登录特定的账号才能够查询到后台数据,并且没有其他公开渠道能够获得这些数据。这表明直播平台限制了获取直播数据的人员范围,并通过设置特定账号提高了获取数据的难度。在这个意义上,直播数据具有秘密性。

(二)保密性:采取相应保密措施

保密性是指权利人在侵权行为发生之前对其所掌握的商业秘密采取合理的保密措施以防止商业秘密泄露,从而确保自身竞争优势。保密性是利益主体主客观相结合的产物,因此人民法院对直播数据保密性进行审查时应当采用主客观相结合的原则,既要审查保密措施的合理有效性,又要注意直播平台主观上是否具有保护直播数据的强烈意愿,将二者结合起来进行综合认定。

1. 主观上具有保护直播数据的意愿

法律不保护在权利上睡眠的人。若直播平台本身不注重对直播数据的保护,那么启动有限的司法资源对其进行保护是没有价值的。即直播平台主张对其直播数据进行商业秘密保护,意味着直播平台在日常经营管理活动中已经意识到其直播数据属于自己的商业秘密,具有排他占有、将其作为商业秘密保护的主观意愿且这种保密意图能够被其他人轻易察觉、识别。直播平台的主观保护意愿在行为上表现为采取了防止直播数据泄露的保密措施,法院可以通过对保密措施的审查来判断直播平台保密意图的强烈程度。

2. 客观上采取保护直播数据的措施

保密性这一构成要件强调的是保密行为,而非保密结果。采取保密措施的目的是防止泄密,但即使是已经采取严格措施的情况下,实际上仍然存在商业秘密泄露的可能性,所以不能要求保密措施达到万无一失的效果。对于数据来说,企业数据大都储存在云盘等电子介质中,无法必然避免由黑客或者电子系统本身 bug 等原因造成的数据泄露,同时高精尖的技术措施也会产生企业无法负担的成本,因此司法审查时不能苛求企业的保密措施。企业只要采取了合理的、适当的、与企业数据经济价值成正相关的保密措施,使企业数据在合法的条件下不至于被泄露就应当认为具有秘密性。但是一方面,目前没有法律条文对于合理性有更加明确的解释;另一方面,在科技飞速发展的大数据背景下过去常见的保密措施并不能很好保护数据类商业秘密。数据技术的发展对保密措施提出了新的要求,也给保密措施的认定带来了挑战。

对于直播数据而言,人民法院在审查保密措施的合理性时应当深刻认识到数据二进制代码的本质、无形性的特征、存储于电子介质等事实。并且结合案件中涉及的数据内容和经济价值等具体案件具体分析,对保密措施的合理性进行整体判断。法院应当审查保密措施是否达到他人知道或应该知道存在商业秘密的程度，是否他人不采用盗窃、利诱、胁迫等不正当手段或者不违反约定就难以获得。[①] 直播平台应当明确日常经营活动中产生的后台数据哪些具备商业价值、使用价值，在使用储存这些数据时采取更加充分的安全措施、保密措施。在实践中通常表现为企业通过签订保密协议、制定规章制度等方式确定属于商业秘密的数据类型，从而有利于他人对自己信息获取行为的边界进行正确判断。其他主体一旦通过非法途径取得规定范围内的数据，企业则可以通过商业秘密途径进行维权。但是由于信息技术是不断更新发展的，直播后台数据的类型可能随着技术的发展产生新的变化。因此，保密协议或规章制度既不能过于精细，但应当具体明确，不能宽泛笼统，以达到义务主体能够知道或应当知道哪些数据属于商业秘密的程度即可。此外，企业与劳动者签订的保密合同或者制定的保密制度，只是保密措施的一种具体表现，还可以结合企业其他措施进行综合判断。另外，针对数据载体的特殊性，一般的物理措施难以起到保护效果，需要一定程度上提高对技术手段的要求，包括通过设置防火墙等技术来实现对数据访问的控制。

本案中，直播公司根据员工的不同岗位特征、职级设置了数据访问分级权限，限制能够接触或获取后台数据的人员范围。在汪某离职后，公司及时注销相关账号，取消其继续访问、使用本公司直播数据的权限。此外，直播平台就商业秘密部分与汪某签订了保密协议，并且汪某明知该部分数据需要特定账号权限，意味着汪某已经知道哪些数据属于商业秘密并且具有保密的法定义务。由此可见，直播公司具有强烈的保密意愿，并且已经采取多种具有合理性的保密措施，其直播数据符合保密性。

（三）价值性：带来经济利益和竞争优势

价值性是指商业秘密通过现在的或者将来的使用，能够为权利人带

---

① 参见《关于商业秘密构成要件问题的答复》（工商公字〔1998〕第109号）："只要权利人提出了保密要求，商业秘密权利人的职工或与商业秘密权利人有业务关系的他人知道或应该知道存在商业秘密，即为权利人采取了合理的保密措施，职工或他人就对权利人承担保密义务。"

来现实的或潜在的独立经济价值,相对于未知和未使用该信息的竞争者来说,能获得和保持竞争优势,并不必然要求为企业带来现实经济利益。[①] 这是商业秘密获得法律严格保护的关键原因,也是企业积极寻求法律保护的内心动因。因为即使直播数据已经满足了秘密性和保密性的条件,但若不能为直播平台带来竞争优势和经济效能,将其作为商业秘密进行保护是无意义的。法院可以从直播数据可能带来的经济利益和直播平台收集相关数据付出的成本两个方面认定直播数据的价值性。

1. 直播数据可能带来的经济利益

经济利益分为直接利益和间接利益。一方面,数据能够直接给企业带来现实的经济利益;另一方面,数据能够帮助企业吸取失败的经验教训,少走弯路,从而减少成本或损失。[②] 直播数据通常蕴藏着用户深层延伸信息,平台可以通过追踪程序的运作和数据变化,分析运营效果和用户画像,时刻关注用户参与度和活跃度,总结直播间流量下降的原因,及时调整相关活动机制,从而能够更好地提升用户的黏性和流量,获得稳定、持续并不断增长的经营收益,为其带来竞争优势。

2. 直播平台收集相关数据付出的成本

数据的收集和处理需要以一定的劳动和经济为代价,包括为收集数据搭建的直播间、直播间安排的工作人员、为储存数据购买的设备等成本。直播平台以营利作为商业目的,高成本行为必然要求高回报,那么其耗费精力和成本收集的数据必然蕴含巨大的商业价值,否则企业得不偿失,与商业逻辑相矛盾。此外,侵权人在无授权的前提下直接获取该部分数据,能够节约大量成本,获得不合理的竞争优势。因此,收集数据付出的成本也应当成为认定价值性的一个考虑因素。

在本案中,直播公司通过设定中奖算法,由程序分配中奖索引,结合用户打赏产生实时数据。汪某通过对这些后台数据的分析和利用,直接推算出中奖概率,掌握了打赏规律,从而直接获得了经济效益。那么同样

---

① 参见杨雄文、黄苑辉:《论大数据的商业秘密保护——以新浪微博诉脉脉不正当竞争案为视角》,载《重庆工商大学学报(社会科学版)》2019年第4期。

② 参见宋惠玲:《论商业秘密的构成要件》,载《法学杂志》2008年第6期。

的,若是这些数据通过汪某向外泄露,其他直播平台能够从中了解到该直播公司对中奖规则和利润分成的设定,并针对性地制定应对策略,那么该直播公司无法获得相应数据的对价,所具有的市场竞争优势就会丧失。汪某的行为在实现自身获利的同时,使平台的互动打赏环节失去吸引力,注册用户的充值和打赏大幅减少,干扰打赏环节正常的运行机制,减少直播平台经济效益,损害平台经营秩序和竞争优势。因此,直播后台数据不仅能够为直播公司带来经济效益,而且其他人也能从中有所收益,直播数据具有较高的商业价值。

综上所述,网络原始数据组成的衍生数据或大数据,或网络公开数据结合其他尚未公开的内容组成新的数据信息,可依据知悉涉密人员范围和获取数据的难易程度,审查其是否构成秘密性要件。数据类信息应结合行业现实状态及载体的性质、权利人保密的意愿、保密措施的可识别程度、他人通过正当方式获得的难易程度等因素,采取主客观相结合的原则并以适当为标准,审查其是否构成保密性要件。直播平台中奖数据反映经营者特定经营策略及经营效果,体现用户打赏习惯和消费习惯等深层信息,可为经营者提供用户画像,吸引流量,获得竞争优势,可依据该角度认定其商业价值。

四、结语

大数据时代背景下,企业数据已经作为一种重要的生产要素深入到社会市场经济中,其蕴含的巨大商业价值迫使企业积极寻求法律保护。然而现行法律并未对企业数据作出明确规定,对于企业数据保护路径的激烈讨论在理论界和司法实务界也始终存在。人民法院从商业秘密角度出发讨论企业数据保护问题,其对直播平台数据构成商业秘密的司法认定思路和标准对于之后类似案件的裁判具有重要的参考意义和借鉴价值。本文通过探寻企业数据的内涵和外延,分析企业数据的法律属性,为企业数据能够作为商业秘密客体进行保护提供理论支撑。运营直播平台的企业通常将技术设计、程序代码等技术信息和客户名单、销售策略等经营信息作为商业秘密进行保护,对于直播平台产生的实时统计数据作为商业秘密来保护是较为少见的。但对于直播平台来说,后台数据实际上不仅是企业经营收入的直接体现,而且能够为其带来竞争优势,是一种在商业竞争中能够带来经济价值的稀缺性资源。因此,当数据类经营信息符合商业秘密构成要件时,人民法院在司法审查中应结合数据组成和行业特征认定其保密性、秘密性、商业价值并予以法律保护。

第五章　爬取微信公众平台数据行为的违法性认定

王　磊*　叶胜男**

【案例索引】

一审案号:杭州铁路运输法院(2021)浙 8601 民初 309 号

【审判人员】

沙丽、叶胜男(承办人)、卢忆纯

【核心问题】

爬取微信公众平台数据是否构成不正当竞争行为？数据爬取行为的合法界限如何认定？

【案情简介】

两原告系微信公众平台的经营者和管理者,被告系某网站经营者。原告称被告使用技术手段绕过微信客户端,操控 75 个微信账号使用“拟人程序”爬虫工具和自动化脚本,通过多个代理 IP 绕过封号、封 IP 防护措施不间断爬取平台数据,该行为突破微信公众平台的数据防护措施进行数据抓取,并进行商业化利用,妨碍平台正常运行,已构成不正当竞争。

* 王磊,北京理工大学智能科技法律研究中心研究员。
** 叶胜男,杭州市中级人民法院知识产权审判庭法官。

因此,原告诉请被告立即停止被控非法抓取微信公众号信息内容及数据等行为,并删除已经存储的前述数据,同时消除影响,赔偿经济损失及合理支出共计300万元。

然而,被告辩称爬虫工具应该技术中立,且其爬取的数据不属于原告而是用户数据,不构成不正当竞争。法院经审理后认为,被告违反《反不正当竞争法》第12条第2款第4项之规定,构成不正当竞争行为,故判决被告立即停止被控数据抓取行为、消除影响并赔偿损失60万元。

【分歧意见】

第一种观点认为,微信公众平台数据,尤其是本案中的公众账号信息、公众号文章信息、小程序信息均对外公开,不属于商业秘密,不具有竞争性权益。另外,爬取技术为中立技术,被告对于原告公开数据的爬取,仅仅是效率收集数据的手段,不具有破坏或干扰原告经营的恶意性,亦不会对原告的经营构成竞争或替代,不构成不正当竞争。

第二种观点认为,原告长期对微信平台的经营和投入已经形成良好完备的生态系统,结合用户协议约定、平台对数据的投入、数据价值等各因素,经营者对平台整体数据资源享有竞争性权益。原告在协议中明文禁止非法爬取行为,并做了防爬虫、封IP等网络安全保障措施后,被告仍通过更换账号、IP代理等方式爬取数据,给原告的平台安全、数据权益造成威胁,损害了两原告的商业利益,具有非法性和不正当性。

【审判观点】

本案中,法院针对涉案数据的爬取行为进行以下方面认定:

第一,法院认定两原告对涉案微信公众号数据享有竞争性权益。其一,两原告为运营微信公众号付出巨额成本。其二,两原告作为微信公众平台的经营者和平台数据的收集者、控制者,其所收集和控制的微信用户数据均已通过《软件许可及服务协议》《隐私政策》等协议方式获得了微信用户的授权同意,其行为具有合法性。其三,上述数据系用户访问平台而形成的数据,是依托于网络平台系统而产生并显示、存储的,微信公众平台通过自身经营活动吸引用户积累的微信公众号文章数据对于平台经营者具有重要意义，故微信公众平台运营者可以通过经营使用这些数据获得相应的商业利益。其四，考虑微信公众号文章数据处于网络环境中可集成、可交互的特点，并非用户单一数据，而是与文章阅读数、点赞数、发文时间、文章评论等其他数据共同构成整体数据资源。基于这四个要点，法院认为两原告就上述微信公众号上积累的整体数据资源享有竞争性权益。

第二，涉案被诉行为构成不正当竞争行为。其一，被告爬取原告数据的行为未经原告允许。其二，爬取行为采用的技术突破 IP 访问限制和封禁措施，破坏了平台访问登录服务的正常运行，具备恶意性。其三，爬取行为增加了两原告平台运行的数据量和数据流，加重平台服务器负荷，加大两原告的运营成本。其四，爬取和公布数据行为使网络用户无须登录、订阅即可在被告网站查看除了微信公众号文章的所有相关数据内容，构成对原告的实质性替代，进而损害原告利益。因此，被告行为不仅违背诚实信用原则，还违反《反不正当竞争法》第 12 条第 2 款第 4 项的规定。

【理论探索】

一、问题的提出

数字经济时代催生了以数据为代表的新型生产要素。数据日益成为驱动企业业务营收增长、实现数字经济有序增长的加速剂，在企业竞争中居于关键地位，甚至成为企业参与市场竞争的核心要素。实现数据再利用流通机制，充分释放数据要素价值，甚至在一定程度上影响企业经营的战略方向。正是由于数据流通对释放数据要素价值、调整企业经营模式的重要意义，实践中出现了以数据利用为目的的大量数据爬取与反爬取的对抗。随着数据爬取纠纷数量的迅速增加，对于数据的认识也在不断深入，但目前我国理论界对商业数据的性质和权属持不同观点，在实践中对于数据纠纷的法律制定也具有一定的滞后性，仍存在诸多问题亟待解决，如以微信社交数据为代表的商业数据的法律属性界定尚存争议、针对数据爬取行为的法律规制较为概括、数据爬取各方利益的法律保护路径不够明确等。因此,本章拟针对商业数据的法律属性、数据爬取行为的判断因素、数据爬取行为各方利益平衡等方面进行讨论,进一步明晰数据爬取相关法律纠纷的治理规则。

二、商业数据的法律属性探究

数字化转型是信息化时代的进一步延续和深化,在此背景下,数据作为重要经济资源和关键生产要素,受到国家层面的高度重视。2022 年 12 月,《中共中央　国务院关于构建数据基础制度　更好发挥数据要素作用的意见》对外发布,从数据产权、流通交易、收益分配、安全治理等方面构建数据基础制度。[①] 2021 年 3 月,全国人民代表大会发布《中华人民共和国国民经济和社会发展第十四个五年规划和 2035 年远景目标纲要》,从顶层设计层面对大数据的发展作出重要部署。[②] 这表明数据已经成为融入社会发展各个领域的关键生产要素。本案中涉及的微信社交数据纠纷实际上是在社交场景下产生的商业数据。因此,为进一步发挥数据流通价值,化解涉数据法律纠纷,有必要对以微信社交数据为代表的公开商业数据作出法律概念上的厘定。

(一)商业数据的概念厘定

早在 2000 年 7 月 14 日,全国信息技术标准化技术委员会发布《信息技术　词汇　第 1 部分:基本术语》,对数据作出定义:数据(data)是"信息的可再解释的形式化表示,以适用于通信、解释或处理"。[③]《数据安全法》第 3 条亦对数据作出明确界定:"本法所称数据,是指任何以电子或者其他方式对信息的记录。"据此,数据作为笼统的上位概念,是一个包含商业数据、公共数据以及以数据形式表现出来的个人信息数据(集)的复杂客体。其中,商业数据由于其处于数字经济产业价值链的关键节点,受

---

① 参见《中共中央　国务院关于构建数据基础制度　更好发挥数据要素作用的意见(2022 年 12 月 2 日)》,载《人民日报》2022 年 12 月 20 日,第 1 版。

② 参见《中华人民共和国国民经济和社会发展第十四个五年规划和 2035 年远景目标纲要》,2021 年 3 月 11 日第十三届全国人民代表大会第四次会议批准。

③ 全国信息技术标准化技术委员会《信息技术　词汇　第 1 部分:基本术语》(GB/T 5271.1—2000)。

到了理论界和实务界的共同关注。

商业数据是数字经济时代的关键生产要素,是经营者制定商业策略,在市场竞争中获取优势的关键影响因素。尽管商业数据有其独立价值,但学界对此类数据未形成明确的概念共识,常以"商业数据""企业数据"等表述作为公共数据的相对概念出现。据此,有别于公共数据的公共性特征,商业数据聚焦于数据的营利性使用,以发挥数据经济价值为核心目标,具有明显的商业色彩。因此将商业数据的特点总结概括为:数据控制者以其提供的产品或者服务过程中收集、存储的以数据量大、类型多样、具有经济价值为特征的原始数据,还包括由此产生的衍生数据,即以加工、分析等方式对原始数据处理后形成的具有经济价值的数据。

(二)商业数据的法律保护

数据分类分级保护是法律领域保护数据安全的基本前提,学界通过多种标准对数据分类提出诸多构想。有学者认为在人工智能的应用中,可供利用的数据主要可以分为三类:一是个人所有的数据,二是私人企业和组织所有的数据,三是公共机构管理的数据。① 还有学者从构建数据新型财产权角度出发,将个人信息和数据资产加以区分,并在此基础上进行财产权化的双阶段权利构建。② 也有学者认为应当将数据区分为基础数据和衍生数据,其中原始数据又被称为"原生数据"或"基础数据",而衍生数据由于其一般具有更高的社会经济价值,也被称为"增值数据"。③ 从数据要素类型学角度,有学者从数据要素持有者与数据要素生成方式两个维度划分数据要素的类型。④ 以内容和公开程度为标准,有学者将商业数据进一步分为作品类商业数据、商业秘密类商业数据和公开商业数据等。⑤ 对于前两类商业数据的保护,因具有特定形式可以受到类型化保护,如以汇编作品为代表的作品类商业数据受到《著作权法》保护;

---

① 参见王利明:《人工智能时代对民法学的新挑战》,载《东方法学》2018 年第 3 期。

② 参见龙卫球:《数据新型财产权构建及其体系研究》,载《政法论坛》2017 年第 4 期。

③ 参见丁道勤:《基础数据与增值数据的二元划分》,载《财经法学》2017 年第 2 期。

④ 参见严宇、孟天广:《数据要素的类型学、产权归属及其治理逻辑》,载《西安交通大学学报(社会科学版)》2022 年第 2 期。

⑤ 参见任浏玉:《公开商业数据爬取行为的规制路径》,载《知识产权》2022 年第 7 期。

商业秘密作为特殊的商业数据保护模式加以保护,但公开商业数据的保护方式仍存在较大争议。近年来,商业数据纠纷所涉及的数据多数是经营者公开的数据,甚至是以公开作为营利手段的数据,因此明确对该类数据的法律保护路径实有必要。

因现行法中尚不具备对公开商业数据进行直接保护的法律规范依据,司法实践中主要以《反不正当竞争法》作为对公开数据的法律保护路径,在数据权益的论证过程中,法院往往专注于以下几个方面。第一,数据获取的合法性。第二,相关数据承载着行为主体的劳动,一定程度上是劳动的产物,体现着投资与回报。第三,数据具有经济价值和交换价值,能够带来竞争优势,归属为一种竞争性权益。此类保护路径在针对商业数据的专门性立法缺失的现状下为数据纠纷的个案适用留出裁量余地,保护了数据流通机制,为数据理论进一步发展留出空间。

本案中法院确认微信社交数据的数据权益,其能够为运营者带来经济利益,具有实质性的交换价值,应当通过不正当竞争规则加以保护,进一步肯定将《反不正当竞争法》作为数据保护路径的正面价值。

三、数据爬取行为的性质认定及规制

本案审理过程中涉及的另一个重要因素是如何认定数据爬取行为并对其进行保护。数据爬取作为互联网企业在经营中采集公开信息常用的技术手段之一,常常表现为互联网经营者使用爬虫软件对文本、图片、音频、视频等互联网信息的海量抓取,本质上是通过网络爬虫代码来实现目的。网络爬虫产生于1993年,是一种通过设置程序,自动化地访问互联网,获取信息并且加以分析整理的工具。可以说,在网络空间中,一定意义上"代码"就是"法律"。随着反爬虫技术的不断突破和更新,这一循环博弈已经不可能做到仅依靠代码规则来有效地规范数据爬取行为,更不能对该行为的滥用形成有效防御。国外法律实践中,对数据爬取的讨论最早出现在竞争法领域,如"eBay v. Bidder's Edge"案①、"Craigslist v.

① See eBay, Inc. v. Bidder's Edge, Inc., 100 F. Supp. 2d 1058 (N. D. Cal. 2000).

3Taps”案[①]等。

(一)数据爬取行为的具体考量因素

数据权益的存在、各方主体身份的认定、竞争关系的认定、不正当竞争的判断,基本构成了数据抓取类不正当竞争纠纷的一般司法裁判过程。

1. 识别数据爬取行为当事人身份

数据爬取行为的经营者身份识别问题,涉及不同的认定标准。目前主要的认定标准是基于“主体资格论”和“行为标准论”,前者认为前者强调必须具备市场竞争关系和合法经营资格,后者则认为只要有市场经营行为就可以被视为经营者。从立法实践来看,我国《反不正当竞争法》第2条规定,该法所称的经营者,是指从事商品生产、经营或者提供服务的自然人、法人和非法人组织,能看到立法更加注重对市场主体行为而非资质的重视。由此,以获得营业资质限制经营者身份,该标准不适用于新兴互联网业态,可能会对经济发展起到限制作用,采用该标准亦不利于保护消费者权益。此外,以“营利性”作为对经营者行为的要求也存在争议。但超越“营利性质”的传统观念近年来得到广泛关注,这一理论把数据置于生产要素高度,将经营者作为取得该类生产要素的主体。互联网技术的更新迭代助推了数字经济业态的革新,网络经济活动已经成为一个具有明显特征的经济形态。在这种形态下,相较于传统经济活动,用户黏性和流量已经成为评估商品或服务竞争力的核心标准。因此,在反不正当竞争法评价体系构建中,不宜过分强调经营者的“直接营利性”,而应当更加注重用户体验和价值创造。

2. 判断数据爬取行为是否存在竞争关系

数据爬取行为中往往包含一种重要关系,即采取爬取行为的互联网经营者与被爬取的互联网经营者之间是否存在竞争关系,进一步引申出数据爬取行为是否构成该情况下不正当竞争的问题。对这一问题的判断应该进一步扩展竞争关系的认定范围,即将市场主体之间竞争关系的认定由从事同种或类似商品经营业务、服务置于更广泛的竞争环境。更有

① See Craigslist, Inc. v. 3Taps, Inc., 964 F. Supp. 2d 1178 (N. D. Cal. 2013).

甚者提出“去竞争关系”①的观点。事实上,现代经济中的竞争关系非常复杂,往往涉及多个行业和多种类型的企业。如果仅依靠行业来区分竞争关系,那么就会忽略掉许多其他因素对于竞争关系的影响。此外,一些行业常处于动态发展的过程中,因此竞争关系也难以明确。如果仍以传统的认定方式和经验先入为主,就很有可能会出现“裁判过重”的情况,即将一些无关的企业纳入竞争关系中,甚至有可能影响到企业的正常经营。② 亦有学者将经营者之间的竞争关系划分为直接竞争关系与间接竞争关系,其中,间接竞争关系是对竞争关系的扩大化理解。与一般竞争关系不同的是,这种竞争关系的认定不能仅仅局限于同一经营范围内和有无可替代性的考虑,而应更多地从行为的实质性质出发,以判断其是否符合客观的竞争标准。目前的审理实践中,许多法院认定互联网行业中的竞争关系已经不再局限于同一产业和领域范围内,而是更加注重对互联网经营行为本质的评判。

(二)数据爬取行为的保护性规范适用

在数据流通过程中,数据抓取占主导地位,对数据抓取相关行为进行规制,就成了数据交易市场稳定的核心要素。数据爬取涉及数据持有者、数据爬取者与社会公众之间的三方权益,但三者间利益关系较为复杂,甚至涉及不同方面的利益冲突,大大拓展了问题的深度与广度,使个案中数据爬取行为在法律性质上存在较大的不确定性,因此,需要对数据爬取行为进行保护性的界定,规范其适用路径。

1. 一般条款的适用

在数据爬取行为纠纷审理过程中,一般条款作为主要法律依据在长期司法实践中积累了丰富的适用经验,最具代表性的是 2009 年最高人民法院在“海带配额案”裁定书的观点③,该观点确立了一般条款适用的三

---

① 参见郑雅庆:《互联网不正当竞争行为认定的去竞争关系分析》,载《改革探索》2020 年第 5 期。

② 参见吴伟光:《对〈反不正当竞争法〉中竞争关系的批判与重构——以立法目的、商业道德与竞争关系之间的体系性理解为视角》,载《当代法学》2019 年第 1 期。

③ 参见山东省食品进出口公司、山东山孚集团有限公司、山东山孚日水有限公司与马达庆、青岛圣克达诚贸易有限公司不正当竞争纠纷案,最高人民法院(2009)民申字第 1065 号民事裁定书。

要件,被往后的司法实践广为认同并反复引用。一般条款的适用可分形式要件和实质要件两部分看待:形式要件是指某一行为属于反不正当竞争法规制的范围,但该法对该行为没有作出特别规定或者该行为不能落入该法规定的具体行为类型,一般条款在此情况下承担不正当竞争行为的兜底适用功能;实质要件则涉及行为正当性的分析判断,这是反不正当竞争法的核心问题。

形式要件方面,应该恪守"避免向一般条款逃避"的原则。该法在2017年修订增加互联网专条后,竞争行为如果能够纳入互联网专条评价之下,一般不适用一般条款。在这一原则指导下,不少数据抓取类案件适用了《反不正当竞争法》第12条的兜底条款。实质要件方面,大多案件基本上遵循"经营者损害+违反诚信原则和公认的商业道德"的不正当竞争行为判断标准,这也是"海带配额案"中最高人民法院提出的三要件的观点。

近年来,立法者高度重视对涉数据不正当竞争纠纷的法律规制,2022年11月22日市场监管总局发布《反不正当竞争法(修订草案征求意见稿)》,其中第18条在沿袭原《反不正当竞争法》第2条的基础上,将其扩展至数据领域。进一步明确了利用数据获取不正当竞争优势的范围,对涉商业数据不正当竞争行为进行了列举说明,厘清了数据爬取行为的法律边界。

2. 互联网专条的适用

《反不正当竞争法》第12条第2款第4项的设置是为了保证在立法不能穷尽互联网竞争行为的情况下,为可能出现的新型不正当竞争行为提供兜底性规定,保证列举式立法体例的周延性,便于司法机关在审理案件时有法可依。但兜底条款如同一般条款中确立的诚信原则、商业道德一样带有模糊性、主观性,与法律本身的确定性原则相悖。《北京市高级人民法院关于涉及网络知识产权案件的审理指南》第34条提出,对于公认的商业道德的评价可以参照特定行业惯例、自律公约、信息网络行业的技术规范及其他参考因素。但事实上,互联网行业内公认的商业理念和通行的交易习惯未必等同于法律意义上的正当行为,只有良好的、符合《反不正当竞争法》立法目的的行业惯例才能成为评价依据。如业内允许在“爬虫协议”的权限内进行数据爬取,但“爬虫协议”作为一种行业惯例在法律上的效果和定性尚无定论,是否可以将其作为判断数据爬取行为正当性的、可普遍适用的法外规则仍有待商榷。

(三)数据爬取行为的类型化判断

1. 违反相关协议的数据爬取

数据流通机制中,典型路径之一是多方以合同为基础,通过“开放应用端口”(Open API)实现数据共享,这类数据爬取行为以“各方合意”为前提,当数据被爬取方同爬取方之间存在合法有效的数据转让或使用协议时,违反协议进行的数据爬取行为不仅侵犯了被爬取方的商业利益,还有违诚实信用原则。在商事经营中,商业道德作为经济市场平稳健康运行,维护良好市场竞争秩序的客观要求,还对于经济主体在诚信的规范下行使权利与履行义务提出预期要求。对于人们违反约定爬取、使用行为中有关争议的解决,可以采用合同规则。

2. 损害消费者个人信息权益的数据爬取

已公开个人信息处理存在多重利益博弈。以“LinkedIn v. HiQ 数据爬取纠纷案”为例,2022 年 12 月 6 日,法院禁止 HiQ 使用自动化方式访问和/或复制领英平台的数据,删除已收集到的数据,并禁止相关数据和软件的开发、使用等行为。[①] 该判决作为数据爬取、公开信息二次利用的代表性案例,将对所有社交平台的相关案例产生影响,也对个人信息保护等议题产生影响。

2017 年我国修订的《反不正当竞争法》第 2 条第 2 款中增加了消费者权益,这使消费者权益也成了《反不正当竞争法》的重要保护目标。消费者利益这一概念的引入,使正当的竞争行为需要同时满足消费者利益、公共利益和经营者利益三者的平衡和协调,成为竞争行为正当性判断的基本依据。《反不正当竞争法》将保护消费者利益作为重要目标,不仅表现在保障他们的私人领域不受侵扰,以及他们的人格权、财产权不得受到侵犯,还体现在维护消费者自由选择利益上。消费者作为个人信息数据

① See HiQ Labs,Inc. v. LinkedIn Corp. ,273 F. Supp. 3d 1099 (N. D. Cal. 2017).

的提供主体，数据爬取方不能违背其意愿开展针对其个人信息的爬取与利用工作，否则就损害了消费者自主决定的利益。因此，在进行数据爬取时，行为人需要注重对相关消费者个人信息权益的保护，此举目前已经成为行业的通行做法，并且符合《反不正当竞争法》旨在保护消费者合法权益的目标。所以，对于严重损害消费者个人信息权益的数据爬取行为，可以被判定为违背商业道德。

3. 超过合理限度的爬取

数据互联互通作为充分释放数据要素价值、引领数字经济发展的重要途径，能够有效打破数据孤岛导致的数据流动和利用效率低下等现实困境。但应当明确的是，数据互联互通不是对数据无节制地获取利用，更不是帮助数据爬取者攫取竞争优势的"挡箭牌"。因此，应当明确数据爬取行为的合理限度，对超越该限度的数据爬取行为予以法律规制。对于未经数据获取和使用协议许可的数据利用行为，其是否违反商业道德应根据其爬取和利用的方式是否超出了合理边界进行判断。在市场竞争中，只有通过提高产品或服务质量或降低价格，以物美价廉的产品或服务进行竞争才是合理和正当的竞争机制。脱离这一轨道的竞争行为即为不正当竞争。

同时 2022 年《反不正当竞争法(修订草案征求意见稿)》中也明确了不得违反约定或者合理、正当的数据爬取协议，获取和使用他人商业数据的相关规定。关于利用数据所生产的产品或者服务，能否为数据爬取方的原产品或者服务带来"实质性替代"，应当全面综合考虑。

四、数据纠纷中的利益权衡

数据爬取行为作为促进数据互联互通的重要途径之一，在发挥数据流通价值的同时也不可避免地给网络服务提供者带来负担。一方面，多线程的爬虫大量爬取某一特定网站数据会实质性占用该网站大量带宽资源，造成普通用户无法正常访问，对网络服务经营者造成技术负担；另一方面，针对特定网站的数据爬取具有减损该网站商业利益的可能性，因数据爬取行为可能导致被爬取网站在流量或数据等数字化商业利益损失，因此数据爬取中认定的数据竞争，应当从综合的视角来进行判断，涉及多方利益。

2022年12月发布的《中共中央　国务院关于构建数据基础制度　更好发挥数据要素作用的意见》强调了市场在数据流通中起主导作用,要求"扩大数据要素市场化配置范围",[①]指明了数据分配的方向,要求健全数据要素市场化配置机制,拓展数据要素市场化配置范围和按价值贡献参与分配渠道。对于数据抓取行为,其是否合法并非天然决定,而是需要基于其所涉及的权益维护或受损情况进行评价。这种评价是根据行为所触及到的具体权益情况而产生的。数据爬取行为通常涉及网络服务提供者、信息抓取者和社会公众三方的权益,发生这类争端时,应予审议各方主体利益的均衡,促使数据要素收益合理偏向数据价值与使用价值创造者,确保在开发挖掘数据价值各环节中的投入有对应的收益。因此,为了划定数据抓取的违法边界,必须首先明确多重权益冲突中各方之间的平衡关系。需要跳出固有的权益对抗关系,可将涉及的冲突归纳为数据保护与竞争权益、数据开放与信息保护两类冲突。

在实践中,数据抓取行为争议多出现于市场主体间。在许多不正当竞争的数据抓取案例中,争议的根源问题是数据保护和竞争权益之间的冲突。

五、结语

数据作为数字经济的关键生产要素已成为市场激烈竞争的重要资源,数据权益的权属、权利边界以及数据爬取行为不正当性如何判断较为关键。本案例对于利用爬虫工具在微信公众平台上爬取有关数据的行为是否具有不正当性作出判断,并厘清数据爬取行为界限,切实调节数据要素市场公平、诚信竞争秩序,为技术应用创新划出合理界限,平衡平台生态环境构筑者与平台生态之间的关系、参与主体间公平关系,数据的合理开放得到提升,进一步推动数据分享与流通利用,加强互联网司法职能,推动了数字经济的良性发展。

---

① 参见《中共中央　国务院关于构建数据基础制度　更好发挥数据要素作用的意见(2022年12月2日)》,载《人民日报》2022年12月20日,第1版。

2022 年 11 月 22 日市场监管总局发布关于公开征求《反不正当竞争法(修订草案征求意见稿)》,其中第 18 条明确指出不得不正当获取或者使用其他经营者的商业数据,损害其他经营者和消费者的合法权益,扰乱市场公平竞争秩序。这一条款对数据爬取行为进行具体规定,有助于在维护市场竞争公平的前提下,平衡各方利益关系,化解数据保护和竞争权益的冲突。

总之,在数字经济时代,数据的获取和使用对于企业的发展至关重要。数据爬取作为其中的一种技术手段,虽然并非天然违法,但可能会涉及多个主体的权益。因此,在权益保护的前提下,应当加强数据爬取行为的监管,以营造公平竞争的市场环境,保障各方合法权益和社会公共利益。正确评价数据爬取行为的合法性需要考虑多种因素,如涉及的权益矛盾和冲突、爬取的对象和方式等。对数据爬取过程中涉及的正当性基础和权益平衡问题进行法律上的明晰,既是为具体企业提供行为规范指引,也是活跃市场、发展数字经济的重要举措。

第六章　游戏饰品可以作为虚拟财产保护的认定标准

尹腊梅*　张遨宇**　叶胜男***

【案例索引】

一审案号:杭州互联网法院(2018)浙0192民初3182号

二审案号:浙江省杭州市中级人民法院(2019)浙01民终580号

【审判人员】

叶胜男(承办人)

【核心问题】

游戏装备/饰品是否能构成法律意义上的网络虚拟财产?用户对游戏装备/饰品的权利是所有权还是使用权?如何计算其经济价值?

【案情简介】

被告系经营××GAME的某科技公司,××GAME系STEAM市场的衍生品。原告牛某某系××GAME注册用户。原告在××GAME上注册账号,获得使用"展示柜"的资格,且××GAME对于寄存功能并不收费,仅对饰品交易成功收取手续费。原告将其拥有的一批游戏饰品寄

* 尹腊梅,华东政法大学知识产权学院副教授。

** 张遨宇,华东政法大学知识产权学院硕士研究生。

*** 叶胜男,杭州市中级人民法院知识产权审判庭法官。

存在××GAME上的“展示柜”中,“展示柜”为××GAME的账号,同时也是××GAME在STEAM市场上注册的账号。随后,原告发现其在××GAME上的一批账号(“展示柜”)被封禁,无法取出相应的游戏饰品。同一时间,××GAME发布红锁补偿方案(初稿),××GAME将对玩家的饰品进行一个市场价格估值,并在一定时间段内开放给用户对于自己饰品估价的申诉通道,随后××GAME通知游戏玩家有权将所有红锁物品按估价兑换成C豆(为××GAME上的一种积分,可以兑换游戏饰品)。基于此,原告诉请判令被告赔偿因游戏饰品被封禁造成的经济损失共计320,000元。

法院最终判定,被告酌定赔偿原告经济损失260,000元。一审后,被告上诉,但最终原被告双方和解。

【分歧意见】

第一种意见认为,用户对游戏装备/饰品仅具有使用权,此时用户与平台之间成立的协议不属于网络服务合同。用户将自己的装备饰品置于平台的账户下,不能认为是寄存,因为用户对游戏装备/饰品进行账户转移不存在所有权变更,平台对此不负有安全保障义务。

第二种意见认为,游戏装备/饰品构成法律意义上的网络虚拟财产,用户对其具有所有权。首先,游戏装备/饰品因其合法性、有用性、可交易性的特点,具有财产属性,应当成为法律保护的对象。其次,由于用户可以使用、转移、交易游戏装备/饰品,且游戏装备/饰品因其财产属性而具有价值,所以可以认为用户对游戏装备/饰品的权利属于所有权。最后,经济价值的认定应参考游戏装备/饰品的价值走势,进行综合评估。

【审判观点】

法院对游戏饰品的虚拟财产保护审理思路如下:

首先,认定游戏饰品具有财产权属性。游戏饰品因其合法性、有用性、可交易性的特点,具有财产性属性,应当成为法律保护的对象。其次,玩家账号被封导致游戏饰品不能取出、交易,且账号被封后长达半年的时间内均未能解封,因此可以认定从封号之日起已经给玩家造成直接损失。再次,鉴于游戏平台已经构成违约,需要承担违约责任,在无法采取恢复原状等补救措施的情况下,其应当采取替代性补偿措施且承担违约责任,即赔偿直接经济损失。若游戏平台履行全部赔偿责任之后账号被解封,账号内的游戏饰品应归赔偿方所有。最后,在游戏平台无法采取恢复原状等补救措施的情况下,其应当采取替代性补偿措施且承担违约责任,即赔偿玩家的直接经济损失。经济损失的计算应当以涉案游戏饰品平均交易价格为依据,参考类似游戏饰品成交价格走势图(均价),并考虑交易价格形成中的偶然因素、交易对象的缔约能力等问题,酌定经济损失。

【理论探索】

一、问题的提出

网络游戏装备系存在于网络游戏空间的虚拟设定,游戏玩家通常利用游戏装备以获得更好的游戏体验。随着网络游戏产业的发展,网络游戏装备交易平台应运而生。网络游戏装备俨然已先于法律而在普通公众认知中获得了财产属性。实践中,由网络游戏装备所引发的民事纠纷也数见不鲜。然而,网络游戏装备因其独有的相对支配性与技术依赖性而有别于传统民事权利客体,人民法院对于此类案件的裁判思路也莫衷一是。

鉴于网络游戏装备的价值性、稀缺性、可流通性等固有特性以及社会公众的现有认知,应肯定网络游戏装备的财产属性,即属法律可保护之利益。同时,还应紧扣网络游戏装备的独有特性,在理论层面上厘清网络游戏装备的法律属性及其保护进路,明确网络游戏装备的价值认定规则,以期对网络游戏装备提供合理周备的法律保护。

二、网络游戏装备财产价值论证

网络游戏行业初现阶段,网络游戏装备的财产属性饱受争议。依照传统财产理论的观点,财产应当具备价值性、稀缺性、有用性与可流通性等特性。然而,游戏装备实质上是一组完全虚拟且无实质意义的“0101”代码组合,并不具备客观的普遍价值。一项游戏装备的生成或灭失也不会导致社会总财富的增加或减少。网络游戏用户为获得游戏装备所投入的游戏劳动并非现实意义上的可以产生价值的经济性劳动，而是一种纯粹的娱乐消遣休闲活动。即便网络游戏用户选择支付真实货币购买游戏装备，也不可因此肯定游戏装备的价值性。其原因在于，购买者本人并不认为其购买此项游戏装备的目的在于获取一项财产，而仅是通过此游戏装备得以在虚拟空间中获得良好游戏体验感与满足感。此外，承认游戏装备的财产价值性还会产生不良的社会导向作用。[①] 概言之，21 世纪初时，否定论者坚称，网络游戏装备因其非客观现实性而无法归入现有财产体系进行保护。

伴随着网络技术的迭代升级，网络游戏产业飞速发展，网络游戏用户数量呈指数型增长，游戏运营模式更为多元，游戏交易市场日趋成熟规范。当前网络游戏产业所处的社会环境及其自身的价值属性与其初现之时，已不可同日而语。理论界对于网络游戏装备的价值属性的认识也有所改观，而该认知转变的本质原因在于“财产”概念的扩张。尽管当前学界对于“财产”概念的定义仍存有分歧，但早在 20 世纪李宜琛先生便已提出，法律意义上的“财产”应概括为“具有一定经济价值且依一定目的的结合的权利义务的总体”[②]的观点，即泛指一切具有经济价值的事物。而当前以游戏装备为典型代表的网络虚拟财产的价值属性证成，也正是以此定义为基础依据而展开论证。国内学者梅夏英教授也提出，“虚拟财产”的概念在有关虚拟财产是否能够成为权利或权利客体之前已经被广泛使用，虚拟财产之所以可以先于法律设定而在公众的认知中具有财产属性，就在于其本身与经济价值的相关性。[③]

尽管网络游戏装备本质形式是存储于特定介质中的虚拟信息，但不能将网络游戏装备信息与传统意义上的信息记录等同视之。网络游戏用

---

① 参见杨向华：《网络游戏虚拟财产法律性质浅议》，载《湖南公安高等专科学校学报》2004 年第 3 期。

② 李宜琛：《民法总则》，台北，中正书局 1977 年版，第 174 ~ 175 页。转引自瞿灵敏：《虚拟财产概念共识与法律属性——兼论〈民法总则〉第 127 条的理解与适用》，载《东方法学》2017 年第 6 期。

③ 参见梅夏英：《数据法律属性及其民法定位》，载《中国社会科学》2016 年第 9 期。

户获取网络游戏装备通常通过个人劳动,同时客观存在伴随性财产投入,如通过“游戏劳动”获得或通过充值购买获得。此外,当前游戏装备交易平台运营管理模式逐渐成熟完善,游戏装备与现实货币之间已形成较为稳定的兑换机制。在游戏运营商允许转让的情况下,网络游戏用户可自由转让流通其游戏装备,继而形成游戏装备的二级市场。在未经法律干预的情况下,网络游戏装备自然产生的上述取得与流转模式均无不印证着游戏装备本身所固有的财产属性。

鉴于网络游戏装备此种固有特质,2003 年北京市朝阳区人民法院在李某晨与北极冰科技发展有限公司娱乐服务合同纠纷案中,开创了给予网络游戏装备法律保护的先例。① 2016 年学者提出立法建议,要求在《民法总则》民事权利客体部分增设网络虚拟财产的规定。② 立法机关予以采纳,并形成了现行《民法典》第 127 条“法律对数据、网络虚拟财产的保护有规定的,依照其规定”的规定。该条确立了以游戏装备为典型代表的存在于网络虚拟空间中的“网络虚拟财产”的财产属性及可保护性,而此前“网络游戏装备因其虚拟性而不应受法律保护”的观点也就此成为过去式。在理论界与实务界的共同推动下,网络虚拟财产的可保护性终得以体现在成文法中。游戏装备因其价值性、有用性而具有财产属性,应作为网络虚拟财产受到相应法律保护的观点,已成业内通说。

然而,当前《民法典》对于网络虚拟财产的规定仍较为笼统,仅从民事权利(利益)层面肯定了网络虚拟财产的财产属性,而并未明确其具体法律属性与适用的保护规则。

三、网络游戏装备的法律属性厘定

目前,理论界对于以游戏装备为典型代表的网络虚拟财产的法律定性莫衷一是,有物权说、债权说、知识产权说与新型财产利益说等不同观点。其中,受物/债二分理论的影响,选择运用物权理论或债权理论解释网络游戏装备法律属性的学者占多数。反观实务界,人民法院对于涉及

---

① 参见北京市朝阳区人民法院民事判决书,(2003)朝民初字第 17848 号。

② 参见中国人民大学民商事法律科学研究中心:《民法典总则编应当规定虚拟财产为民事权利客体》,载《编纂民法典参阅》2016 年第 8 期。

游戏装备财产权益保护的案件,通常依据《网络游戏服务协议》将发生于网络游戏玩家与网络游戏运营商之间的网络游戏装备权益纠纷认定为合同纠纷,也有部分判例将之认定为物权、无形财产权或者甚至直接选择回避认定其法律属性。[①] 司法实践中的裁判分歧充分表明,当前亟须从理论层面厘清网络游戏装备的法律属性。

(一)物/债二分理论下的矛盾冲突

民法上的"物"指除人之身体外,凡能为人力所支配具有独立性,能满足人类社会生活需要的有体物和自然力。[②] 网络游戏装备既非"有体物",也非"自然力",难以划归"物"的范畴。[③] 坚持套用物权理论来保护网络游戏装备,违背了物权法定的基本原则。物权论者则坚称,网络游戏装备存在于虚拟网络空间之中,可被人感知,是一种数字化形式的真实客观存在,且可供权利人直接支配并享受其利益,具有绝对排他保护性,应当将之扩大解释为民法上的"物"。[④] 然而债权论者则否认网络游戏装备作为民法上的"物"所应有的对世性。其原因在于,游戏装备效能的正常发挥需以网络游戏运营商提供网络游戏服务为前提,游戏玩家对游戏装备并非完全直接支配,继而主张游戏装备实为游戏用户与网络游戏运营商之间的债权关系。物权论者则从保护客体角度反驳称,物权的保护客体是"物",而债权的保护客体是"行为",游戏装备作为一种独立于人的主观意识的客观存在,显然不属于行为,不应受债权关系调整,而游戏装备所呈现的"债权关系"类比于现实社会中债权物权化的租赁权。[⑤] 债权论者则回应称,游戏装备是网络游戏服务运营商提供给网络游戏用户特定服务的债权凭证,其本质仍属于"行为"。

---

① 参见邓社民等:《再论网络虚拟财产的法律性质——以玩家游戏装备享有的权利性质为视角》,载《新疆大学学报(哲学·人文社会科学版)》2019 年第 5 期。

② 参见王泽鉴:《民法物权》,中国政法大学出版社 2001 年版,第 53 页。

③ 参见李国强:《网络虚拟财产权利载民事权利体系中的定位》,载《政法论丛》2016 年第 5 期。

④ 参见陶信平、刘志仁:《论网络虚拟财产的法律保护》,载《政治与法律》2007 年第 4 期。

⑤ 参见杨立新:《民法总则规定网络虚拟财产的含义及其重要价值》,载《东方法学》2017 年第 3 期。

从上述物权论者与债权论者的观点碰撞中,我们不难发现,若将网络游戏装备划入物权关系调整,其阻力有二:一是违背物权法定原则;二是不满足物权的绝对支配效力。而若将其划归债权关系调整也同样存在两方面主要障碍,一方面,网络游戏装备显然是一种真实的客观存在,债权论者将其解释为接受服务的债权凭证有偷换概念之嫌;另一方面,债权关系下的网络游戏装备持有人(网络游戏用户)受合同的相对性约束,对于第三人侵犯网络游戏装备权益的情形,仅依债权关系所配置的请求权寻求救济是远远不够的。尽管理论界为缓解物/债二分理论适用僵化而产生的救济不足,创设了"租赁权物权化"与"第三人侵害债权"等例外制度,用以调整物/债二分原则下的"中间现象"或其他新兴法律现象,保障该理论的自给自足,[①]但为避免因此类例外措施的适用泛化而颠覆传统物/债二分的基础理论,设计者也同时对其规定了严格的适用条件。现有关于调整物权关系或债权关系的例外制度,在不曲解网络游戏装备客观属性的前提下,并无法对游戏装备上的财产利益施以完备保护。

必须承认的是,网络游戏装备的相对支配性与技术依赖性已然决定了其注定会成为物/债二分理论下的中间产物,继而造成了当前物权理论与债权理论在网络游戏装备上的适用产生冲突与矛盾的局面。

(二)知识产权理论下的保护局限

网络游戏装备是网络游戏用户通过网络运营商指定的平台所获取的装备。一般而言,游戏装备是由网络游戏运营商的美工进行设计,定稿后再转化为电磁记录成为游戏软件的一部分。所以,网络游戏装备的本质特征是由网络游戏创作者创作而成的生成物。若游戏装备的样式设计具有独创性,则该游戏装备可以构成著作权法意义上的美术作品。因此知识产权论者认为,网络游戏装备凝结了创作者的智力投入,应当作为知识产权客体受到著作权法保护。网络游戏运营商作为游戏装备的创作者,应对其享有著作权,而网络游戏用户在游戏中对游戏装备的占有使用,实

① 参见林旭霞:《虚拟财产权性质论》,载《中国法学》2009年第1期。

质上是基于对该作品著作财产权的许可使用权。[①] 更有学者对网络游戏装备的形成产生模式进行细分，若该装备系由网络游戏用户创造产生，则此时网络游戏用户应对该游戏装备享有著作权。[②]

诚然，网络游戏装备确实会因其凝结的智力投入而具有知识产权属性，继而可以成为知识产权的保护客体，但此种保护模式却存在一定的局限性。《著作权法》第 3 条第 1 款规定，该法所称的作品，是指文学、艺术和科学领域内具有独创性并能以一定形式表现的智力成果。网络游戏装备作为网络游戏中的内部元素，具备独创性是其获得著作权法保护的前提。[③] 质言之，并非所有网络游戏装备均可构成著作权法意义上的作品。以部分效能型游戏装备为例，此类装备可能因其装备外观本身独创性较低而不构成作品，但这并不影响该类装备因其能够在游戏中发挥特殊加成效能而具备使用价值，继而产生财产价值，从而获得法律上的可保护性。所以，对于效能型游戏装备，利用知识产权理论来解释其财产属性显然无法成立。

（三）新型财产利益下的独立保护

物权论者与债权论者关于网络游戏装备法律属性的争论，体现了网络游戏装备存在有别于物权与债权的特殊法律性质，同时也侧面反映了物/债二分理论的不周延性，进一步证实了财产权体系下还应存有除物权与债权外的"中间地带"。基于此，新型财产利益论者认为，与其通过选择性无视网络游戏装备的部分基本属性以使其合乎物权或债权理论的理想预设模型，"削足适履"式地套用物权或债权的保护模式与变动规则，倒不如坦然承认游戏装备的法律属性确实有别于物/债二分理论的形式特征与现实基础。基于形式主义法学方法论的思维模式，机械套用物权理论、债权理论与知识产权理论保护游戏装备上的财产权益，只会

① 参见邓社民等：《再论网络虚拟财产的法律性质——以玩家游戏装备享有的权利性质为视角》，载《新疆大学学报（哲学·人文社会科学版）》2019 年第 5 期。

② 参见石杰、吴双全：《论网络虚拟财产的法律属性》，载《政法论坛》2005 年第 4 期。

③ 参见郝敏：《网络游戏要素的知识产权保护》，载《知识产权》2016 年第 1 期。

造成制度供给与现实需求上的错配。[1] 以游戏装备为典型代表的网络虚拟财产应当从物权与债权中剥离出来,作为一种新型财产利益进行独立保护。[2]

传统概念主义法学学者则评判称,此种基于新兴法律现象而随意创设法律概念或权利类型的保护模式,极易颠覆基础理论,制度成本较高。[3] 此种新兴事物的法律适用问题通过逻辑推演或对概念进行扩张解释即可解决。但是,在所有经验领域中,一般化语言概念的指称能力是有限的。[4] “解释法律的生命不在于逻辑,而在于彰显经验所昭示的价值追求。如果无助于立法目的的实现、无助于法律对社会生活的有效调整,解释法律将异化为单纯的逻辑游戏,并将害及法律的正确实施。”[5]新型财产利益论者秉承实用主义理念,选择以规范的目的和效用为中心,基于功能主义的解释进路,区分该新型财产利益法律保护中的不同法律关系,并赋予相应的请求权配置对其进行独立保护。[6]

四、网络游戏装备的保护进路选择

网络游戏装备财产利益保护通常涉及三方主体,即网络游戏用户、网络游戏运营商与侵害网络虚拟财产利益的第三人。三方主体之间又通常存在两种法律关系,一是网络用户与侵害网络虚拟财产利益的第三人间的外部法律关系,如第三人擅自侵入网络游戏用户的游戏账号,转让、损毁、注销游戏装备等行为对网络游戏用户虚拟财产造成的侵害。二是网络游戏用户与网络游戏运营商间的内部法律关系,如网络游戏运营商关停服务器、采取封号措施、收回游戏装备等行为对网络游戏用户虚拟财产权益的侵害。不同于前一关系,在后一关系中,网络游戏用户与网络游戏运营商之间的《网络游戏服务协议》使得两主体之间产生一项债权债务关系,网络游戏运营商需承担安全保障义务。然而此前提到的“物权说”

① 参见高郦梅:《网络虚拟财产保护的解释路径》,载《清华法学》2021 年第 3 期。
② 参见孙山:《财产法的体系演进》,载《上海政法学院学报(法治论丛)》2021 年第 4 期。
③ 参见林旭霞:《虚拟财产权性质论》,载《中国法学》2009 年第 1 期。
④ 参见[英]哈特:《法律的概念》,许家馨、李冠宜译,法律出版社 2011 年版,第 115 页。
⑤ 辛正郁:《法律的出入:妥当适度的法律解释方法》,载《法律适用》2015 年第 5 期。
⑥ 参见孙山:《网络虚拟财产保护中的请求权配置》,载《河南社会科学》2019 年第 3 期。

与“债权说”均试图将此两种截然不同的法律关系适用于同一种保护规则之下。如物权保护中的停止侵害、排除妨碍、返还财产、损害赔偿请求权等,抑或是债权保护中的继续履行、损害赔偿请求权等。但显而易见的是,适用债权保护规则调整网络游戏用户与第三人之间的法律关系无疑违反了合同的相对性原理,而适用物权规则调整网络游戏用户与网络游戏运营商间的法律关系则又与网络游戏装备的技术依赖性这一特性相悖。由此看来,网络游戏装备法律属性的复合性及其所涉及法律关系的非同质性,决定了网络虚拟财产的侵害救济路径应做区分处理。单一物权或债权的救济模式均无法对网络游戏装备上的财产利益施以全面保护。

(一)网络游戏用户与第三人外部法律关系中的保护规则

网络游戏装备作为《民法典》中明确规定的网络虚拟财产,应受法律保护。行为人损害他人财产权益是否具备法律上的可苛责性则在于其是否知晓该利益的存在。申言之,“凡当事人知晓(包括推定知晓)的权利就不得侵犯,不知晓(包括推定不知晓)的则可以侵犯,其中对有表征的权利推定为知晓,无表征的推定为不知晓”。[①] 如具有天然公示效力的物权,自然享有对世效力,而用于调整合同当事人之间的债权关系,自然仅有合同当事人知晓该权利的存在,因而无法用以约束合同以外的第三人,例外情形“第三人侵害债权”的责任承担亦是以侵权人知晓该债权关系为构成要件之一。尽管网络游戏装备源于网络游戏用户与网络游戏运营商的《网络游戏服务协议》,但与仅合同当事人知晓的普通债权债务关系不同的是,网络游戏装备是一种网络空间中的客观存在,具有具体的外部表现形式,并不仅具有内部性与相对性。此种“物化形态”具有天然公示效力,使得除网络游戏运营商外的第三人可以较低的信息成本获知该财产利益的内容与归属。[②] 而这一公示效力便使网络虚拟财产利益具有了外部第三人不可侵性,继而可以要求外部第三人承担停止侵害、排除妨碍、返还财产、赔偿损失等侵权责任。因而有学者以“后果论”为视角,分

① 冉昊:《论“中间型权利”与财产法二元架构——兼论分类的方法论意义》,载《中国法学》2005年第6期。

② 参见刘明:《网络虚拟财产权利客体研究》,载《社会科学研究》2015年第2期。

析得出网络虚拟财产物权定位下的救济要优于债权定位,[①]但法律责任的承担内容并非以侵害权利客体类型为绝对依据,而是应当根据客观损害事实来认定侵权人需承担何种法律责任。概言之,“赋予权利人停止侵害、排除妨碍请求权和物权定位之间没有必然的因果联系”。[②]

综上,网络游戏装备因其天然公示属性,使外部第三人可以较低的信息成本获知该财产利益内容与归属,继而取得了法律上的不可侵性。因此,在网络游戏用户与第三人外部法律关系中,第三人侵害网络游戏用户网络虚拟财产利益的,当依一般侵权条款,要求侵权人应当承担停止侵害、排除妨碍、返还财产、赔偿损失等侵权责任。

(二)网络游戏用户与网络游戏运营商内部法律关系中的保护规则

基于《网络游戏服务协议》,网络游戏用户与网络游戏运营商之间形成了内部法律关系,而该协议则是不可将网络游戏运营商与其他第三人等同视之的根本原因。通常情况下,网络游戏运营商依此协议向网络游戏用户提供网络游戏服务及网络游戏装备,但并不因此失去对游戏空间与游戏装备的控制。可见,在网络游戏用户与网络游戏运营商内部法律关系中适用物权保护规则,显然缺乏事实基础。毫无疑问,网络游戏装备财产利益保护规则应当紧紧围绕两主体间的债权债务关系展开。

网络游戏用户在网络游戏运营商设定的环境下进行活动,活动的自主程度受环境设定的限制。网络游戏运营商基于其平台经营者与技术提供者的身体特征与优势地位,应当承担严格的安全保障义务。[③] 因此,维护游戏秩序稳定与游戏玩家信赖利益是网络游戏运营商基于《网络游戏服务协议》所应承担的合同义务。当因服务器关停、账号封禁、装备收回等原因,网络游戏运营商无法向网络游戏用户提供技术支持时,网络游戏用户有权向其主张继续履行、采取补救措施或者赔偿损失等违约责任。

---

① 参见许可:《网络虚拟财产的物权定位证立——一个后果论的进路》,载《政法论坛》2016 年第 5 期。

② 孙山:《网络虚拟财产保护中的请求权配置》,载《河南社会科学》2019 年第 3 期。

③ 参见林旭霞:《论网络运营商与用户之间协议的法律规制》,载《法律科学》2012 年第 5 期。

如若网络游戏运营商基于其优势地位所设立的格式条款,不合理地免除或减轻己方责任或加重对方责任、限制对方权利、排除对方主要权利,则该条款应当归于无效。

综上所述,受《网络游戏服务协议》的约束,在网络游戏用户与网络游戏运营商内部法律关系中,网络游戏运营商负有安全保障义务。倘若网络游戏服务商违反协议约定,出现服务器关停、账号封禁、装备收回等无法提供游戏装备的情况,网络游戏用户有权要求其承担继续履行、采取补救措施或者赔偿损失等违约责任。

五、网络游戏装备的价值认定

对于网络游戏装备灭失且无法恢复的情形,此时网络游戏用户可要求对方承担损害赔偿责任,继而需确定网络游戏装备的财产价值。事实上,网络游戏装备的价值认定并非易事。这是因为,虚拟财产与现实财产之间的联系是不断变化的,不同游戏中的不同游戏装备的财产价值,与其获取机制、游戏本身性质、平台运营状况以及运营成本密切相关。例如,在游戏劳动取得型装备、充值购买取得型装备与混合取得型游戏装备中,网络游戏用户为取得装备所投入的成本类型与占比不同,其装备价值评估标准自然不同。又如,在充值购买取得型装备中还可细分为直接购买取得型装备与随机抽奖取得型装备,前者取得成本明确且统一,而后者取得成本则相对随机,尽管游戏运营商通常会设立一个抽奖成本区间范围,但相比于前者,也还是不具有统一明确性。此外,运营商对于游戏装备的定价也并非一成不变的,存在限期打折促销的情形。

鉴于上述游戏装备取得模式与定价机制的复杂多样性,选择单一视角下的游戏装备价值评估方法并不具有普遍适用性,而需综合各项因素对虚拟财物的价值进行个案分析后确定。因而,有研究者总结出了适用于不同情形下的价值评估方法,如官方价格法、重置成本法、市场现价法、中立机构鉴定法。[①] 其中,重置成本法通常适用于网络游戏运营商遭受损失之情形,避免因依官方价格或市场现价造成价值评估较高的局面,基

① 参见王洪用:《涉网络游戏虚拟财产案件的裁判思路》,载《人民司法》2019 年第 22 期。

于填平原则的考虑,对网络游戏运营商的装备损失价值评估适用重置成本法。中立机构鉴定法则是为确保价值评估的客观权威性而申请第三方鉴定机构进行评估,但目前游戏装备价值鉴定并不在我国鉴定机构的鉴定范围内。官方价格法则一般仅适用于价格明确且稳定统一的直接充值购买取得型游戏装备。而除此之外的其他类型游戏装备的价值评估通常均采用市场现价法。

目前我国游戏装备二级市场已较为成熟,网络游戏装备与现实货币的兑换机制较为稳定,基本具备市场现价法的适用环境。参考时点选取方面,市场价格总是存在波动的,游戏装备价值评估所需参考的价格标准,应选择损害发生时的市场现价。标准价格确定方面,不同游戏装备交易平台就同一成色的游戏装备的成交价格存在一定差异,因此需以成交均价作为评估参照标准。此外,部分稀有游戏装备成交量较少,二级市场定价存在一定的主观性与不稳定性,易被操控炒作导致市场现价畸高。因此,在进行游戏装备价值评估时,还需考虑交易价格形成中的偶然因素、交易对象的缔约能力等问题,对市场现价进行适度修正。

六、结语

随着我国国民生活水平的提升,网络游戏已然成为一种常见的娱乐消遣方式,社会公众对于网络游戏装备价值属性大有改观,游戏产业在此期间得以快速发展。游戏装备交易市场的出现,从社会层面肯定了网络游戏装备的价值属性;《民法典》第127条的规定,从法律层面确立了网络游戏装备的财产属性与可保护性。网络游戏财产作为一种新型财产利益,部分学者在“先赋权、再保护”的思维惯性下,纷纷急于将之置于现有传统理论框架进行考察,并得出了看似合理却彼此矛盾的结论。本文认为,纵使新兴事物的部分特征或许可被现有概念或形式所涵盖,但也不应为追求固有理论框架普遍适用性而选择漠视新兴事物与传统形式间的差异。当秉承功能主义解释进路,围绕新规范的设立目的与效用,对网络虚拟财产提供妥善完备的法律保护。

第七章　劳动争议中所涉网络社交账号管理权限的归属认定

侍孝祥*　陶　冉**

【核心问题】

网络社交账号的法律属性如何认定？劳动者离职后，用人单位有无权利要求劳动者移交其在职期间注册和管理的社交账号？享有网络社交账号所有权的劳动者是否可以任意使用该账号？

【案情简介】

被告入职原告某网络科技有限公司从事内容运营工作，后被告以其个人信息以及手机号码注册网络社交账号，并曾用该账号对原告公司的工作内容进行宣传。工作两年后，原告公司为被告出具离职证明，载明被告于该日办理完全部离职手续，与原告公司劳动关系就此解除。后双方因该网络社交账号管理权限移交问题产生纠纷，原告公司起诉要求被告办理工作交接，向其移交被告工作使用的网络社交账号的运营管理权限。法院判决驳回原告公司的诉讼请求。宣判后，原告不服，提起上诉。经法院审理后，判决驳回上诉，维持原判。

【分歧意见】

一种观点认为，案涉网络社交账号应归属用人单位。该观点认为原

---

* 侍孝祥，华东政法大学知识产权学院副教授。
** 陶冉，华东政法大学智能法学博士研究生。

告与被告签订劳动合同,双方建立劳动关系,任职期间被告的工作内容包括使用该网络社交账号为原告提供内容运营及推广服务,该网络平台账号属离职工作交接包含内容。

另一种观点认为,案涉网络社交账号应归属员工。该观点认为该网络社交账号系被告在职期间用个人身份信息和手机号码注册认证,且该账号一直系被告个人运营,账号上仅有1/10内容属于工作信息,不认可该网络社交账号属于离职工作交接的内容。

【审判观点】

法院认为,用人单位可与劳动者约定劳动关系解除后该网络社交账号的使用方式,在双方无约定时,用人单位要求劳动者移交该账号管理权限的,不应支持。结合本案,原告公司出具的离职证明显示被告已经办理完全部离职手续,原告主张被告办理离职手续时遗漏了移交网络社交账号一项,但未提交确凿证据予以证明。且本案中网络社交账号虽系被告于在职期间注册,但原、被告双方并未对被告离职后其在职期间注册的网络社交账号运营管理权限的归属以及是否需要向原告移交作出约定。

法院还指出,网络社交账号因用户的注册而设定并排他性地直接支配使用,因其使用而产生网络影响力,具有一定的价值,是一种网络虚拟财产,可以成为权利的客体。案涉网络社交账号由被告注册,虽然被告确于在职期间注册该账号,其注册后曾将该账号用于原告公司宣传等工作,但被告在注册时使用的系其个人信息,在双方并未对劳动关系解除后该账号如何使用作出约定的情况下,该账号在劳动关系存续期间的使用情况并不足以导致权利人发生变更。

此外,法院还认为,劳动者在劳动关系解除后继续使用该账号负有不作为义务和附随义务。结合本案,案涉网络社交账号在使用过程中,可能会产生网络流量,并进而带来商誉和商业机会,因而双方劳动关系解除后,被告仍负有两项义务。一是负有协助、保密等附随义务,如通过该网络社交账号协助原告向“粉丝”说明原告新账号的情况以及不得透露原告公司商业机密等。二是负有不作为义务,即不能利用该账号所形成的网络影响力从事损害原告公司利益的行为等。

【理论探索】

一、问题的提出

随着现在电子通信技术发展日新月异，支付账户、微信账户、游戏账户已经成为人们生活的一部分，其在解构传统社会经济生活模式的同时也在形塑着新型的社交模式，其不仅创造了丰富多彩的网络虚拟世界，同时也引发了一系列的法律问题。当前网络宣传成为公司商业性质宣传的重要途径之一，公司员工通过个人注册的网络账户对公司及其工作内容进行宣传的现象也日益普遍，在劳动争议中如何认定网络社交账户的管理权限成为劳动纠纷中的重要问题。

作为网络活动的基本工具，网络账号连接了用户和企业，一方面承载了用户的信息和数据；另一方面通过交易累积了财产属性，成为企业和个人重要的资产。网络账号的法律定性和交易规则的确认，对促进数字经济健康有序发展具有重要意义，而网络账号被冒用、滥用带来的黑灰产业乃至电信诈骗等重大风险，也成为国家治理和企业合规的重要问题，需要构建相应的制度对其进行防范。

二、网络账号的法律属性

网络账号属于网络虚拟财产权利。虚拟财产理解为依附于虚拟世界，以数字化形式存在且能为人力所支配、兼具竞争性、永久性、互联性和用户可使其增值性的信息资源。[①] 目前《民法典》对于网络虚拟财产的保护没有进行详细规范，但是在立法中也注意到了网络虚拟财产保护的特殊性及必要性。[②] 目前并无明确法律规定界定其属于何种民事权益。学界对此也没有达成一致，有“物权说”[③]、“债权说”[④]等不同观点。

---

① 参见梅夏英、许可：《虚拟财产继承的理论和立法问题》，载《法学家》2013 年第 1 期。

② 《民法典》第 127 条。

③ 参见谢江东、梅慎实：《论网络虚拟财产的法律属性》，载《南海法学》2017 年第 5 期。

④ 王雷：《网络虚拟财产权债权说之坚持——兼论网络虚拟财产在我国民法中的体系位置》，载《江汉论坛》2017 年第 1 期。

本章认为,基于网络社交账号具有绝对性、排他性、公示性和独立处分性,符合物权的特征。故网络社交账号的权利性质可参照适用物权相关规定,权利人通过在网络社交平台上注册设立并享有对网络社交账号的所有权。具体到本案,被告以个人信息注册的社交账号,其权利归属于被告。原告公司可与被告约定劳动关系解除后该账号的使用方式。在双方无约定时,原告公司要求陈某移交该账号管理权限的,不应支持。网络账号包含账号和与账号匹配的密码,二者完整地构成了用户身份识别和网络空间控制权。

实践中,现实主体要想进入网络空间需要一个身份,这便是用户身份。而账号即是现实主体的用户身份。账号无疑是我们在网络世界的"姓名"——一种身份符号。因此,《民法典》将用户名/网名视为姓名的一种。① 账号是一种技术存在,除了有类似于姓名的识别功能外,还有认证功能。只有输入正确的账号和密码才能进入,才能从事网络行为或进行游戏等。在法律上,账号和密码就是身份认证,被称为电子签名。因此,在网络环境下,所有账号的通信或行为都归属于该账号的拥有者(注册用户);即使不是注册用户实施的,也归属于该注册用户,除非注册用户能够举证该行为是别人所为。借助这样的规制,使所有的网络行为具有可追溯性,能够更有效对通过网络账户的侵权行为进行责任认定。

由于账号有电子身份属性的功能,因而使网络账号衍生出对于该身份控制账号名下所产生的文创内容、虚拟道具、虚拟物品等作用。这样,一个用户在网络空间中行为产生的后果(包括虚拟财物,当然也包括法律责任)都是通过网络账号来认定的,因此谁掌握账号,谁就是用户,谁就是特定网络空间的财物/责任所有者/承担者。账号相当于"钥匙",钥匙的拥有者,推定为所有者。网络账号是网络用户接受网络服务的首要前提,在某一网络社交平台上用户所使用的网络账号具有唯一性,其标识了网络用户在网络空间中的电子身份。因此,我国的网络服务运营商都通过网络服务协议的形式对网络社交平台上账号的归属和利用予以了规定。

① 参见《民法典》第1017条。

账号的上述功能是通过网络服务实现的。[①] 同时,账号是签约用户(注册用户)接受网络服务的凭证,也是用户在特定网络空间的身份,在合同解除或终止之前,网络服务提供者不得擅自处分,否则对此给用户带来的损失,承担违约责任和侵权责任。

对此,权利人基于对账户的控制且唯一身份识别符享有对网络社交账号的所有权,账户的所有权并不是单单包含该账户本身,更多的是对该网络账户内的数据的控制。由此可以得出结论,网络账号是用户进入社交平台的唯一身份凭证,对应着账号中的虚拟道具等信息数据,属于网络虚拟财产。值得注意的是,网络账户面临着独特的挑战,因为其通常被理解为社交联系和自我投射的数字表示。社交网站被定义为基于网络的服务,允许个人在一个有界的系统中构建一个公开或半公开的个人账户;记录与其联系的其他用户列表;查看他们的联系人列表以及系统中他人所发布的状态。[②] 当前网络账户所涉内容与个人信息相关,且市面上的各类网络账户均要求实名制注册,网络账户兼具人身属性。

简言之,社交网络账户体现出较明显的人身、财产两重属性。一方面,社交网络账户涵盖头像、昵称等表示用户的身份信息,手机绑定和实名认证已成为绝大多数网络服务平台的标准要求,且账号发布的内容大部分与用户紧密关联,具有较强的人身依附性,所以账号本身对应着具体用户的身份。社交网络账号的身份属性决定了用户对账号的持有和维护既是一种权利也是一种义务。社交账号不可随意转让的目的就在于此,

---

① 《QQ 号码规则》第 2 条规定:"QQ 号码是腾讯按照本规则授权注册用户用于登录、使用腾讯的软件或服务的数字标识,其所有权属于腾讯。"第 8 条第 2 款规定:"腾讯根据本规则对 QQ 号码的使用授权,仅限于初始申请注册人。未经腾讯许可,初始申请注册人不得赠与、借用、租用、转让或售卖 QQ 号码或者以其他方式许可其他主体使用 QQ 号码。非初始申请注册人不得通过受赠、继承、承租、受让或者其他任何方式使用 QQ 号码。"第 9 条第 3 款规定:"为免产生纠纷,您不得有偿或无偿转让 QQ 号码。否则,您应当自行承担由此产生的任何责任,同时腾讯保留追究上述行为人法律责任的权利。"第 10 条第 1 款规定:"如您违反相关法律法规、本规则或其他相关协议、规则,腾讯有权限制、中止、冻结或终止您对 QQ 号码的使用,且根据实际情况决定是否恢复您对 QQ 号码的使用。"参见深圳市腾讯计算机系统有限公司:《QQ 号码规则》,载腾讯网 2024 年 12 月 1 日,https://rule. tencent. com/rule/preview/77970129 – 5be5 – 48c1 – b135 – 6c28bf283200。

② 参见李雅男:《民法典视野下社交网络账号的继承》,载《西南政法大学学报》2022 年第 1 期。

否则会产生身份混淆,造成管理失序。另一方面,当前的"网络经济"赋予了粉丝量巨大的社交网络账号以巨大的经济价值,因此社交网络账号也具有财产属性。

三、网络账号的权利归属

(一)单独所有的账户权利归属

社交网络账户是基于网络服务协议从平台公司获取,大部分平台公司均会在用户协议里约定账户所有权归平台公司所有。《腾讯微信软件许可及服务协议》第7条第1款第2项规定:"微信账号的所有权归腾讯公司所有,用户完成申请注册手续后,仅获得微信账号的使用权,且该使用权仅属于初始申请注册人。同时,初始申请注册人不得赠与、借用、租用、转让或售卖微信账号或者以其他方式许可非初始申请注册人使用微信账号。非初始申请注册人不得通过受赠、继承、承租、受让或者其他任何方式使用微信账号。"[①]其他平台如微博等也都有类似的条款约定。根据上述服务协议,网络账户的所有权归平台公司,使用权归用户,用户在行使使用权时,亦应当遵循和依照与平台公司签署的服务合同约定。严格来讲,尽管社交网络账户的所有权归平台公司,但所有权项下的占有、使用、收益和处分的各项权能是相互分立的。用户享有的是账号的占有和使用权,而平台公司享有的是账号的处分权,至于收益权,在用户层面,其能够通过粉丝流量获得收益;在平台公司层面,其也能够通过平台产品获得收益。

(二)共同运营、借名注册账户的权利归属

在用户层面的账户使用权,司法实践中,共同运营的账号、借名注册账号引起的账号权利归属较易产生争议。目前法院的主流意见:(1)当事人之间对于账号归属有约定的从约定,但该约定与平台公司的网络服务协议相悖的无效,法院认为根据合作协议约定,由于被告擅自终止协议,以被告作为申请人注册的微博账号使用权应归原告,被告应停止使用

① 广东省佛山市中级人民法院民事判决书,(2018)粤06民终9258号。

微博账号并将账号交由原告使用。[①]（2）当事人之间对于账号归属没有约定的，鉴于网络账号兼具人身和财产属性，法院在处理时会综合考虑多种因素进行判断，包括当事人各方的法律关系、账号的申请主体、实际运营方投入的时间金钱等情况综合判断。如法院认为本案三原告和被告就案涉微信公众号的设立和运营共同商定、共同出资、共同管理和共享收益，构成合伙关系，诉争微信公众号系合伙财产，应按照合伙关系终止后合伙财产予以处理；[②]又如法院认为基于案涉账号已绑定账户申请人的个人身份证，且账号登记注册实行实名制的前提下不宜更换、随意变更，且返还账号不具有可操作性，因此驳回了合作方要求返还账号的诉讼请求。[③]

基于本案，因被告的网络账户归属个人所有，且未提前约定该账户的归属权，在该网络账户内容中，不仅有基于工作对原告公司的商业宣传，还包含被告的个人生活信息，对此，该网络账户权属应当归被告个人所有，用人单位无权要求劳动者移交社交账号的管理权限。

（三）账户权属转让行为是否有效

在实践中可能存在网络账户注册人与实际使用人不一致的情形时，即使判定网络账户归属实际使用人所有，基于网络账户的人身属性及网络平台的规则掣肘，如何通过合法有效的手段将网络账户的权属移交成为难题。网络账户在注册时需要个人信息，不少网络账户中所包含的内容涉及个人信息，对此平台一般要求网络账户仅限于注册人使用。如《抖音用户服务协议》提道，“用户在‘抖音’中的注册账号仅限本人使用，未经公司书面同意，禁止以任何形式赠与、借用、出租、转让、售卖或以其他方式许可他人使用该账号”。《快手软件许可及服务协议》中提到“快手账号的所有权归北京快手科技有限公司所有，用户完成申请注册手续后，仅获得快手账号的使用权，且该使用权仅属于初始申请注册人。未经快手书面同意，用户不得以任何形式出借、赠与、出租、转让、售卖或以其他

① 参见广东省广州市中级人民法院民事判决书，（2018）粤01民终10473号。
② 参见上海市第二中级人民法院民事判决书，（2019）沪02民终7631号。
③ 参见吉林省延吉市人民法院民事判决书，（2019）吉2401民初5123号。

方式许可他人使用快手账号”。

网络账号同时具有人身属性和财产属性,对于账户的转让,平台需要核实和确认,一般会采用注销原账号信息的方式,重新认证,再将数据迁移,确保账号粉丝数等原有数据不变,这在技术方面并非难事,主要障碍在于平台规则。北京市房山区人民法院在一起夫妻离婚财产分割案中判决“有一定数量粉丝且能直播带货”的账号归女方所有(网络账户实际注册人为男方),但法院执行中,北京某科技公司以“用户服务协议”中规定账号只限本人使用、不得转让为由拒绝办理。在执行法官的协调下,以认定社交平台账号转让行为合法有效的生效判决为执行依据进行释法析理,释明拒不协助执行的法律后果,将执行裁定书、协助执行通知书留置送达,要求北京某科技公司在限期内将过户手续办理完毕。直至2023年1月16日,该科技公司才注销账号原身份信息,重新进行身份信息认证,将涉诉账号变更至徐某名下。[①] 该案的成功执行为网络账户的权属转移开辟了新的解决方案。

在转移网络社交账户权属时也要注意对于网络账户的转让不要违反《个人信息保护法》的要求。网络社交账号包含两类个人信息权益,第一类即账号本身的携带的实名认证信息,转让账号相当于转让个人信息;第二类个人信息即该账号的网络关系,此时账号转让会侵害他人个人信息权益。针对转让网络账户的行为,必须在受让方可实名认证的前提下方可进行,同时,也要考虑转让行为的合法性(是否是法院判决、买卖账户时是否构成个人信息买卖等情形)。对于涉及名为买卖网络账户实为买卖个人信息的行为,应当认定为无效。“经过实名注册的社交网络账号,附载能够识别网络用户及其网络好友的特定自然人身份的数据信息,属于公民个人信息。未经网络服务提供商、网络好友的同意擅自买卖实名注册的社交网络账号,违反了网络服务约定,侵害了网络好友的知情权,本质上系买卖他人公民个人信息的行为,违反法律强制性规定,应当认定为

① 参见姚佳莹、张剑:《离婚了,17万粉丝的直播账号到底归谁,有点麻烦》,载微信公众号“财经E法”2023年2月24日,https://mp.weixin.qq.com/s/r15BzYcENuj8DZ_MZR4NlQ。

无效。”①

四、网络账号虚拟价值的认定

社交网络账号属于广义的网络虚拟财产，具有极大的财产价值。一方面，社交账号中存在多种网络虚拟道具，例如 Q 币，这本身就属于狭义虚拟财产的范畴，社交账号中的虚拟币或装备等可以进行交易。另一方面，社交账号中蕴藏的用户的数据可以带来巨大的利益，社交账号中的数据属于财产资源的来源之一。② 我国现行关于价值认定的规范性文件由国家发展和改革委员会及其下属单位发布，包括国家发展和改革委员会发布的《价值认定行为规范（2016）》、《价值认定规定（2016）》、《价值认定复核办法（2019）》及国家发展改革委价格认证中心发布的《价值认定依据规则（2016）》、《被盗财物价值认定规则（2020 年）》等，但上述规范性文件均未对网络虚拟财产的价值认定进行规定。在司法实践中，相信随着涉及网络虚拟财产的民事纠纷及刑事犯罪增多，未来关于网络虚拟财产价值认定体系一定会得以建立完善。

（一）网络账户虚拟财产价值认定存在的问题

1. 价值认定的标准不统一

例如，在微信公众号的商业价值认定方面，评估的标准往往会结合粉丝数量和质量、商业变现渠道及同行业收购估值等因素综合考虑。微信公众号等自媒体平台在商业价值认定时，往往考虑的因素都很多，且很容易引发争议。在其他自媒体账号的价值认定方面同样如此，对于不同的评估机构对同一账号的价值计算公式和标准也是不一样的，甚至每家机构针对同一指标的理解和统计维度也可能不一致，这就导致了自媒体账号的价值评估存在较大的问题，给司法实践带来了很多不确定性和风险。

2. 价值评估机构不权威

当前的评估机构都是由市场重点第三方公司负责，各家公司的评估标准也不一致，有些评估机构的认定标准也没有公开。且在价值评估时

---

① 江苏省江阴市人民法院民事判决书，(2020)苏 0281 民初 7297 号。

② 参见李雅男：《民法典视野下社交网络账号的继承》，载《西南政法大学学报》2022 年第 1 期。

都会受自媒体平台本身的政策限制而产生影响,如自媒体平台数据公布时效、采集数据的不全面、统计口径的不一致等。另外,此类第三方评估机构的产品除了新媒体大数据评估,往往还有其他诸如新媒体运营和转让等相关业务,并非专业独立的评估机构,更没有相应的评估资质和统一的标准,评估结果容易受商业环境影响。此外,因为自媒体平台本身的政策原因等造成评估结果的不全面、不准确,这些都是客观存在的评估问题。而新媒体大数据评估就是一种解决方案,通过对平台上的自媒体数据进行采集和分析,从而对平台账户的价值进行准确评估和全面分析。对于新媒体大数据价值评估而言,除了第三方评估机构的评估外,还需要专业第三方机构来进行整体评估,但目前国内没有一家拥有相关资质或者可以提供相应服务的第三方独立公司。

(二)网络账户虚拟财产价值的评估因素

目前对于网络虚拟财产的价值认定,在网络游戏领域有相对较为成熟的建议标准,如由网络服务运营商确定、玩家投入的经济成本计算、市场交易价格、委托鉴定机构评估等方式来确定。在新媒体等网络虚拟财产的价值认定标准方面,可以借鉴网络游戏的认定方法,但需要结合自媒体平台自身的特点加以完善,具体建议评估标准需要考虑如下因素。

1. 市场交易价格

"本案的 Wi-Fi 时长卡的价格应该按照电信营业厅出售的零售价来作认定,该价格也是需要支付对价购买的价格。"[①]商品的市场交易价格是受商品本身的成本及市场供求量来综合确定的,网络虚拟财产的市场交易在商业和个体领域中越来越多,市场交易价格可以是其价值认定的最为重要的评估标准。但尚未有一定规模市场交易的网络虚拟财产,则应当按照其他因素来综合评估。

2. 劳动和成本的投入

"网络虚拟财产是游戏玩家在网络游戏账号中积累的'货币''装备''宠物'等财产。是游戏玩家投入了一定的时间、精力、金钱所取得。可

① 浙江省温州市鹿城区人民法院刑事判决书,(2014)温鹿刑初字第1155号。

通过网上出售、转让等方式进行交易，具有使用价值、交换价值，具备财产性属性，应受法律保护。”[①]网络虚拟财产本身往往一开始不具有相当的商业价值，只是运营的主体通过劳动的投入和各项成本的付出而具有了商业价值，所以运营者、使用者或所有者的各项投入就显得尤为重要。

3. 预期收益

网络虚拟财产一般会受到日常维护投入的力度、成本投入的大小、粉丝流失、平台政策等内外部因素的影响，而对其商业价值造成一定的影响。同时，阶段性的付出也会对网络虚拟财产的自身价值体系建设和持久盈利造成影响。这就需要在司法实践中，分割网络虚拟财产时，需要考虑其预期收益，且这种收益是能够对社会有益的功效，这也是对于当事人一方阶段付出和投入的正向回报。

因此，本章建议在评估网络账号价值时，应综合考虑评估方法的可操作性、评估指标的合理性、不同评估机构结果的差异性及网络账号本身的特点和行业特性等因素。当前对于网络账户的虚拟价值认定应该综合考量各项影响因素，很难简单从单一因素来判断网络账户的虚拟价值。对此，在认定虚拟价值时，不仅要考虑原账号所有人及账户受让人的利益，也要考虑是否符合网络平台的制度规范。

五、用人单位及劳动者的双方权利义务关系

在劳动者与用人单位双方无特别约定的情形下，应分析该网络社交账号的注册情况。通常情况下，注册网络社交账号需要提供用户信息，若社交账号是由单位以其名义注册，交由劳动者管理的，则其权利人为用人单位，在劳动关系解除时，劳动者当然负有将该账号的管理权限交还给单位的义务；若账号系以劳动者的个人信息注册，即使其用于用人单位的宣传，则其权利归属于劳动者，在劳动关系解除时，用人单位亦无权要求劳动者移交管理权限。然而，劳动关系存续期间的社交账号上毕竟存在相互交织的劳动者和用人单位双方利益。本案法院的判决，较好地平衡了双方在劳动关系结束后的使用问题。

---

① 河南省邓州市人民法院刑事判决书，(2015)邓刑一初字第297号。

一方面,法院认定案涉小红书账号由汤某某注册,虽然汤某某于在职期间注册了该账号,其注册后用于原告公司宣传等工作,但汤某某在注册时使用的系其个人信息,在双方并未对劳动关系解除后该账号如何使用作出约定的情况下,该账号在劳动关系存续期间的使用情况并不足以导致权利人发生变更。原告公司另主张其为汤某某报销了案涉小红书所发布文章的采编费用,并支付了汤某某劳动报酬,但因案涉小红书账号所发布的系原告公司的内容,相应的采编费用当然应由原告公司负担,原告公司支付汤某某劳动报酬则系因为双方之间存在劳动关系,因而原告公司以上述两事项作为其对案涉小红书账号享有权利,进而要求汤某某移交该账号的管理权限,缺乏事实和法律依据,认定案涉账号属于被告个人所有。

另一方面,关于被告在劳动关系解除后的义务,法院判定在双方无明确约定的情况下,此账号属于劳动者。但这并不直接认为在汤某某与公司解除劳动关系后,就可以对个人信息注册的账号任意使用。该网络社交账号已经在汤某某任职期间进行过公司的文化宣传,已经对公司的形象产生一定的影响力,进而增加公司的商誉和开拓公司的发展机会,如果任由汤某某过度使用有可能会对公司造成一定的不良影响,故劳动者在解除劳动关系后负有两项义务,一是不作为义务,即不得利用此账号从事损害公司利益的行为。二是应根据诚实信用原则,汤某某应承担通知、协助等附随义务。案涉账号在使用过程中,可能会产生网络流量,并进而带来商誉和商业机会,因而双方劳动关系解除后,汤某某负有协助、保密等附随义务。

六、结语

随着数字时代的发展,与社交账号的继承、转让、出借等有关的法律问题日益凸显,对于在劳动活动中个人因工作需要而申请的网络账户用于工作宣传的现象也日益频发。针对上述现象,在判定网络社交账户时不仅要考虑社交账号的人身属性,也要考虑网络社交账号的财产属性,强调网络账户包含账号和与账号匹配的密码,二者完整地构成了用户身份识别和网络空间控制权对于认识网络账户的归属具有重要意义。当然,对于劳动双方在无明确约定账户权属的情形下，也应当基于网络账户的注册人以及平台约定的规则、网络账户内发布的具体内容等综合考量网络账户的权属，实现用人单位、劳动者与网络平台之间的利益平衡。

第二编

网络算法纠纷

第八章　平台算法自动化决策的司法审查标准

张　欣* 　张旭阳** 　何　淼***

【案例索引】

一审案号：杭州互联网法院(2020)浙0192民初3081号

【审判人员】

何淼(承办人)、陈彩娟、吴权

【核心问题】

网络平台能否基于算法自动化决策技术实施平台自治？网络平台实施算法自治的边界与限制是什么？如何从司法角度认定网络平台自动化决策算法的正当性与合法性？

【案情简介】

原告许某在被告某公司运营的网站申请注册账户，开展客户推广活动。某公司认定该账户"流量异常"，冻结该账户内11月确认收货的佣金177,431.96元。经某公司进行大数据排查，许某实际主要通过小说网站手机端链接其他平台进行客户推广活动。原告诉至法院，要求被告解除其在该平台内佣金的冻结措施。

---

* 张欣，对外经济贸易大学副教授。

** 张旭阳，北京大学法学院硕士研究生。

*** 何淼，杭州互联网法院(杭州铁路运输法院)研究中心法官。

根据《公证书》和被告委托的上海某电子数据司法鉴定所的记载与鉴定意见,法院认定原告的相关行为日志和商品信息推广链接中存在异常,且相关用户信息中包含访问用户 ID 等用于识别用户具体账户信息的内容,被告因此采取了封禁措施,具有正当性。一审法院经审查后,驳回原告诉讼请求,双方均未上诉。

【分歧意见】

第一种意见认为,被告平台可以成为自动化决策的行为主体,网络平台对算法自动抓取具有审查权和自治权。原告在注册成为被告平台用户时已经签订合同,系双方真实意思表示,合法有效。同时,被告平台通过系统过滤功能筛查,依据技术手段对有效推广作出判定,继而结算佣金,这是其经营管理的基本特征。许某某在订立服务合同时已知晓,应当自觉接受被告平台对其推广数据的监管,并认可平台依据大数据分析认定违规的逻辑与标准。被告平台规则明确规定,平台上推广者的推广渠道不得出现“流量异常”现象,违规推广将受到相应处罚,而通过程序、脚本模拟或其他形式进行或产生非正常的浏览、点击、交易行为是典型的流量异常现象。一旦被确定为流量异常,则相关推广者将被按照结算时间冻结收入,这意味着其账户内某个时间段已产生及账户内将来产生的全部产品收入将不予结算。

第二种意见认为,被告平台不可以成为自动化决策的行为主体,网络平台对算法自动抓取不具有审查权和自治权。原告与被告网络平台签订的协议第 6 条第 2 款载明“不予结算相应渠道项下的全部收入,不区分是否违规流量对应的收入”,该条款显然不符合公平原则,且排除了许某某的主要权利,应属无效。同时,原告许某某在推广过程中一直遵守平台的相关规定,但被告单方面认定原告推广行为存在流量异常后拒绝出示相关证据,严重违背公平原则。推广佣金是原告通过网络推广业务赚取的收入,即便被告网络平台能够举证证明原告存在违约行为,其冻结原告当月全部推广佣金(含正常推广产生的佣金)的行为,亦属显失公平。

【审判观点】

本案中,法院就被告网络平台能否基于算法自动化决策技术实施平台治理行为的审判思路如下:

首先,审查被告网络平台处罚权利的合法性。法院认为,被告网络平台具有认定用户违规推广行为并予以处罚的权利。其一,原告许某某与被告之间存在合法的服务协议。原告在注册成为被告网络平台用户时,与被告签订《某服务协议》《某推广软件产品使用许可协议》,其在订立服务合同时已知晓,应当自觉接受被告对其推广数据的监管,并认可被告依据大数据分析认定违规的逻辑与标准。其二,被告具有依托大数据进行平台运营的特征。协议约定所含的《某推广者规范》明确被告可通过系统过滤功能筛查,依据大数据分析的技术手段对有效推广作出判定,继而结算佣金。

其次,审查被告网络平台处罚行为的合理性。法院认为,被告网络平台对用户采取冻结措施的处罚具备合理性。其一,被告使用的算法具有技术合理性。虽然不能仅凭大数据专业分析报告进行司法审查,但在诉讼中,被告委托鉴定并提交了鉴定报告,且相关鉴定人和专业技术证人均出庭陈述具有相当合理性的意见。其二,被告使用的算法具有价值合理性。基于治理手段的行政执法资源有限性,被告通过大数据分析的技术手段自行进行网络交易秩序的整治具有一定价值。其三,对被告的处罚行为具有权利义务上的对等性。在被告与原告签订的网络用户服务协议下,原告通过大数据获利,同时承担遵守被告平台算法治理规则的义务,具有权利义务一致性。相应地,被告享有通过平台大数据获利的权利,并承担运用平台算法维持平台秩序的义务,亦体现出权利义务的一致性。

综上所述,法院认为,原告许某某存在流量异常的违规推广行为,被告有权采取冻结其相应佣金收入的措施。在该语境下,被告有权基于算法自动化决策技术实施平台治理行为。

【理论探索】

一、问题的提出

作为数字经济时代的“基础语言”,算法已经渗透到越发丰富的多元场景之中。算法的效能不仅直接决定着决策效率、决策质量,还日益对公私主体产生直接和间接的多维度影响。数字经济生态之中,平台算法通过控制底层代码和塑造运行场景重新分配信息权力。当算法技术扩展式嵌入商业实践之时,软件代码和统计操作趋向于取代平台治理规则,形成了“自动分析、自动决策、自动执行”的算法系统。作为一种降低交易成本的中介组织,平台企业成为新型“规制企业家”,[①]以发布平台规则的方式缓解外部合规压力,推动有效率的治理产出。平台虽具有企业组织意义上的属性,但其因技术和平台规则的加持,逐渐因“链接”而掌握平台准入权、资源调配权、实际规制权,对用户和利益相关者进行“私治理”,掌握着“私权力”。与之相配,平台企业逐步产生了社会权力意识,演化出平台企业、社会治理机构、信息中介和市场管理主体等多元化身份。[②]平台企业已经不再是单一的商事主体角色,而承载起构建网络空间秩序、实施信息安全生态治理等准公共职责。平台同时作为组织新型生产力的市场私主体与承担准公共治理职能主体的双重身份,影响其通过规则制定实现自我规制的实际效能。[③] 在此过程中,基于对平台内用户强大的支配力与影响力,平台相对于用户的权利演变为一种私权力。[④] 在司法实践中,对于平台算法权力的实质合法性与程序合法性展开审查是互联网司法审判中的一项重要议题。本案中,某电商平台算法认定用户手机

---

① See Kate Klonick, *The New Governors: The People, Rules, and Processes Governing Online Speech*, 131 Harvard Law Review 1598 (2018).

② 参见刘晗:《平台权力的发生学——网络社会的再中心化机制》,载《文化纵横》2021 年第 2 期。

③ 参见孙逸啸:《网络平台自我规制的规制:从权力生成到权力调适——以算法媒体平台为视角》,载《电子商务》2021 年第 12 期。

④ See Hannah Bloch-Wehba, *Global Platform Governance: Private Power in the Shadow of the State*, 72 Southern Methodist University Law Review 27 (2019).

端链接的推广活动存在流量异常情形,从而对该网店实施了封禁措施。法院从被告网络平台处罚权利的合法性和处罚行为的合理性展开审查。本案涉及平台企业自治规则的效力、平台自治的边界以及算法自动化决策的司法审查等重要议题,是讨论平台自治与算法权力的一个典型案例。本文将对平台算法自动化决策的司法审查标准以及相关理论展开论述和解读。

二、网络平台算法权力的理论基础

平台经济是一种基于数字技术,由数据驱动、平台支撑、网络协同的经济活动单元所构成的新经济系统,是基于数字平台的各种经济关系的总称。[①] 算法作为机器可读的程序性指令,与平台经济深度融合。算法在赋能个体的同时,也扩展了政府公权力和平台企业私权力的支配力、控制力和影响力。[②] 平台作为私权力主体,通过算法在其平台上实现了规则的代码化。本案中,被告平台通过大数据分析技术对原告推广服务中流量异常的现象予以审查后发现,检材中"用户点击推广链接但实际未达到原告页面"的次数比例异常,而这种异常通常是由技术手段对用户的普遍浏览行为进行干预后才产生的情况。依据双方已经签订用户协议和规则,被告平台判定原告存在技术干扰用户导致推广数据存在无效引流的流量异常行为,这一行为进而构成违约。被告平台基于平台规则对此行为施以处罚也得到了法院的支持。这一经典案例展现出了算法在平台治理中的重要地位与功用,相关理论基础包括以下几点。

(一)算法因汇聚数据要素成为平台权力产生的基础设施

平台企业拥有集中化的数据、信息和社会关系,享有对这些核心数字资源的控制权,并借以通过高效运行、精准计算的算法实现"资本—权力—机器"的高度结合。[③] 平台企业依托具体的算法应用场景汇聚信息,

---

① 参见金善明:《电商平台自治规制体系的反思与重构——基于〈电子商务法〉第 35 条规定的分析》,载《法商研究》2021 年第 3 期。

② 参见周辉:《算法权力及其规制》,载《法制与社会发展》2019 年第 6 期。

③ 参见范玉吉、李宇昕:《从权力到权利:算法治理的路径》,载《西南政法大学学报》2022 年第 1 期。

从而促成更多交易与连接。在此过程中,平台权力呈现为平台运作各个环节的数据。由于算法决定了数据这一生产资料的匹配调用,因而成为了平台权力发挥作用的决定性力量。① 首先,算法是数据要素转化为商业利益的驱动力。本案中,双方争议的原告引流推广行为实际上是流量经济的一个经典场景。数字经济时代,人们偏好直觉式的"快思考",这使能够推动用户沉浸式参与内容生产与传播的商业模式愈加流行。当数据已经明确地成为了一种新型生产要素,实质性地参与市场化配置之时,算法就如巨大的驱动引擎一般高速运转,通过分析数据"俘获"用户的注意力,从而汇聚广大用户形成"流量"。② 其次,算法是数据要素得以优化配置的载体。在电商场景下,平台开展商户推广是平台流量的重要来源之一。平台后台推广方式主要分为自助推广、组件推广、橱窗推广等。无论是哪种类型的推广,均需要算法作为底层技术予以支持。例如,需要算法依据用户的历史搜索轨迹对用户需求进行分析,从而进行精准投放,达到引流获客的效果。在个性化推荐之外,点击率预估、流量分发、广告定价等任务也需要算法的支持。因此,从平台生产的视角来看,算法成为平台架构配置生产要素、促进交易达成必不可少的"基础设施"。

(二)算法贯彻平台规则成为平台权力落地的载体

平台企业是互联网行业发展到一定阶段的企业新形态,是继市场、企业之后的第三种资源与利益组织方式,是平台用户、依托平台的利益相关方以及平台自身之间的连接者、匹配者。③ 平台规则作为平台治理的重要抓手在实质层面区别于网络法律规范、市场与代码,成为一种独立的网络空间治理手段。由于平台兼具企业与市场的双重特性,所以平台规则具有私法规则公法化的特点,标志着国家与社会界限的模糊与交融。④ 在企业组织与运营层面,平台规则关涉网络服务提供者与网商群体、用户

---

① 参见胡凌:《论赛博空间的架构及其法律意蕴》,载《东方法学》2018 年第 3 期。

② 参见刘功润:《注意! 流量经济的边界可能已经出现》,载第一财经网 2021 年 4 月 29 日,https://www.yicai.com/news/101038029.html。

③ 参见[美]杰奥夫雷·G. 帕克、马歇尔·W. 范·埃尔斯泰恩、桑基特·包罗·邱达利:《平台革命——改变世界的商业模式》,志鹏译,机械工业出版社 2022 年版,第 6 页。

④ 参见邱遥堃:《论网络平台规则》,载《思想战线》2020 年第 3 期。

等平台内利益相关方的互动，是平台对其生态系统内用户、商户等其他个体之间展现控制权的集中体现。[①] 数字经济的运行具有复杂性、技术性、场景性和动态性，平台控制权的发挥需要借由算法来实现。以本案为例，广告主投放广告需要承担相应成本。在被告平台上，流量购买需要遵循既定的计费逻辑和规则。被告平台后台通过算法可以完成取链、推广和提现等一系列操作。因此，当推广者破坏既有规则，以技术手段干扰或者混淆流量，出现流量作弊行为时，就需要平台借助算法予以识别。实践中，异常流量和数据造假已经成为数字营销行业的顽疾。根据《2020 中国异常流量报告》，2020 年中国互联网广告市场规模达 5292 亿元，而异常流量占比约为 8.6%。因异常流量，仅 2020 年中国品牌广告市场造成的损失便达到了约 305 亿元人民币。随着流量转化变现和数据资产化趋势的增强，社会资源的浪费以及财产损失也随之增大，这对数字营销行业的健康有序发展提出了挑战。[②] 在此背景下，平台需要配以强大的算法形成流量反作弊系统，对无效流量进行过滤，保护广告主的合法利益，维护平台广告投放环境的健康有序。这正如本案判决书中指出的，“行政执法资源有限，客观上需要网络平台积极参与治理，通过网络服务合同、制定平台规则的方式遏制扰乱网络交易秩序行为。而平台对海量的交易进行高密度的排查，只能借助技术手段，通过大数据分析的方式判断，除此之外，平台很难采取其他方式进行有效排查”。在实时监测之外，算法还成为平台进行秩序矫正的重要抓手。算法不仅可以在平台业务运行过程中识别异常活动，还可以在触发警报后对违规行为及时加以纠正。平台综合风控系统正是依赖算法实现了平台规则的高效执行。本案中，被告平台经算法监测，发现对应流量异常的账户，并按照平台规则自动冻结了相应账户及其关联账户内特定时间段产生的相关收入，对流量异常行为予以处罚。实践中，以“数据 + 模型 + 平台”的智能模式开展“交易 + 场景 + 科技”为基础设施的风险动态监测和预警拦截技术是较为普遍的风

① 参见姚志伟：《“网规”若干基本问题初探》，载《科技与法律》2012 年第 2 期。

② 参见《2020 中国异常流量报告》，载秒针系统网 2021 年 3 月 31 日，https://www.miaozhen.com/cn/report/view439.html。

控方式。[①] 本案中,由于原告与被告平台签订的网络服务合同中已明确约定接受该大数据排查方式,因此运用相关算法对相应行为施加处罚的行为具有程序正当性。

(三)算法强化平台权力并加剧与个体之间的"信息鸿沟"

平台依据海量数据和高效算法的加持,具有与日俱增的权力。与此相对,平台上的商户、用户等个体则更显弱势。具体而言,算法对平台权力的强化加剧了平台与其相对个体之间的地位差异,其可归为以下三方面:其一,就算法技术逻辑而言,算法架构的复杂性不断增加,而与之呼应的程序保障机制却效果不彰。深度学习算法虽然常作出绩效良好的决策,却无从向决策相对人全面展示其内部运作的逻辑和达成决策的依据。面对已经广泛嵌入多元场景且迅速迭代的算法模型,用户的知情权、参与权、异议权和救济权受到不同程度的挑战,技术信任不断消解。其二,就算法风险机制而言,算法的可靠性和准确性难以周全保证,一旦造成算法侵害,尚无合理明确的机制界定损益、清晰归责,以实现对损害方的有效救济。因算法失控造成重大风险的事例比比皆是。例如,错误的前提预设导致股票价格设定出现严重失误,造成了美国华尔街"闪电崩盘"的交易事故,引发损失超过1万亿美元,严重影响了美国证券市场。[②] 再如,新开发的机动特性增强系统存在缺陷,直接导致了2019年波音737Max飞机在埃塞俄比亚和印度尼西亚坠毁,飞机乘客和机组人员全部罹难。[③] 由此可见,算法决策及其应用已在各领域强势展开,其安全性、可靠性相关的技术风险亦随之加大,不容忽视。此外,算法风险的外溢也加重了算法侵害的范围。"脸书数据门"事件中,英国剑桥分析公司通过算法利用脸书上超过5000万条用户数据操纵美国大选,使算法侵害的结果从隐私保护弥散至政治领域。[④] 侵害的归责难题与风险外溢,则进一步加剧了

---

① 参见粟麟、杨伟明:《数字金融:发展现状、未来趋势和监管启示》,载《北方金融》2021年第6期。

② 参见邢会强:《证券期货市场高频交易的法律监管框架研究》,载《中国法学》2016年第5期。

③ 参见[美]克里斯·帕尔默:《波音737 Max Saga——自动化缺陷》,载《工程》2020年第1期。

④ See Kevin Granville, *Facebook and Cambridge Analytica: What You Need to Know as Fallout Widens*, Cybersecurity Observatory (Mar. 20, 2018), https://www.cybersecobservatory.com/2018/03/20/facebook-cambridge-analytica-need-know-fallout-widens/.

算法的应用风险和治理困境。其三,就传统治理路径而言,算法架构复杂晦涩、决策过程动态多元,直接导致传统的决策治理机制频繁失灵。算法的复杂结构使公众无法充分理解算法决策作出的逻辑、机理和依据。算法决策运作依托的代码和模型极其繁复,算法决策树的多个输入和接合点错综排布,加深了用户对算法的专业"认知鸿沟"。决策相对的公众即使知晓了算法决策背后全部的代码和模型,亦难以发现对于特定决策发挥决定性作用的节点。不仅如此,算法决策过程还具有动态性。算法运行规则可能为了适应新的数据而加以改变。这导致一般的代码披露与数据规制难以实现彻底的算法透明,进而也难以保障决策透明。在特定时间披露代码和数据集的规制手段也许在某一时点具有规制效果,但无法保障为其他时间节点的动态性决策提供解释和审查依据。[①] 鉴于算法架构的复杂性和决策过程的动态性,适用于传统行政决策的规制手段在效果上已难尽人意,技术性正当程序应运而生。技术性正当程序强调在保证计算机自动化决策系统带来的便利同时,确保自动化决策系统在公平、可问责和透明的机制下运行,以确保自动化决策相对人的利益。[②] 本案中,法院明确提出用户有权针对被告平台的算法决策予以申诉。虽然原告申诉过程提交的证据证明力不足,难以作为其推广行为合法的证据被法院采信,但原告所具有的知情、参与以及申诉的权利,意味着算法决策相对人参与机制的健全。这一机制本身就具有其独立的价值和功用。本案中,平台在大数据风控技术系统之外,设置了合理的申诉流程和渠道。这为决策相对个体提供了相应的申诉和异议渠道。另外,平台还需对申诉进行审慎审查。在必要情形下,平台还应当对利益关涉主体解释算法决策的形成逻辑与决策依据,以从实质层面保障平台用户的知情权与算法决策相对人的参与权。

---

① See Robert Brauneis & Ellen Goodman, *Algorithmic Transparency for the Smart City*, 20 Yale Journal of Law and Technology 103 (2018).

② See Danielle K. Citron, *Technological Due Process*, 85 Washington University Law Review 1249 (2007).

三、网络算法平台的权力与限制

(一)网络算法平台的权力形成机理与风险

在大数据和算法的加持下,网络平台较线下企业具有更大的支配力和影响力,这也推动了平台自有生态体系的最终形成。作为一种商业生态系统,平台内部的商户、用户之间必然存在相互作用。[①] 为保证平台运行的活力与秩序,平台制定和发布治理规则,并确保规则在平台层面的实施和落地。这一系列平台规则的运行随着算法的不断嵌入变得日益复杂。算法在平台规则的制定、评估、运作等环节均有所体现,推动了平台规则的落地。而平台规则所蕴含的平台运营者和设计者的主观意图及特定价值倾向,亦会对算法技术的中立性产生影响,甚至形塑算法。在此语境下,算法与平台规则呈现并驾齐驱、相辅相成的局面,共同推动平台自治权的产生。然而,商业逐利背景下,平台规则与技术治理制度的阙如可能成为对平台良性自治的桎梏。进言之,平台自治的动力来自平台规则与算法,平台也因平台规则与算法而存在自治的边界。

网络平台借助算法实现自治有着充足的动力。在专业技术方面,作为算法服务提供与数据处理的主体,平台对于自动化决策的架构设定和运行程序具有决定权。平台在训练数据集、算法模型设计以及部署和运行层面均具有其他主体无法比拟的技术优势和信息优势。因此在平台治理层面具有信息成本低廉和信息使用高效的特点。在内部秩序方面,平台具有强化治理和规范多主体有序运行的制度动力。平台作为降低交易成本的中介组织,已经在事实上成为其生态内的“新规制者”。[②] 平台以数据、算法和平台为基础设施,以去中心化和分布式方式衍生出新的交易规则和行为规则,推动实现平台生态的“可规制性”。在这一过程中,平台具有积极治理的制度激励。一方面,从运营成本角度来看,若平台上的用户等主体出现违法违规行为,则可能导致平台承担巨大的运营风险和

---

① See James F. Moore, *The Death of Competition: Leadership & Strategy in the Age of Business Ecosystems*, Harper Business, 1996, p. 13.

② See Kate Klonick, *The New Governors: The People, Rules, and Processes Governing Online Speech*, 131 Harvard Law Review 1598 (2018).

声誉风险；另一方面，从运营效率角度来看，平台内部主体信息不对称和法律规制的模糊性增加了交易达成的难度，不利于平台营收的高效增长。因此，平台有充分的制度激励推动法律法规秩序在平台层面的落地和实施。

但网络平台自治在展现出较大制度优越性的同时，也体现出其限度和边界。首先，从内部视角观之，平台自治会受到自身利益最大化的限制。作为企业，平台根本上是由商业利益驱动的。因此，出于自身利益考量，若法律法规与平台营利相背离，平台可能会陷入治理的消极和懈怠之中。例如，平台企业可能因逐利以“暗黑模式”借助信息不对称性和人类认知偏见，促使用户分享更多的信息，或者以隐蔽的方式违背用户的主观期望和意图。① 再如，平台企业可能因流量和商业利益模式而默许侵权盗版行为。因此，平台利益限制了平台规则的公平性、公正性。其次，从外部视角观之，平台自治与平台权力如影随形，具有权力滥用的风险。由于享有巨大的信息和技术优势，平台企业在面对用户个体时往往展现出具有显著优势地位的控制力和影响力。尽管平台治理规则总是以各类合同形式呈现，但这些规则同时承担着公私场域的双重价值。平台不仅需要考虑其与单一用户之间的关系，还需要引导平台内的用户、商户开展相应的价值创造与交易契约关系治理活动。② 在此过程中，平台扮演着立法者、审判者、执法者等多重角色。对于商户和用户的行为，平台展现出一定的监管权。③ 在掌握巨大权力的同时，平台自治不可避免地存在“自我偏好”等剥削性行为、强制“二选一”等排他性行为及规则不透明导致的扭曲竞争行为。究其原因，是在平台自治中，平台既承担了市场职能，又承担了政府监管的公共职能。而平台毕竟是商业主体，有其逐利本性，

---

① See EDPB, *Guidelines 3/2022 on Dark Patterns in Social Media Platform Interfaces: How to Recognize and Avoid Them*, EDPB (Mar. 21, 2022), https://edpb.europa.eu/our-work-tools/documents/public-consultations/2022/guidelines-32022-dark-patterns-social-media_en.

② 参见阳镇、钱贵明、陈劲：《下一个十字路口的抉择：平台生态系统迈向何方》，载《清华管理评论》2022年第9期。

③ 参见席天扬：《如何发挥平台企业自治作用？》，载北京大学国家发展研究院2022年8月30日，http://nsd.pku.edu.cn/sylm/gd/525410.htm。

不可避免地会产生限制竞争的行为。[①]

(二)网络算法平台的权力限制机制

网络平台算法自治语境中的平台权力以平台规则与算法为基础生成。如果说平台规则是平台内部生态运作的秩序,算法则承担了推动秩序运转的功能。而算法所遵循的规则,则是"平台规则之规则"。平台规则基于交易秩序展开,算法规则基于代码秩序展开。因此,代码成为了平台自治的技术内核。正如劳伦斯·莱斯格在"网络多元规制理论"中所指出的,以代码为基础的一系列信息技术及其组合在塑造网络空间的规制形态中发挥了重要作用。[②] 在平台权力规则框架下,平台规则与算法呈现耦合式的结构,共同驱动平台实现自治。本案中,由于其在专业技术上的优势与内部秩序治理上的激励,被告平台以算法赋能平台规则实现平台自治。这得到了法院的认可。然而,由于存在商业利益与权力滥用内外两方面的自治边界,法院从平台规则与算法两个层面展开了对被告平台自治权的合法性审查。

在平台规则方面,法院着重审查平台规则的合法性。本案中,被告平台服务协议、推广者规范、推广软件产品使用许可协议是平台自治规则的经典体现。以涉案商户推广软件产品使用许可协议为例,其既规定了商户推广的规则,又规定了违反约定后签约方可能受到的处罚。依据该协议规定,被告平台对委托人及委托人的关联账户采取推广信息、中止或终止合作等处理措施。被告平台可依被告平台推广者规范及相关规则约定对商户及商户的关联账户采取不结算收入、收回权限、终止合作等处理措施。由此可见,被告平台作为平台方,正是以一揽子用户协议和补充规范作为平台规则构建起平台治理的运行生态,框定用户的行为限度,深刻展现了平台自治的方式与运行规律。因此,法院对被告平台算法自治权的审查最先围绕涉案平台规则的法律效力展开。

① 参见董京波:《平台自治的监管问题研究——以平台的双重身份为视角》,载《商业经济与管理》2022 年第 7 期。

② 参见[美]劳伦斯·莱斯格:《代码 2.0:网络空间中的法律》,李旭、沈伟伟译,清华大学出版社 2009 年版,第 126~131 页。

首先,从涉案平台规则本身来看,原告许某某与被告平台签订的"一揽子"服务协议在本质上属于服务合同。合同在当下平台运营和自治实践中广泛存在,彰显出显著效率性、同行业内容与形式的高度同质性以及较之于签订方的结构优势性。此类合同通常由平台方提前拟定,用户或者相对方并无实质协商的空间,因此可能存在对格式条款的滥用。[①] 故本案中法院对涉案协议规范从格式合同的角度进行了效力分析。由于涉案协议和规范中并不存在违反国家法律法规禁止性规定的内容,亦不存在格式条款提供方明显免除己方责任、加重对方责任、排除对方主要权利的内容。因此,以被告平台服务协议为代表的"一揽子"协议和补充规范被认定为合法有效。此外,从意思自治角度来看,原告许某某在平台注册时已明知协议内容并明确表示同意,故双方当事人均应受到相关合同约束,依约行使权利、履行义务。

其次,在算法方面,法院着重审查平台算法的合理性。平台算法自治合理性基础的审查,聚焦于算法介入平台自治的必要性与权衡性。就必要性而言,必须结合算法嵌入社会这一背景展开。[②] 作为平台规则技术内核的代码与法律、社会规范以及市场相互作用,共同对网络空间产生着多维规制效用。这也使传统以事后处罚为代表的平台外治理手段在应对网络空间内部问题时效果迟滞,颇显乏力。因此,借助信息技术实现事前规制与事中审查便成为网络空间治理的必由之路。在网络平台语境下,平台自治既需要平台规则的设计,亦需要平台规则的执行。以算法为载体实施的自动化决策,正是平台规则执行的体现。故而算法自动化决策在平台治理中具有紧迫的现实意义,对其进行司法审查亦有其必要性。正如本案中法院所指出的,大数据分析成了遏制扰乱网络交易秩序的有效手段,平台应当积极参与网络空间治理,通过平台规则的方式维持网络交易秩序。本案中,面对海量的交易信息,若需识别虚假推广

① 参见胡安琪、李明发:《网络平台用户协议中格式条款司法规制之实证研究》,载《北方法学》2019 年第 1 期。

② 参见张欣:《从算法危机到算法信任:算法治理的多元方案和本土化路径》,载《华东政法大学学报》2019 年第 6 期。

行为,必须要进行高密度的排查,而这只能借助大数据分析等技术手段展开。

最后,就权衡性而言,算法介入平台自治时需注意其边界,避免算法滥用。算法滥用可从合法、正当两个角度加以避免。从合法角度,本案中的大数据分析排查方式作为被告平台的算法,在平台与用户签订的网络服务合同中已明确约定。此外,该合同还赋予了原告商户相应的结果申诉权,以平衡原告商户与被告平台之间的权利义务关系。显然,被告平台自治的算法介入有其合约性基础。而如前文所述,相关合同作为涉案平台规则亦有其合法性。另外,在正当性方面,本案中被告平台的算法自治可以促进平台经济的发展与平台秩序的维持。原告商户的推广信息、商户交易信息通过平台基础设施产生并汇聚在被告平台,而被告平台可以借助数据解析技术通过系统过滤功能对推广活动加以技术性判定,从而开展经营和管理。

在本案的司法审查过程中,法院从公开透明、公平平等、合理正当的视角厘定了平台算法自动化决策的权力边界。从司法论证过程可见,公开透明和平等公平是算法权力制衡的必然要求,合理正当是技术性正当程序的题中之义。

1. 公开透明

司法机关在对平台算法进行审查时,应当首先关注合理范围的算法透明度。算法透明是为应对算法黑箱而提出的概念,要求算法的设计主体或者使用主体公开和披露包括源代码在内的算法要素,是一种对于算法的事前规制模式。[①] 而所谓合理范围,是指算法透明原则的三项限制。其一,算法透明原则受到国家安全的限制。对于涉及国家安全的算法,应当进行披露层面的限制。其二,算法透明原则受到商业秘密保护的限制。当涉及平台的知识产权和商业秘密时,算法披露也应受到相应限制。其三,算法透明原则还可能受到其他限制。例如,基于算法安全的考虑,若

---

① 参见沈伟伟:《算法透明原则的迷思——算法规制理论的批判》,载《环球法律评论》2019年第6期。

成本—收益衡量后发现算法公开可能导致“算法算计”行为，引发难以控制的逆向风险，则亦应审慎确定算法公开的边界。尽管算法透明存在诸多限制，但其仍然成为了全球算法治理政策的核心共识。从规范意义上来看，算法透明体现了用户等算法运行相对人的自治性，为算法运行相对人的技术性正当程序权利奠定了行使基础，同时也有助于避免算法运行危害成本的外化和弥散。① 我国《个人信息保护法》《互联网信息服务算法推荐管理规定》均对算法透明进行了规定。因此，在对平台权力依托的算法进行司法审查时，应当首先依据算法所涉类型，结合现有法律法规，对平台使用算法是否遵循了公开透明原则、是否保障了用户的知情权和解释权进行审查。

2. 公平平等

司法机关在对平台算法进行审查时，还应当对算法决策过程和结果的公平性予以关注。此处的公平平等原则是指平台在使用算法时应当确保其设计、运行与结果保持无歧视、无偏见。具体而言，这一原则可以分为公平原则和平等原则。就公平原则而言，其是指算法设计、运行和结果应当无偏见。对于算法相对个体而言，算法决策应当使得相似的个体应得到相似的对待，即在同一特定任务背景下，任何两个相似的个体应该被相似地分类。对于算法相对群体而言，其意味着算法决策在对待不同的社会群体时存在某种形式层面的统计均等。从平台的视角来看，平台生态系统承载着诸多主体，平台的算法设计应当兼顾多方主体的公平。这就需要平台超越单一的用户视角，实现算法在不同群体层面的公平。以流量反作弊算法为例，在本案中，被告平台部署的流量反作弊算法意在保护广告主的正当商业利益以及平台下游业务的良好生态。在展示推广期间，广告主在设置投放策略的时候会受到预算限制。实践中，不仅存在类似本案中流量异常的情形，还存在通过构造虚假流量攻击其他广告主、消耗预算致使广告下架的情形。例如，原定计划可以投放 7 日的广告曝光量，可能在第 2 天就被完全消耗。因此，流量反作弊算法的设计应当兼顾

① 参见张欣：《算法解释权与算法治理路径研究》，载《中外法学》2019 年第 6 期。

多方的公平性,同时提升其决策精度。对平台而言,多过滤无效流量可能导致平台收益减少,而少过滤则可能引起广告主投诉,破坏投放生态。由于业务场景对实时返款的诉求愈发强烈,因此算法识别异常流量的难度也随之增大。如何在算法设计时权衡多元主体的正当利益、平衡人工干预和修正机制与算法决策的关系,对于实现算法决策公平而言,具有重要意义。

就平等原则而言,其强调平台与其用户之间地位平等。在算法背景下,其进一步体现为双方对于算法运行的过程和结果知情程度的相对平等。这一原则直接体现为平台的通知说明义务和算法解释权的配置。就平台的通知说明义务而言,在算法决策过程中,平台应当在服务合同等文件中充分履行告知与说明义务,确保用户在充分知情的前提下自由地作出其意思表示。此外,就算法解释权而言,当自动化决策的具体决定对相对人有法律上或者经济上的显著影响时,相对人有向平台提出异议、要求提供对具体决策解释并要求更新数据或更正错误的权利。① 在一些情境中,平台还可能需要在事前履行解释说明的义务,确保用户主体在合理程度上理解算法运行的逻辑、原理以及可能产生的预期影响。本案中,法院对原告与平台签订的服务合同予以司法审查,目的在于确保用户充分知晓流量异常监测算法以及平台对于流量监测所采取的系列措施并无显失公平之处,以此消弭信息不对等的可能性,实现用户与平台之间对算法决策知情程度的相对平等。

3. 合理正当

合理正当原则,是指平台对于算法的部署和运行应当遵循技术性正当程序的内在要求。技术性正当程序强调通过优化计算机程序设计提高自动化决策系统的透明性和可问责性。② 在算法决策过程中,其直接体现为赋予算法相对人以事前预警、事中干预和事后救济的权利束。算法

① 参见张凌寒:《商业自动化决策的算法解释权研究》,载《法律科学(西北政法大学学报)》2018 年第 3 期。

② See Danielle K. Citron, *Technological Due Process*, 85 Washington University Law Review 1249 (2007).

是一种技术层面的程序，当其与法律产生互动时，正当程序原则便在算法领域拥有了相应的适用空间。正当程序的核心可以概括为排除偏见、听取意见和说明理由。[①] 司法审查环节则应当从平台本身与用户两个角度进行展开。在平台层面，应当审查平台是否建立起科学完善的算法风险识别预警机制、抵御机制以及消弭机制，尤其是人工参与算法纠偏机制。在用户层面，应当重点关注个体对抗算法的权利体系是否得到充分保障。首先，在算法风险识别层面，平台应当履行一系列内部安全评估和风险管理程序，确保算法的公平公正。对于可能影响用户利益的算法决策，平台应当充分履行事前预警和告知义务。其次，在算法风险抵御层面，平台应当充分保障用户的算法解释权、选择退出权以及免受自动化决策约束权。对于可能对用户产生法律或者类似重大影响的算法，应当提供解释说明、人工干预以及异议渠道。最后，在算法风险消弭层面，平台还应当提供算法不良影响和风险的事后救济机制，对于因决策偏误产生的算法侵害予以适当补偿。

四、结语

"许某某与杭州某软件服务公司网络服务合同纠纷案"是全国首例通过司法审查对网络平台算法权力进行规制和探索的案例。当平台在数据和算法加持下，拥有与日俱增的影响力和支配力时，如何通过迭代和升级现有的司法裁判理念和能力对平台算法展开系统化的审查，是一项重要的理论研究和司法实践议题。面对艰深晦涩、架构复杂的流量反作弊算法与代码化、数字化的司法证据，本案的审判法院并未迟疑和回避，而是迎难而上，积极实践专家论证制度以辅助审判展现出了专业的审判理念和能力。在算法逐渐深入渗透社会之际，法律应当积极引导算法，以塑造智慧社会的秩序。如何通过司法追寻算法正义，进而实现算法治理的法治化，已经成为理论界和实务界必须面对的重要课题。

---

① 参见刘东亮：《什么是正当法律程序》，载《中国法学》2010 年第 4 期。

第九章　电子商务平台检索算法的合理性判断

程　莹* 　柯敏杰**

【案例索引】

一审案号:杭州互联网法院(2020)浙0192民初2295号

【审判人员】

柯敏杰(承办人)、曾宪未、盛放

【核心问题】

当电商平台与用户对检索服务的质量产生分歧时,如何确定算法推荐服务的服务标准?应当考量哪些因素?

【案情简介】

原告赵某某欲通过被告浙江某网络公司经营的某电子商务平台购买国美牌冰箱。但在被告平台上检索"国美冰箱"字样时,发现综合排名前十的商品中均未出现国美牌冰箱,但无论是网页版还是APP版平台的标题中均含"国美""冰箱"字样。赵某某另提供以"奥克斯冰箱""西门子冰箱"等为关键词在涉案平台进行商品检索的结果,综合排名前十的商品除广告位外均为相应品牌冰箱。赵某某认为,被告利用平台竞争优势,对特定商家或者特定品牌产品设置了算法歧视,导致其无法检索到想要的

---

* 程莹,中国信息通信研究院高级工程师。

** 柯敏杰,杭州互联网法院(杭州铁路运输法院)互联网审判第一庭副庭长。

产品,因而该公司未能按合同约定提供检索服务,属于瑕疵履行,构成违约。

通过“京东”检索“国美冰箱”,检索结果排名前十的商品中国美牌冰箱亦未全部置于前列,其中除“国美冰箱”外,命中的均为其他品牌冰箱,但上述商品的卖家均为“国美官方旗舰店”。此外,双方签订的网络服务协议仅约定平台向用户提供关键词检索服务,而未就服务标准作具体约定。基于此,法院驳回原告全部诉讼请求,且双方均未上诉。

【分歧意见】

第一种意见认为,电商平台负有基于关键词模糊匹配的检索算法合理的审查义务。平台服务的核心功能和目的是促成交易,平台检索功能的基础算法,是基于相关性的模糊匹配。但电商平台的检索功能如何设定,属于意思自治范畴,法律没有规定,协议也没有约定,客观上也不存在统一标准。对此,平台应当担负起基于关键词模糊匹配的检索算法合理的审查义务。

第二种意见认为,电商平台不拥有基于关键词模糊匹配的检索算法合理的审查义务。从交易习惯来看,依据其他同类网购平台提供的关键词检索结果均包含同类其他品牌产品的事实,无法推断出案涉电商平台提供的检索服务不符合行业惯例。从合同目的来看,网购平台提供了基于价格、销量、信用、综合等不同选择的排名顺序,帮助不同消费者基于自身偏好检索到欲购买的商品,平台亦提供了检索反馈渠道等辅助工具,为用户提供了检索服务的个性化反馈通路,从一定程度上可以弥补算法的不足。因而不能因为检索结果未完全贴合个人预期,即认定网购平台提供的检索服务存在违约。在没有强制性规定的前提下,电商平台向原告提供检索服务并非法定义务。此外,电商平台作为营利法人,可以在法律框架内对如何进行信息展示行使经营自主权。根据权利义务对等原则,对于电商平台提供的检索服务不应苛以过高要求。

【审判观点】

本案中,法院对电商平台提供检索算法服务的合理性标准审理思路

如下:

第一,电商平台是否拥有基于关键词模糊匹配的检索算法合理的审查义务。首先,双方签订的《服务协议》《隐私权政策》等协议,均未对电商平台经营者检索服务的具体内容或依据检索服务的标准进行明确约定。其次,从交易习惯来看,其他同类网购平台提供的关键词检索结果均包含同类其他品牌产品的事实,无法推断出被告公司提供的检索服务不符合行业惯例。再次,从合同目的来看,网购平台提供了基于价格、销量、信用、综合等不同选择的排名顺序,帮助不同消费者基于自身偏好检索到欲购买的商品,平台亦提供了检索反馈渠道等辅助工具,为用户提供了检索服务的个性化反馈通路,从一定程度上可以弥补算法的不足。最后,在没有强制性规定的前提下,该网购平台向赵某提供检索服务并非法定义务,根据权利义务对等原则,对于电商平台提供的检索服务不应苛以过高要求。

第二,电商平台经营者在检索服务领域的责任边界如何确立。首先,电商平台与搜索引擎所提供的网络服务有本质区别,消费者与电商平台之间订立网络服务合同的目的应是出于购物需要而非精确检索需要,消费者对两种不同类型平台提供的网络服务应有理性区分。其次,电子商务平台作为拥有海量商品信息的展示平台,对其所掌握的数据具有支配优势,故其在提供检索服务时,应当遵循诚实信用原则,设置符合消费者购物需求的检索方式。

第三,消费者的证明责任如何确定。因为算法黑箱等导致的信息不对称,使算法本身很难被质询,极有可能导致相对方受到算法歧视后也难以获得有效救济。消费者作为算法相对方一般来说不掌握或者说很难掌握相关证据证明算法中存在歧视因素的嵌入或者算法决策者有歧视的主观意图,除非平台主动承认。尤其是在现在网络服务合同普遍采取的是当事人同意的模式,而事实上消费者可选择权很小,算法相对方“无奈”的同意可能成为算法被滥用的挡箭牌。因而在现有条件下,消费者能够举证证明算法导致了实质不公平的结果即可。

第四,算法结果的正当性如何评价。可以考量的因素有:现阶段技术发展水平能否解决这种算法歧视,有没有其他替代算法,算法使用者有没有采取措施避免算法歧视的产生等。在消费者证明算法结果存在脱离一般逻辑预判的情况下应着重考虑产生该结果是否有正当理由。例如,本案赵某某提交检索的“国美冰箱”关键词本身有两种含义,一为国美牌冰箱,二为国美电器卖场售卖的冰箱,无论从机器自然语言还是从人工识别均很难单方面判断赵某某意图检索的是哪一层含义,在此种特殊情形下检索结果偏离赵某某预期,不能简单认定平台构成违约。

【理论探索】

一、问题的提出

伴随人工智能技术的快速迭代发展,互联网为用户提供了愈发精细、高效、创新的网络服务形式。其中,算法推荐服务①已经成为互联网服务中的重要组成部分,被广泛应用于电子商务、新闻推荐、智能诊疗、司法判决等领域。然而,作为一种新兴技术,人工智能算法的滥用、误用等行为传统的法律关系、法律责任等理论问题带来挑战,导致算法推荐服务的行业标准、互联网平台的责任边界等问题仍处于争议探索之中。本案中,电商平台利用搜索算法向用户提供商品信息展示服务。当电商平台与用户对检索服务的质量产生分歧时,如何确定算法推荐服务的服务标准?应当考量哪些因素?如何划定电商平台在算法推荐服务中的责任边界?这成为本案需要解决的核心焦点问题。本案判决有助于算法应用中网络平台的责任义务,平衡平台经营行为与消费者权益保护之间的关系,从而保障数字经济健康有序发展。

二、算法推荐服务是网络服务合同的组成部分

合同是平等主体的自然人、法人、其他组织之间设立、变更、终止民事权利义务关系的协议。网络服务合同是网络用户与网络服务提供者签署

---

① 我国《个人信息保护法》《电子商务法》《互联网信息服务算法推荐管理规定》等法律法规对平台使用算法提供服务的行为有不同表述,结合本案情况,本文统一采用《互联网信息服务算法推荐管理规定》中“算法推荐服务”这一表述,指利用算法推荐技术提供互联网信息服务,其中,算法推荐技术包括检索服务。

的服务协议,旨在明确双方在提供和享受网络服务中的权利义务。网络服务合同首先应当遵循合同法的一般规则。《民法典》合同编通则第467条第1款规定,非典型合同应适用合同编通则的一般规定,即适用合同成立与生效、合同效力、合同履行、合同保全、合同变更与转让、合同权利义务终止以及违约责任等通则规定。另外,网络服务合同属于格式合同,在网络服务合同中,合同由网络服务提供者事先拟定,当用户注册时,根据网络提示浏览各项条款后,点击确认即完成了网络服务合同的缔结。[①]网络服务合同通常由网络平台根据自己的意愿单方拟定,相对方不能更改,只能选择全部接受合同的条款或者退出服务,相对方只有选择接受或不接受合同条款的权利。《网络交易平台合同格式条款规范指引》专门对网络交易平台的格式条款作出要求,指出格式条款是网络交易平台经营者为了重复使用而预先拟定,包括用户注册协议、商家入驻协议、平台交易规则、信息披露与审核制度等内容。

2021年12月,中央网信办等四部门发布的《互联网信息服务算法推荐管理规定》中规定,在中国境内应用算法推荐技术提供互联网信息服务的称为算法推荐服务;应用算法推荐技术是指利用生成合成类、个性化推送类、排序精选类、检索过滤类、调度决策类等算法技术向用户提供信息,该规定对算法推荐服务的原则、规则等进行了初步规范。在实践中,算法推荐服务属于网络服务的下位概念,关于算法推荐服务的权利义务要求通常写入网络服务协议条款中。

三、网络服务合同中算法推荐服务的标准认定

网络平台检索类算法推荐服务的质量是否满足合同约定,如何认定算法推荐服务的标准,是本案的核心争议焦点。

(一)网络服务合同中未对算法推荐服务约定明确的标准

平台服务协议、隐私政策等均可被视为网络服务合同的组成部分。在实践中,互联网平台通常将算法推荐服务的相关权利义务条款写入网

① 参见赵天宇:《网络服务合同中不平等条款的类型及其法律规制——以虚拟财产权的保护为视角》,载《西南政法大学学报》2020年第2期。

络服务合同中，而很少单独签署算法推荐服务合同。本案中，电商平台经营者浙江某网络公司与平台用户赵某某签订了《平台服务协议》，根据《平台服务协议》第4款“平台服务及规范”第4.1条的约定，平台应向用户提供信息分类、关键词检索、筛选等服务。然而该协议对于这些服务的具体内容并未明确约定。同时，服务协议第2款“协议范围”第2.2条约定，平台法律声明及隐私权政策，平台规则均为本协议的补充协议，与本协议不可分割且具有同等法律效力。其中，《隐私权政策》中约定，“我们会为实现本政策下述各项功能，收集和使用您的个人信息：（二）为您提供商品或服务信息展示……为向您提供更便捷、更符合您个性化需求的信息展示、搜索及推送服务……”根据上述内容，算法推荐服务的目的是向用户提供更便捷的信息展示、检索及推送服务，但并未对算法推荐服务的质量标准作出详细约定。

（二）根据算法推荐服务的行业交易习惯进行解释

在合同双方未对服务质量作出明确约定情况下，可结合交易习惯进行解释。《民法典》第510条规定，合同生效后，当事人就质量、价款或者报酬、履行地点等内容没有约定或者约定不明确的，可以协议补充；不能达成补充协议的，按照合同相关条款或者交易习惯确定。在纠纷发生后，双方未能签署补充协议，且难以通过合同上下文条款进行系统解释。因此应尝试结合算法推荐服务的交易习惯进行解释。

习惯，指社会上不特定的多数人习以为常的行为事实，即社会一般人的惯性。交易习惯不仅可以对交易方式、交易行为进行补充解释，也可以在当事人发生争议时弥补商事行为的漏洞。面对法律的滞后性，市场往往会选择更为简洁、便利的方式进行操作。交易习惯在商业圈中形成自发规范，默默地支撑商业运转与发展。凡是认可市场经济的国家都会在其法律中将交易习惯作为法律的一种必要补充，成为法定的补充渊源。比如，《德国民法典》第157条“合同的解释”规定，对合同的解释，应遵守诚实信用原则，并考虑交易上的习惯。1998年《欧洲合同法原则》第1:302条规定，在权衡何谓合理时，应特别考虑合同的性质与目的、案件的情况以及所涉交易或行业的惯例和习惯做法。《最高人民法院关于适用〈中华人民共和国民法典〉合同编通则若干问题的解释》第2条第1款规定,下列情形,不违反法律、行政法规的强制性规定且不违背公序良俗的,人民法院可以认定为民法典所称的“交易习惯”:(1)当事人之间在交易活动中的惯常做法;(2)在交易行为当地或者某一领域、某一行业通常采用并为交易对方订立合同时所知道或者应当知道的做法。一般而言,交易习惯有如下几项构成要件。一是交易行为是当地或某一领域、某一行业通常采用的做法。交易习惯无须国家承认,无须以全国一致为考量标准,只要有足够多的人、或同一行业的人群在交易中反复遵守、使用即可。在时间方面无需经年累月的过程,只要行业内认定已经经过一段相当期间即可。本着私法自治的原则,法院在交易习惯的认定中应尽量从宽。二是不应违背法律和公序良俗。交易习惯不应违背法律法规、公共秩序、善良风俗的要求。带有非法性质的商事交易惯例、违背诚实信用原则的交易行为均不应被认定为交易习惯。三是交易习惯仅具有补充地位。依私法的法理,习惯法仅具有补充成文法的地位,而非取代成文法的规定。①

有学者认为,交易习惯具有非确定性、非普遍性等明显缺陷,如果对交易习惯不加鉴别地予以概括适用,可能导致交易主体的确定成本、管理成本和解释成本的不合理增加,建议应对交易习惯的司法适用进行严格限制。② 有学者认为应根据一般的民事合同、商事合同以及消费者合同的不同特点,对交易习惯采取相适宜的对待规则。对于消费者合同,应对交易习惯的适用与否做更加充分的解释。③ 在平台经济领域,消费者在知识经验、数字技术应用等方面远逊于经营者,双方处于事实不平等地位。消费者合同纠纷,可能是因为合同条款本身不公,可能因为经营者不法行为,也可能因为消费者对行业规范不了解或不理解而导致的,因此对法官裁判提出更高要求。

在本案中,法院将其他同类网购平台的算法推荐服务做法认定为交易习惯。认为在同类型电商平台的商业做法中,排位前十的商品并非均

---

① 参见樊涛:《我国民商事私法中的交易习惯》,载《法律适用》2014年第2期。
② 参见宋阳:《论交易习惯的司法适用及其限制》,载《比较法研究》2017年第6期。
③ 参见米新丽:《关于交易习惯的几点思考》,载《政法论丛》2016年第2期。

为被检索品牌,均包含同类其他品牌产品。例如,在当当网检索“人人都是产品经理”一书的检索结果,排名前十的商品中匹配《人人都是产品经理》一书的链接为前两项。在华润万家检索“伊利牛奶”的检索结果,排名前十的商品中指向伊利牌牛奶的链接为前四项;在“华润万家”中检索“蒙牛牛奶”的检索结果,排名前十的商品中指向蒙牛牌牛奶的链接为前六项;在“蘑菇街”检索“三彩”的检索结果,排名前十的商品中指向三彩牌衣服的商品分别为第一、三、五、十位。故而无法推断出浙江某网络公司提供的算法推荐服务违背交易习惯。

同时,法院结合算法原理进一步对行业习惯做法进行解释。对本案原告而言,在其检索其他品牌冰箱时,平台提供的检索结果均将相应品牌的商品全部置于前列,符合消费者一般期待,故原告将此视为双方之间的交易习惯。而事实上,相比其他品牌冰箱,原告提交检索的“国美冰箱”关键词本身有两种含义,一为国美牌冰箱,二为国美电器卖场售卖的冰箱,无论从机器自然语言角度还是从人工识别角度均很难单方面判断赵某某意图检索的是哪一层含义,因为在此种特殊情形下检索结果偏离原告预期,不能简单认定被告违背交易习惯,构成违约。

(三)根据合同目的对算法推荐服务的标准进行解释

除考虑合同上下条款、交易习惯等内容外,还可结合合同目的对服务标准进行判断。《民法典》合同编第 511 条第 1 款规定,当事人就有关合同内容约定不明确,依据前条规定仍不能确定的,适用下列规定:质量要求不明确的,按照强制性国家标准履行;没有强制性国家标准的,按照推荐性国家标准履行;没有推荐性国家标准的,按照行业标准履行;没有国家标准、行业标准的,按照通常标准或者符合合同目的的特定标准履行。那么结合合同目的,如何对算法推荐服务的标准进行认定呢?

耶林在《法律中的目的》一书中指出,目的是所有法律的创造者。“目的这个概念的含混性始终都是导致人们观点分歧和冲突的根源。”①

① [英]弗里德里希·冯·哈耶克:《法律、立法与自由》(第 1 卷),邓正来、张守东、李静冰译,中国大百科全书出版社 2000 年版,第 177 页。

合同目的是合同法中的重要概念,体现了合同当事人的期望,在合同的成立、效力、履行、解释、解除以及救济等诸方面均发挥重要作用。一般而言,合同目的是指当事人订立合同时希望实现的某种法律效果,或所希望实现的目标,其内涵在于当事人的期望。合同目的并不限于经济方面的利益,也体现为精神、健康、道德等各个方面的利益。就本源而言,合同目的是主观的,但基于信赖、秩序等因素考虑,通过一定形式表现的客观目的在解释中具有更为重要的地位。① 正如有学者所指出的,就合同的解释,如果仅从主观的意义上进行判断,有违交易安全,且与现代民法体系相悖,故应进行客观目的解释。② 而所谓客观目的,应通过当事人所表达出来的语词与行动予以确认,通常以合同等有形形式予以表现。

在网络服务合同中,对合同目的的认定需要结合平台商业模式、用户需求等多方面综合考虑。当前,平台经济模式已经成为互联网产业发展的主流模式。互联网平台作为连接基础,通过业务在线化和数据挖掘,促进供需双方精确匹配,缩短供需对接环节,提高资源配置效率,成为引领国家创新驱动发展的基础。③ 然而,不同类型平台的服务目的仍然具有一定程度的差异性。根据国家市场监管总局发布的《互联网平台分类分级指南(征求意见稿)》,综合商品交易类平台连接的是人与商品,其主要功能包括提供销售服务、促成双方交易、提高匹配效率等,是专门或者主要从事提供衣帽鞋靴、箱包饰品、数码电器、食品洗护等各类商品的综合平台;检索引擎类平台则连接的是人与信息,专门或者主要从事对互联网上采集的信息进行组织和处理后,为用户提供检索服务,并将检索的相关信息展示给用户的平台。可见,电商平台提供算法推荐服务的目的是向用户提供更便捷、更符合用户个性化需求的信息展示、检索及推送服务,与纯粹的搜索引擎平台存在较大差异。

本案中,双方合同《平台服务协议》第4.1条规定,平台应向用户提供

---

① 参见章杰超:《合同目的含义之解析》,载《政法论坛》2018年第3期。

② 参见韩世远:《合同法总论》(第2版),法律出版社2008年版,第621页。

③ 参见中国信息通信研究院:《平台治理白皮书(2017)》,载中国信息通信研究院网2017年12月13日,http://www.caict.ac.cn/kxyj/qwfb/bps/201804/P020171213443451507670.pdf。

"关键词检索"服务,根据体系解释方法和客观目的需求,该服务属于商品浏览的下一级服务,即算法推荐服务是为了便于用户尽可能全面获取相关商品信息,并最大程度撮合交易,而不追求检索结果的高度精确。这一点与谷歌、百度等搜索引擎类平台具有一定的差异性,后者对于信息提供的准确性、公共性具有更大的注意义务。因此在本案中,原告个人对检索服务的主观预期,与电商平台商业模式的客观目的存在差异,不能简单根据原告主观目的判定平台违约。

四、算法推荐服务中平台责任的界定

近年来,算法治理成为世界各国共同关注的重要问题。"大数据杀熟"、劳动者权益保障、信息茧房、信息内容安全等算法风险愈演愈烈,算法透明度、算法问责、算法可解释性等成为算法治理的核心焦点问题。算法推荐服务中平台是否应当对算法应用的质量等承担审查义务,需要结合多种因素,结合个案情形予以判定。

(一)现有立法中有关平台检索算法责任的规定

检索算法带来的消费者权益保障问题,较早受到立法关注。2017 年《电子商务法》即对算法推荐服务进行规范,保障消费者合法权益。例如,第 18 条规定平台进行个性化推荐的,应同时提供非个性化推荐的自然检索结果,即"电子商务经营者根据消费者的兴趣爱好、消费习惯等特征向其提供商品或者服务的检索结果的,应当同时向该消费者提供不针对其个人特征的选项,尊重和平等保护消费者合法权益",第 40 条规定检索算法应提供多样化搜索结果,并对竞价排名广告应予以标明,即"电子商务平台经营者应当根据商品或者服务的价格、销量、信用等以多种方式向消费者显示商品或者服务的搜索结果;对于竞价排名的商品或者服务,应当显著标明广告"。2021 年《个人信息保护法》也提出类似要求,规定"通过自动化决策方式向个人进行信息推送、商业营销,应当同时提供不针对其个人特征的选项,或者向个人提供便捷的拒绝方式"。2021 年《互联网信息服务算法推荐管理规定》要求,算法推荐服务提供者应当向用户提供不针对其个人特征的选项,或者向用户提供便捷的关闭算法推荐服务的选项。本案中,平台提供了基于价格、销量、信用、综合等不同选择的排名顺序,符合现有法律义务要求,较好满足了用户的选择权。

(二)平台责任的界定应结合技术发展特点

人工智能算法具有一定的黑箱性、动态性、自主性,法律法规的现行规定并未完全化解实践中的纠纷争议。在电商平台中,检索算法是基于关键词相关性的模糊匹配,通过检索关键词筛选出相关的商品信息,并实时综合商品或店铺相关因素对检索结果进行排序,如价格、合规经营情况、服务水平、诚信经营情况。由于技术发展阶段的限制,检索算法尚未与用户形成良好、高效的交互,在检索词存在歧义或表达模糊的情况下,检索算法可能未能实现符合消费者预期的检索结果。例如,在本案中,算法对“国美冰箱”可能拆分为两种含义,一为国美牌冰箱,二为国美电器卖场售卖的冰箱,与海尔冰箱、奥克斯冰箱等典型冰箱品牌产品存在差异。为弥补交互性差这一问题,平台在检索结果旁设置了“搜索结果满意度调查”入口,可以对检索结果的总体满意度、单项满意度,检索目的,优化建议等提出意见,预设了消费者对服务质量的反馈路径。

总体来看,无论是算法推荐服务的目的、机制机理设计,还是算法的人工干预、用户救济等渠道保障,均能够较好保障用户对于检索服务的个性化需求。但在实践中,界面设置的显著性、平台对用户意见作出回应的及时性、用户的易操作性应得到保障,同时,行业协会应针对消费者提出的技术问题,出台发布相关的最佳实践。鼓励平台不断优化技术,鼓励对有歧视的检索词进行识别,或提示用户进行意向选择。例如,针对可能存在歧义的关键词检索,弹出不同的方案选项,供用户二次选择,探索更优的用户服务界面。当技术更为成熟时,提供更高效的语音交互功能,更好避免歧义和争议。

(三)合同对价的支付情况影响平台责任的承担

互联网平台为用户提供免费的信息检索、撮合交易等服务,通过持续占用消费者注意力而获取广告收入。在平台不收取会员费或服务费的情况下,这类网络服务合同通常被认定为无偿合同。

从传统合同法理论来看,根据合同是否存在对价,可将合同划分为有偿合同与无偿合同。有偿合同双方之间有对价给付,而无偿合同之间则不存在给付关系。合同的有偿与无偿,决定着合同双方之间权利义务的差异。一方面,注意义务的程度不同。在有偿合同中,义务方承担善良管理人的注意义务,而在无偿合同中,义务方则仅负有与处理自己事务同一的注意义务。原则上,利益出让人仅承担较低程度的合理注意义务,即不承担违约责任。另一方面,合同方承担瑕疵担保的责任不同。有偿合同可援引买卖合同的相关规定,适用出卖人瑕疵担保义务规则。而对于无偿合同而言,无偿提供服务的一方原则上免责,除非当事人故意不告知瑕疵的情形。

在算法推荐服务的实践中,根据合同支付的对价和损害情形,平台应承担的责任也有所差异。例如,在企查查等信用平台中,用户仅在支付会员费用后,才能获知检索目标的全面信息。同时,如信用平台算法出错,可能导致商业主体或个人的经济利益、商业声誉受到较大损失。因此在这类情况下,平台应当对算法负有更重的注意义务。而在用户未支付服务费用的情况下,根据权利义务对等原则,对于电子商务平台提供的检索服务不应苛以过高要求。

(四)适当的算法透明义务是提升算法服务质量的重要前提

算法透明和解释义务是针对算法黑箱这一技术特性,旨在衡平算法使用者与相对人不对称的权利关系,作为合同制度在人工智能时代的因应性变革。[①] 在合同制度下,违约请求权实际难以满足相对人实现权利救济的目的。首先,网络服务协议由平台单方拟定,在算法应用的初期阶段,平台通常并不将算法推荐服务的标准,算法运行的过程原理写进合同,用户也缺乏商谈的权利。其次,当用户对算法推荐服务有异议时,需要借助平台内设的界面、程序提出申诉或处理,无论用户的申诉渠道,还是平台对申诉的反馈,也难以通过合同机制予以保障。最后,在诉讼至法院过程中,消费者需按照“谁主张,谁举证”承担举证责任,在缺乏算法逻

① 参见张凌寒:《商业自动化决策的算法解释权研究》,载《法律科学(西北政法大学学报)》2018 年第 3 期。

辑知识的前提下,难以证明算法推荐服务的好坏与对错。[①] 因此,算法透明和算法解释成为在算法技术发展中,矫正信息不对称、平衡权利失衡现象的工具。

随着我国算法治理进程的推进,2021 年 9 月九部门《关于加强互联网信息服务算法综合治理的指导意见》将算法应用透明可释作为基本原则,部门规章《互联网信息服务算法推荐管理规定》要求,算法的应用应当遵循公正公平、公开透明、科学合理和诚实信用的原则。算法推荐服务提供者应当以显著方式告知用户其提供算法推荐服务的情况,并以适当方式公示算法推荐服务的基本原理、目的意图和主要运行机制等,并鼓励算法推荐服务提供者优化检索、排序、选择、推送、展示等规则的透明度和可解释性,避免对用户产生不良影响。在本案中,原告认为被告在提供算法推荐服务中调整算法权重,针对特定商家采取检索降重、屏蔽高销量产品、屏蔽店铺的判断,在一定程度也是由于算法的黑箱运作遮蔽和阻碍了用户对平台算法运作的全面了解,未能充分保障消费者知情权。在本案中,如果平台向用户有效告知检索算法是如何运作的,检索算法在使用中有可能产生检索歧义,以及有效避免歧义的检索方式等信息,可有效避免原告的误判。因此,在保障平台商业秘密前提下,平台应在网络服务合同或平台界面中向用户披露算法运作中的参数、原理、使用数据情况等信息,确保用户对算法应用原理的理解,消除平台和用户间的信息不对称,更好保障用户权利。

五、结论

在新技术新应用发展过程中,平台责任的大小与边界成为当前数字经济发展中的重要议题。本案中,算法推荐服务的标准问题并非较为严重的消费者权益损害或社会风险问题,相对游离在平台法律责任和社会责任之间,需要结合算法推荐服务目的、人工智能技术发展阶段、用户是否支付对价等多方面因素对平台责任边界进行界定。同时,互联网商业

---

① 参见张凌寒:《商业自动化决策的算法解释权研究》,载《法律科学(西北政法大学学报)》2018 年第 3 期。

秩序中存在自身最高价值，市场交易主体具有商业市场中选择的自由①，不应无限度、无边界增加平台主体责任，鼓励借助和发挥市场竞争机制推动平台不断优化商业服务水平、创新技术应用手段，实现消费者权益的全面保障和数字经济的健康有序发展。

① 参见狄行思：《论〈民法典〉视野下网络服务合同的认定及规范适用》，载《经贸法律评论》2022 年第 3 期。

第十章　人机互动视听作品的独创性认定标准

周　澎*　卢忆纯**

【案例索引】

一审案号：杭州互联网法院（2021）浙0192民初3494号

二审案号：浙江省杭州市中级人民法院（2021）浙01民终12535号

【审判人员】

沙丽、卢忆纯（承办人）、马菁

【核心问题】

人机交互画面与基础展示画面是否应区分认定？独立认定的人机互动画面是否在表现形式上构成视听作品？其是否满足作品“独创性”这一实质性要件？

【案情简介】

两原告系北京甲科技公司和浙江某科技公司，共同运营某平台，共同享有该平台的合法权益。系列春节主题相关特效道具“窗花剪剪”系一款剪纸小游戏，该游戏将用户鼻尖作为创作工具（剪刀）进行窗花剪纸的设计，用户可基于鼻尖运动轨迹制作出形状各异又极具美感的窗花，交互性强，吸引了网络流量。被告系北京乙科技公司，在“窗花剪剪”首次发

* 周澎，杭州师范大学沈钧儒法学院讲师。

** 卢忆纯，杭州互联网法院（杭州铁路运输法院）互联网审判第二庭副庭长。

表后10日内,被告在被诉平台推出一款模仿窗花剪剪的特效道具,该特效道具在组合元素、结构与布局、呈现效果等方面均与原告"窗花剪剪"特效高度一致。

因此,两原告认为,被告的上述行为侵害了原告的著作权,且构成不正当竞争,起诉要求被告赔偿。法院经审理后认为,用户在使用"窗花剪剪"特效过程中,未产生超出基础展示画面的新的视听成品,且对于整体画面的展示无创造性的表达,其独创性仍源自特效制作者,即两原告。故判决被告停止侵权并赔偿二原告20万元。被告不服一审判决,二审法院驳回上诉,维持原判。

【分歧意见】

一种观点认为,该道具本身构成具有独创性的作品,著作权归属于道具的开发者,而用户使用该道具、经人机交互生成的短视频不具有独创性,用户不能被评价为著作权意义上的作者。从道具本身而言,其包含动画效果、基础画面等内容,均体现了道具开发者的选择与安排。对于用户而言,其制作短视频的过程,仅是在道具开发者的设计范围内进行图像绘制,无论其鼻尖轨迹,即"剪裁过程"如何独具一格,其过程均可被程序所识别。用户在"创作"短视频的过程中并未有新的选择与安排,生成的视频不存在独创性,不能认为是著作权意义上的作者。

另一种观点认为,人机交互生成的短视频属于作品,其权利归属于用户,而道具的性质,本身不具有独创性。首先,利用案涉道具制作短视频,实际上与传统民俗剪窗花在过程上是一致的,从这个意义上说,案涉道具仅是一种变相的民俗活动,不宜以著作权进行保护。换言之,若认为案涉道具构成作品,加以著作权的保护,那么不利于传统民俗的接续发展。即使认为案涉道具以鼻尖作为"剪刀"是一种独特的设计,仅是在设计上加入了鼻尖识别与轨迹跟踪,依然还是剪窗花的过程,这应当属于思想的范畴。且鼻尖识别与轨迹跟踪实际上相当于给了用户绘画的"笔",案涉道具本身在整个过程中仅起到一种类似于画图工具的作用,最终的生成物是用户绘制成的美术作品,其独创性应当归属于用户。

【审判观点】

法院的审理思路是通过基础展示画面是否具有独创性以及人机互动生成内容独创性来源两个维度进行分析:

第一,认定基础展示画面的独创性。“窗花剪剪”特效道具从整体画面来看,是一个动态的、具有连续性和衔接性的画面展示过程;从呈现状态来看,制作者对于画面元素及其颜色搭配、静态显示、动态变化、画面排布进行了选择和设计;从上下衔接来看,画面切换方式、动态变化的过程体现了逻辑和安排;从画面感而言,体现了整体剪窗花的情景设置和裁剪、展开过程的视觉艺术效果和美感。故“窗花剪剪”特效连续画面的呈现体现了作者的选择和安排,具有创造性,符合视听作品连续画面独创性的要求。

第二,分析人机交互画面的独创性来源。法院认为,人机交互的识别、创作过程受控于预先设定的算法、规则和模板或资源。当交互程序本身提供的内容参数和资源配置单一,用户对于呈现内容仅需进行机械地调度时,用户并未就画面贡献创造性;当设计者对于内容参数、资源和画面的基本表达步骤和呈现进行了设计,用户人机交互的过程,只是程序把为数有限的图像或图样,在理论上进行无限的排列组合并呈现在用户界面的一种自动生成,用户在该交互过程画面应当认为未创造性地提供新的连续画面,整体画面的独创性来源并非用户;当设计者对于内容参数、资源配置进行具体、个性化的选择和编排,但对于具体画面的呈现方式未予设置,则用户可以通过资源的组合、画面的具体呈现顺序和方式等方面融合自己的安排和设计,对于人机交互而生成画面的独创性具有贡献。

【理论探索】

一、问题的提出

“算法智能”和“算法泛在”的智能社会阶段,推动着人工智能算法以类似于取代人类直接创作或者发明的方式生成产物。人类在创作或发明过程中的作用变得微弱,但作品或者发明的产出效率和质量实现飞跃。

人工智能算法涉及的领域除却诗歌、绘画等特定领域，还会发明基因编程、人工神经网络和机器人科学家。[①] 就目前而言的著作权领域，人们可以直接在人工智能算法技术中输入指令，就能获取到丰富多样的"作品"。基于人工智能算法技术，人类还能通过预先设定算法参数，在满足算法参数的情况下触发算法预设情形，从而实现人机交互。人机交互的应用场景包括人机交互短视频、人机交互游戏甚至是人机交互演唱会等。在这些人机交互的应用场景中，人机交互的"机"实则是包括算法模板在内的一种算法参数设置，该参数设置包括了原有视听作品的画面或美术作品的表达等，随后在人类的参与下合作完成。但有些人机交互的应用场景为用户预留了足够的空间参与创作，有些则无法逃脱原有的算法参数设置。在本案中的人机交互短视频就是为用户预留了创作空间的一种。因此，从本案扩展至人机交互生成物的独创性认定层面，包括了人机交互生成物独创性认定的问题、人机交互生成物单独认定及其法定作品类型认定的问题亟须解决。

二、人机交互短视频的独创性认定标准

人机交互是人与计算机之间使用某种对话语言，以一定的交互方式，为完成确定任务的人与计算机之间的信息交换过程。人机交互短视频的独创性认定并非该创作内容独有的问题之一，实则是人机交互生成物的普遍问题。例如，人机交互生成物的独创性认定问题，是人类的技术依赖性增强导致的结果，重点在于"独"和"创"如何进行认定。独创性是限定著作权作品的核心概念，是作品可版权性的必要要件。根据《韦伯词典》对独创性的界定，独创性包含四个层面的含义内容：一是新颖性或独创性的特征。二是具备特有方式表达或思考的能力。三是能力层面的创造性。四是思想层面的新颖性。[②] 而《元照英美法词典（缩印版）》中指出，独创性是作品版权保护的条件，即该作品应由作者独立创作完成，即具备最低程度的创造性（creativity）。[③] 而将独创性回归到著作权制度中去，其

① 参见吴汉东：《人工智能生成发明的专利法之问》，载《当代法学》2019年第4期。

② See Webster's Encyclopedic Unabridged Dictionary of The English Language 1366 (1996).

③ 参见《元照英美法词典（缩印版）》，北京大学出版社2019年版，第1012页。

主要源于印刷技术的发展。在著作权制度的雏形中,印刷商如果需要维系其在市场的竞争地位,那么他便需要保证这些受让手稿与现有图书存在不同,这些不同便是具备更高层次的文学艺术价值;这些更高层次的价值则是出版商通过获取特许权进行的主张,即“原始出版者”(Original Publisher)地位。[①] 因此,在考虑可能有资格获得普通法中规定的法定保护作品类型之前,无论作品的形式如何,都必须考虑版权保护这一普遍的先决条件——即版权只保护“作者的原创作品”。[②] 从著作权制度来看,独创性在很大程度上用来界分权利归属与来源。现有学术观点依据“思想表达二分法”,将“独”与“创”的认定标准分为客观标准和主观标准,但在具体的实践中两种标准逐渐趋同,本章节在此予以阐述。

(一)“独创性”认定之主观标准

“如果原理中的术语看起来有些模棱两可,有经验的法学家就应该知道从制度选择和制度比较的角度去寻找问题的解。”[③]以立法例来看,在大陆法系国家,《日本著作权法》第 2 条第 1 款第 1 项规定著作是表达创作的思想或者感情之物,而属于文艺、学术、美术或者音乐之范围。因此,日本学者归纳作品的构成要件为三点:一是人类思想或者感情的表现。二是具有创作性。三是属于文艺、学术、美术、音乐的范畴。依据《德国著作权法》第 2 条规定,可以将其归纳为三点:一是文学、科学和艺术领域。二是智力创作。三是个人。著作权制度所确定的“思想表达二分法”原则,意味着一个作者必须既是思想者,又同时是表达者,只有借助表达的交流形式,才能体现出作者到底具备了怎样的“思想”。[④] 故有些观点认为“表达蕴含思想”,是为了从作品中找寻“作者的思想感情与强烈的人格特征”,这些具有智力劳动的内容才符合“劳动财产学说”

① See Horatio F. Brown, *The Venetian Printing Press* 1469 – 1800, *An Historical Study Based Upon Documents for the Most Part Hitherto Unpublished*, Geérard Th. van Heusden, 1969, p. 55 – 56.

② See Roth Greeting Cards v. United Card Co. ,429 F. 2d 1106 (9th Cir. 1970).

③ [美]考默萨:《法律的限度——法治、权利的供给与需求》,申卫星、王琦译,商务印书馆 2007 年版,第 191 页。

④ 参见李雨峰:《思想/表达二分法的检讨》,载《北大法律评论》2007 年第 2 期。

的观点。

基于上述观点，主观标准即源于“作者权体系”下的“作者中心主义”的独创性解读。其要求作者在思想、情感和个性层面的反映，聚焦于“智力创作”的创作过程。主观标准通常被大陆法系国家使用，将作者的人格利益作为著作权体系的法价值基础。① 例如，《法国知识产权法典》中指出，独创性的内涵只要以作者亲自创作的独创形式反映出作者个性，就可据此基于“原创性和个性特征”给予保护。因此，主观标准的独创性判断也可被归类为“作者个性”的判断。而坚守“作者个性”的并非大陆法系的国家，美国联邦最高法院在 1897 年审理 Trademark Case 案中指出，创作物的独创性应当遵循宪法所述的“精神劳作之物”，从而为英美法系打上了“作者个性”的独创性著作权标准认定的烙印。在主观标准下，独创性讨论应该在人类精神创作范畴内，创造性判断应该回归于主体作者以及其想表达的思想情感上来。如果版权制度的目的之一是保护作者的权利，从而促进文化艺术的传播，那么独创性讨论的前提则是该客体以人类精神思想为基础。以主观标准的独创性考察路径，其重点应当放在创作过程中是否注入了作者的思想情感，并依赖这些思想情感或者一点点启发对行为的创作性进行判定。以主观标准的独创性判断分析，可能更加符合作品形成的自然过程，但基于作者思想的因素，会导致算法生成物难以形成“作者个性”。不过，主观标准的独创性可能将在客体范围上更具包容性。因为作品的独创性和再现性将作为首要判断目标，只要在思想通过一定依托表达的过程展现，并且这一动态过程是具备思想的，那么作品的形式是否可以固定甚至复制，则无关紧要。诚然，主观标准下的独创性体现出对创作过程的尊重以及作品创作表达的保护，但在算法生成物的判断过程中难以适用。

从司法实践来看，独创性判断与“作者个性”关联最强。美国法院认为，《宪法》的范围足够广泛，足以涵盖授权照片版权的行为，只要它们是

---

① 参见金渝林：《论作品的独创性》，载《法学研究》1995 年第 4 期。

作者原始智力概念的代表。[①] 在 Naruto v. Slater 案中,最高法院和第九巡回法院在根据该法分析作者身份时一再提到主体必须是“人”或“人类”。[②] 而欧盟虽然一度认为“电子人”的赋予是必要的,但在具体的案例中却将作品和人类作者进行必要关联,且将人格描述为人类属性,将人类的内部局限和控制因素与算法生成作出区分,认为算法生成的局限性是因为程序本身的需要,是无法克服的,他们无法作出自主的选择。即如果表达是由“技术考虑、规则或限制”决定的,就没有自由和创造性选择的余地。[③] 澳大利亚法院更加明确了作品的人类作者的需要,并且断定独创性要求作者亲自在作品中投入一些精神、智力的努力,这种精神努力,即使是低努力,也是针对该作品的特定表现形式的。[④] 其中最具代表性的案例属 2010 年联邦法院审议的 IceTV v. Nine Network 案,该案争议在于由计算机编排的电话簿是否存在版权——电话簿大部分是通过计算机自动程序并使用多个自带数据库进行汇编的。在计算机模拟、存储、选择和编译数据并生成最终形式的电话簿目录的同时,人类也往数据库中添加和提取数据。尽管在创作过程中涉及人类的介入,但最高法院在 2010 年裁定,由于人类的介入只流于表面,充其量只能算准备工作,所以最终的电话簿中没有版权。[⑤] 同样,在 2012 年的 Acohs Pty. Ltd. v. Ucorp Pty. Ltd. 中,美国联邦法院认为,机器自动生成的 HTML 代码中没有版权。[⑥]

几乎所有国家都强调,“作者个性”是评估作品是否受到版权保护的一个关键因素,所有的人都拒绝将版权授予计算机生成和缺乏(完全或大部分)人类输入的产品。

(二)“独创性”认定之客观标准

与“独创性”认定的主观标准不同的德国学者费希将素材、形式概念

① See Burrow-Giles Litographic Co. v. Sarony, 111 U.S. 53, 4 S. Ct. 279 (1884).

② See Naruto v. Slater, Case No. 15 – cv – 04324 – WHO (N.D. Cal. Jan. 28, 2016).

③ See Case C – 604/10 Football Dataco Ltd. and others v. Yahoo! UK Ltd. and Others, at 39 and Case Law Cited Therein.

④ See Sands & McDougall Pty. Ltd. v. Robinson, 23 CLR 49 (1917).

⑤ See IceTV Pty. Ltd. v. Nine Network Australia Pty. Ltd., 239 CLR 458 (2009).

⑥ See Acohs Pty. Ltd. v. Ucorp Pty Ltd, 201 FCR 173 (2012).

纳入著作权保护的客体中，认为应当在实践中把作品的内在与外在区分开来，即将作品之内容分为形而上与形而下的两个方面。[①] 在英美法系国家，英国仅在其版权制度中规定独创要件，而《美国版权法》则在第 102 条明确对版权客体作出一般规定，即可以从中概括出三点要件。一是可感知、可复制且能以其他方式传播的固定性。二是独创性。三是思想表达二分法下著作权客体的排除。[②] 当人机交互中所应用的程序在表达层面具备与作品同样的外观，满足了"表达"的内涵之时，这样"只是一种依赖指令的被动执行过程，并未渗入任何人的谨慎勤勉的劳动"[③]便对"思想表达二分法"中的"思想"层面造成冲击。

基于上述观点，客观标准即"版权体系"下"作品中心主义"的独创性解读。其仅要求客观上的表达形式，即独立完成和创造性。在客观标准下，独创性仅意味着该作品是独立创作而不是从其他作品复制而来。因此，只要一件作品不与先前作品相同，就可以受到著作权的保护。以客观标准的独创性考察，目的是通过作品产生了与其他作品的不同之处，从而导致的区别来判断作品保护的内在因素。但在客观标准的判断之上，通常会蕴含着"创作性"判断的不同。正如大陆法系国家采取主观标准进行判断时所强调的"作者个性"一样，客观标准也难以与主观标准割裂开来。但在以英美法系为代表的国家，独创性的客观标准则限定在"最低限度程度"。1903 年，美国法院在审理 Bleistein v. Donaldson 案中，认为涉案版画的机械性制作不影响其版权性，尽管平版画是客观实在物仍不影响"独立创作"这一事实，只要不是抄袭而来的作品就可以被著作权法进行保护。而英国至今仍坚持作品的独创性是指创作者对于技巧、经验、劳动、资金等的投入，例如，在 Kelly v. Morris 案中，法官通过劳动、资金等投入进行了地图的独创性判定：即关于道路、岛屿或者其他的地图类作品

---

① 参见宋戈：《作品"实质性相似 + 接触"规则研究》，中南财经政法大学 2019 年博士学位论文，第 58 页。

② 参见《十二国著作权法》翻译组：《十二国著作权法》，清华大学出版社 2011 年版，第 723 页。

③ 黄玉烨、司马航：《孳息视角下人工智能生成作品的权利归属》，载《河南师范大学学报（哲学社会科学版）》2018 年第 4 期。

而言,尽管之前已有相似的作品存在,但如果进行该本地图的作者并非通过先前地图进行绘制,而是自己亲自进行测量并亲自完成的绘制工作,那么该作者仍旧可以享有著作权。[①] 随着1991年美国法院审理Feist案中,强调挑选的电话号码只是最基本的信息(如姓名、城镇和电话号码等),认为如果仅把实际使用者提供数据的基本信息按照首字母进行顺序排列,那么其只是一种仅被视为任何人都可以想到的古老方法,根本不具备微小的创新火花。[②] 由此可以归纳出客观标准的独创性判断应当是"独立完成"+"最低限度程度"的评判趋向。

(三)主客观标准的统一与人机交互生成物的"独创性"认定

大陆法系国家在独创性的客观标准之上最早坚持"作者个性"作为评判标准,但随着司法实践中对其作品保护的扩张,逐渐将其进行了降低。以笔者现有的文献资料对德国的独创性标准进行分析来看,早期德国对独创性的判断坚持了一种较高的创作高度。德国学者勒文海姆对独创性要件总结出四个特征:(1)创造性劳动;(2)人的智力、思想等通过作品表达;(3)打上作者"个性烙印";(4)作品具有一定创作高度的著作权保护下限。[③] 通过这四个独创性特征来看,德国明确将其保护的作品限定在了超出一般人的"创作高度"。但随着德国近年来的司法实践来看,其所保护的使用说明书、比赛规则等各种作品使这种严格的"作者个性"标准呈现下降趋势。其只要具备了较小程度的创作性,即"小硬币"标准,就可以具备作品的独创性要求。

再从英美法系来看,其独创性的考量通常与经济价值相关,因此客观标准下的独创性要求较低。美国对独创性要求最早是在Walter v. Lane案中,法官认为应当保护付出艰辛劳动而产生的成果,才能更好地保护作者的权益。由此确立了"额头上的汗水"原则作为独创性的客观标准。随后,英国法官皮特森认为独创性虽然并不要求作品达到专利法规定的

① See Kelly v. Morris, L. R. 1 Eq. 697, 701 - 702 (1866).

② See Feist Publications, Inc., v. Rural Telephone Service Co., 499 U. S. 340 (1991).

③ 参见方培思:《人工智能生成物的著作权保护研究》,中南财经政法大学2018年硕士学位论文,第24页。

新颖性,但作品必须不是对他人成果的简单复制,由此把独创性的要求提升到了一个高度。到了 Feist 案中,法院则确立了"最低限度的创作标准",认为其应当具备微小的创新抑或创造痕迹。

概言之,虽然以德国为代表的大陆法系国家坚持了"作者个性"的客观标准,但也最终趋向于从宽的"小硬币"原则;而以美国为代表的英美法系国家虽然较早适用"额头上的汗水"原则,但也最终趋向于从严的"最低限度程度"标准。但这两种客观标准的趋同,也表明了现有的独创性认定在客观层面仅需要很低的创作性程度便可以达到,即这种程度是不同于原有作品,不是从他人那里抄袭而来即可。

但我国所采用的"一定创作高度""个性化选择"概因国外法律移植的本土化成果,"一定创作高度"和"个性化选择"均是"作者权体系"下德国、法国立法和司法的措辞。算法只是将固定算法的创作空间从"唯一"提升为"有限的多种",而有限的变化空间决定了算法生成物无法满足构成作品所需要的创造性要求。① 因此,在菲林诉百度案中,"可视化"功能虽然有自然人主体参与,但是"可视化"功能的报告是算法设定而产出的不同结果,并非有"个性化选择",但同时又认为威科先行库的分析报告在某种意义上可以是威科先行库"创作"而来。故无论信息技术与外界的环境如何进行变化,人机交互技术依然是输入、反应、输出等模式。②

在该案中,法院将人机交互短视频中的人机交互画面认定为不具有独创性,原因在于人机交互的识别、创作过程受控于预先设定的算法、规则和模板或资源。当交互程序本身提供的内容参数和资源配置单一,用户对于呈现内容仅需进行机械的调度时,用户并未就画面贡献创造性;当设计者对于内容参数、资源和画面的基本表达步骤和呈现进行了设计,用户人机交互的过程,只是程序把为数有限的图像或图样,在理论上进行无限的排列组合并呈现在用户界面的一种自动生成,用户在该交互过程画

① 参见陈虎:《论人工智能生成内容的可版权性——以我国著作权法语境中的独创性为中心进行考察》,载《情报杂志》2020 年第 5 期。

② 参见陈朝晖:《智能化人机交互技术在数字图书馆中的应用研究》,载《江苏科技信息》2021 年第 21 期。

面应当认为未创造性地提供新的连续画面,整体画面的独创性来源并非用户,故不具备独创性。而对于“窗花剪剪”特效道具的整体画面来看,制作者对于画面元素及其颜色搭配、静态显示、动态变化、画面排布进行了选择和设计;对画面切换方式、动态变化的过程体现了逻辑和安排;通过渲染窗框、窗帘、城市背景等,配合进度条和剪纸形状和变换轨迹、展开方式、转场效果和最终页面定格等的细节描绘,体现了整体剪窗花的情景设置和裁剪、展开过程的视觉艺术效果和美感,因而具有独创性。

可见,从本案扩大至人机交互生成物的独创性认定,需要具体分析原有算法模板生成内容和人类后续参与生成内容中,人类后续参与创作内容的独创性予以判断。

三、人机交互生成物中人类参与的“要素”认定

人机交互生成物的单独认定源自人机交互中涉及的两部分创作内容,第一部分是原有算法模板生成内容,第二部分是人类后续参与生成的内容。例如,在“游戏算法捏脸案”中,法院认为,玩家只可在该预设算法的范围内进行感知和具体操作,由此实现的所有操作效果均为呈现算法的结果,作者在创作过程中个性化的判断和选择,对于该种思想来说,仅系较为有限的“简单表达”,涉案人物形象中的脸型和五官,不具有独创性,不构成作品。①

创作性的认定通常以与他人产生不同的结果进行评判,往往是一种差别比较方法。日本学者田村善之认为,满足创作性的要件就应当解释为:创作了和他人作品不同的东西即可。② 因此,便不需要“个性化选择”评价标准,重新另寻创作性标准并且以严苛方式审视其创作过程的创作性体现。

首先,美国 Time Incorporated v. Bernard Geis Associates 案中,肯尼迪遇刺画面乃随机拍摄,我国“追气球的熊孩子”案中拍摄过程完全由气

① 参见杭州互联网法院民事判决书,(2019)浙 0192 民初 4122 号;浙江省杭州市中级人民法院民事判决书,(2020)浙 01 民终 1426 号。

② 参见[日]田村善之:《日本知识产权法》,周超、李雨峰等译,知识产权出版社 2011 年版,第 412 页。

球上相机自动拍摄的独创性认定来看，完全可以通过创作过程中的随机性以及人类对自动生成内容的介入选择承认其创作过程的创作性。人机交互中虽依据程序设定和模型而生成，但并非对现有作品或公有领域材料的简单复制或抄袭，而是通过算法对材料进行了选择、协调和安排而生成创作内容；只要人工智能的创作物与相应类别的现有作品相比有一定程度的差异和区别，哪怕是非常细微、非显而易见的，都应视为具备最低限度创造性的要求。正如微软小冰创造的“虚拟男友”，实际使用者可以通过需求输入，从而不断地调整性格，“虚拟男友”拥有自己的微信朋友圈，且在通过与实际使用者的交流过程中将其互动反映在朋友圈中。单就朋友圈发送的内容来看，“虚拟男友”所呈现的朋友圈作为一种文字呈现，是算法自动改进后完成的意料之外的行动，其主体数据、选择内容均具有随机性特征，从而导致最终的朋友圈展示无法预测。从这一层面来看，作为人类心智活动“无机化”的结果，这种无法预知的“随机性”，恰恰具有客观创作性。

其次，以人类介入的要素体现创作性的融合。人机交互中虽然由算法独立创作完成，但是并非完全独立于人类而存在，人机交互中仍在人类介入的条件下完成。大数据技术的应用并没有使人类失去生成作品的控制，反而是在不断的人机回圈过程中对已有的艺术素质的模仿、复制与重组基础上进行的再创造，其生成的内容内在地蕴含着人类的审美取向，并体现着人格个性。① 因此，在我国腾讯诉盈科案和“追气球的熊孩子”案中，都引入了人类的选择、安排的考量因素，以弥补其随机性过程中“个性化安排”这一创作性的体现。

最后，对人类介入要素的考察应当但不限于：(1)人类介入要素不以介入的量为标准；(2)人类介入要素通常包括算法的设定、输入的指令、基于需求目的等；(3)人类介入要素不考察算法生成物是否体现人类的思想、感情等要素，这也是创作性客观标准的重要内容。

基于此，人机交互中人类参与的“要素”认定，才是其具备创作性要

---

① 参见徐小奔：《人工智能“创作”的人格要素》，载《求索》2019 年第 6 期。

素的体现。

四、结语

在人机交互生成内容中,对其作品构成要件的独创性判断应分为两个部分。在原有算法模板中,因底层程序设计的部分在构成作品的前提下,应对人类参与的部分进行分开分析。若原有算法模板给予人类参与创作作品很大的空间,且人类参与不仅依靠算法程序,那么就满足独创性的要件。但如本案中,人类参与的部分困囿于原有算法模板中,则无法体现人类参与的独创性。

第十一章 “大数据杀熟”侵权行为的司法认定

杨尚东* 欧中春**

【核心问题】

网络平台的“大数据杀熟”行为如何认定？“大数据杀熟”侵犯了消费者何种权利？如何提供司法救济？

【案情简介】

原告胡某某此前在被告某旅游类经营平台APP上共消费10余万元。而后，原告在被告平台上订购酒店房间时，发现酒店挂牌标价仅为支付价格的一半。原告随后与被告协商后，被告仅退还部分差价，原告则向相关市场监管局投诉，相关市场监管局指派免费公益律师协助原告，原告遂诉至法院，称被告采集其个人非必要信息，进行“大数据杀熟”，并要求“退一赔三”，为其增加不同意《服务协议》和《隐私政策》时仍可继续使用的选项，以避免被告采集其个人信息，相应避免被告掌握原告数据对原告杀熟。

一审法院判决，被告赔偿原告订房差价并按房费差价部分的三倍支付赔偿金，且在其运营的APP中为原告增加不同意其现有《服务协议》和《隐私政策》仍可继续使用APP的选项，或者为原告修订相关《服务协议》和《隐私政策》，去除对用户非必要信息采集和使用的相关内容。

---

* 杨尚东，西南政法大学数字法治政府研究院副教授。

** 欧中春，西南政法大学公法研究中心研究员。

【分歧意见】

第一种意见认为,被告利用优势地位定高物价使原告产生“大数据杀熟”的心理符合社会一般人的心理预期,应当承担侵权责任。根据《电子商务法》第37条规定,电子商务平台经营者在其平台上开展自营业务的,应当以显著方式区分标记自营业务和平台内经营者开展的业务,不得误导消费者。《电子商务法》第9条、第15条规定,平台经营者应当在其首页显著位置,持续公示营业执照信息、与其经营业务有关的行政许可信息等信息,或者上述信息的链接标识。而被告仅标注“代理”二字,不足以让消费者明确其在与平台内的经营者订立合同。《消费者权益保护法》第8条、第20条之规定,经营者应当向消费者全面、真实地告知包括涉及服务的内容、规格和费用等信息,不得做虚假或者引人误解的宣传,以保障消费者知情权。被告多次在广告中展现其价格优势,获得被告的充分信任,导致原告作出不真实意思表示。

第二种意见认为,被告网络平台显示的物价系旅游业市场竞争的结果,不存在“大数据杀熟”的行为,不应承担侵权责任。被告认为,其属于网络平台而不是中介,不承担中介的告知义务。所标明的物价系因供求关系导致的价格波动,与平台无关。且原告的直接相对人是被告平台内的经营者而非被告,被告并未实施“大数据杀熟”行为,不应承担侵权责任。

【审判观点】

在本案中,二审法院对“大数据杀熟”进行了如下分析:

首先,原告因被告的个人信息采集,提出相关质疑具有正当性。案涉《隐私政策》明确载明被告可能将对胡某某的订单数据用于分析,从而形成用户画像。原告作为一名普通消费者在面对被告掌控平台内所有数据且事先亦告知要进行数据画像等商业利用的情况下,当得知案涉订单支付了不合理高价时,对被告产生“大数据杀熟”的疑虑合乎常理,相关主张有一定的事实基础。

其次,被告算法推荐的价格机制不透明。被告提交的142笔订单信息显示,同日入住的单价价差最大达到1600多元,同日订单价格高低与是否预定不相关,其价格机制不透明。此外,在接受案涉订单的投诉后,被告所作的核实处理亦极其不严肃,甚至存在欺骗行为,既说明其内部管理失范,更加重了消费者的不信任。

【理论探索】

一、问题的提出

胡某某因被收取高于市场价2倍的酒店房费而起诉携程的“大数据杀熟第一案”在互联网上掀起了巨大的风波。原告认为被告以大数据杀熟的方式欺诈消费者,为自身谋取不正当利益,应当增加赔偿原告受到的损失,且携程作为网络经营平台违反了法律关于个人信息的处理规定,要求增加不同意《隐私政策》仍可使用其APP的选项。“大数据杀熟”是互联网背景下算法歧视的产物,在现行法律规范对此存在立法空白时,网络平台的“大数据杀熟”行为应如何认定?“大数据杀熟”侵犯了消费者何种权利?而又如何提供司法救济实现消费者权益保护呢?这些问题乃法院审理本案的关键所在与意义。本章拟从“大数据杀熟”这一基础概念入手,对大数据杀熟的路径及侵犯消费者权益的表现进行剖析;最终落脚于互联网时代应如何为消费者权益保护提供更好的司法救济。

二、网络平台“大数据杀熟”行为的认定

(一)“大数据杀熟”行为的内涵分析

“大数据”是指无法在可容忍的时间内用传统IT技术及软硬件工具对其进行感知、获取、管理、处理和服务的数据集合。[①] 也就是说,大数据是一种数据集合,数据即信息的反映,大数据对信息进行收集、整合,形成了数据集合。同时,大数据具有海量化、多样性、价值性及高速性四大特征。当然,个人信息也是大数据的内容之一。《个人信息保护法》第4条

---

① 参见李国杰、程学旗:《大数据研究:未来科技及经济社会发展的重大战略领域——大数据的研究现状与科学思考》,载《中国科学院院刊》2012年第6期。

规定:“个人信息是以电子或者其他方式记录的与已识别或者可识别的自然人有关的各种信息,不包括匿名化处理后的信息”。如住址、电话号码等可以直接识别个人的信息,包括但不局限于此。

“杀熟”多用于传统经济模式,指经营者利用老顾客的信任获取更多利益的行为。其在我们日常生活中广泛存在,比如,在购物中心,消费者倾向于根据便利性和品牌忠诚度来选择消费,但为了增加利润,经营者往往会以高价出售给老客户,同时,以低价吸引新客户,以此实现扩大消费群体的目标。

“大数据杀熟”针对的是个体消费者,使用的信息可能仅限于个人信息。同时,“杀熟”是基于对消费者个人信息的收集和使用,而“大数据杀熟”的前提是大数据和信息技术。在此前提下,这种“杀熟”行为与以往的“杀熟”行为不同,有其独特的特点,即以使用数据算法等技术为前提。综上所述,“大数据杀熟”则指在大数据潮流不可逆转的时代,互联网经营者利用算法技术分析、收集用户个人信息,在此基础上对消费者进行分类分级别,最终对产品或服务区别定价的行为。

(二)“大数据杀熟”行为的定性之争

1. 价格歧视说

笔者利用CNKI全文数据库,设置高级检索筛选条件以“价格歧视”为主题或题名、摘要或关键词均出现“大数据杀熟”一词。从筛选出的有效文献中可以发现,学界主流观点将“大数据杀熟”定性为价格歧视行为,并且是一种典型的一级价格歧视行为,将其定性为价格欺诈行为的少之又少。①

价格歧视指经营者在提供同一产品和服务时,针对交易条件相同的消费者采取不同的定价模式,从而实现销售利润的最大化。其基本原理在于,

① 关于“大数据杀熟”的定性,通说认为是一种价格歧视行为。以高富平、王苑为代表的学者认为:“大数据杀熟”是一种价格歧视行为,但不宜纳入现行法律体系进行规制,参见高富平、王苑:《大数据何以“杀熟”?——关于差异化定价的法律思考》,载《上海法治报》2018年5月16日,B06版。在此基础上,郑智航、徐昭曦认为,它是一种一级价格歧视行为。而以王雪婷、孙晓雅为代表的学者通过对顾客忠诚度的分析而将其定性为价格欺骗行为,参见王雪婷、孙晓雅:《大数据“杀熟”对顾客忠诚度的影响实证研究》,载《电子商务》2019年第7期。但是通过检索可以发现,目前直接将“大数据杀熟”定性为一种价格欺诈行为的讨论少之又少。

经营者通过提供无差别的商品或服务,采用差别化定价模型,可以实现最小化消费者剩余的交易效应。在传统领域中,《反垄断法》和《价格法》都对价格歧视进行了规定。例如,《反垄断法》第22条禁止经营者实施价格歧视行为,禁止具有市场支配地位的经营者没有正当理由,对条件相同的交易相对人在交易价格等交易条件上实行差别待遇。然而,依赖大数据技术所实施的价格杀熟行为早已突破《反垄断法》的限制,普通经营者能够直接通过购买算法技术的方式来实施价格杀熟。在经济学中,价格歧视通常分为三种类型:一级价格歧视指销售者提供同一商品或服务制定不同的价格,并且收取的价格是消费者心理预期所能接受的最高价格。二级价格歧视是指基于消费者购买产品数量的差别定价。典型的销售模式是“第二杯半价”。三级价格歧视是指针对不同消费群体实施的差别化定价行为。这种商业模式主要根据年龄、身体状况、社会身份和其他外部特征对消费者群体进行分类,如老人免费、学生半价等。一级价格歧视与二级、三级价格歧视的区别在于经营者能否完全、清晰地区分消费群体,从而实现准确的用户画像。在一级价格歧视理论的情况下,经营者可以全面了解消费者的外部行为和内部心理特征,消费者在经营者面前没有议价能力。显然,随着算法技术的发展,一级价格歧视逐渐从理论变为现实。经营者通过收集消费者的数据信息,运用算法,可以准确区分消费者的经济状况、支付意愿等特征,从而在推销产品类型、制定价格方面“看人下菜”。

2. 价格欺诈说

“大数据杀熟”实质上是经营者违反《电子商务法》《价格法》《消费者权益保护法》等法律法规规定的明码标价义务而实施的不正当价格行为,是经营者主观上所故意实施的,违背消费者内心真实意愿的价格欺诈行为。[①] 持该观点的学者认为“大数据杀熟”行为符合欺诈的构成要件:首先,实施“大数据杀熟”行为的经营者存在欺诈的主观故意。经营者通过购买算法推荐服务,对消费者进行精准画像,进一步实施差异化定价行为,毫无

① 参见邹开亮、刘佳明:《大数据杀熟的法律规制困境与出路——仅从〈消费者权益保护〉的角度考量》,载《价格理论与实践》2018年第8期。

疑问主观上是故意的。其次,经营者实施“大数据杀熟”行为在客观上对消费者隐瞒真实价格。其实质则是经营者利用信息不对称的优势在隐瞒真实价格情况下,与消费者达成的违背真实意愿的欺诈行为。最后,消费者因经营者隐瞒真实价格的行为作出违背意愿的表示,结果上造成了财产上的损失。

但是,此观点也存在不足之处。“大数据杀熟”行为其实并不符合“欺诈”的构成要件。首先,线上经营者没有虚构事实。其次,没有告知与其他消费者交易的价格,谈不上隐瞒真实情况,况且这也是符合市场经济运行规律的。因此,“大数据杀熟”行为并不构成法律意义上的价格欺诈。并且,此种观点并未对大数据杀熟行为运行过程中存在的技术监管问题作出回应。

本案中,原告于2016年在携程上注册为用户,根据其在携程上的消费情况,属于被告列举范围内的钻石贵宾客户,依照对外宣传,理应享有酒店会员价8.5折起等特权,虽然最终支付金额并非如此。后台数据显示,尽管同日入住的单价价差之高,但被告的定价并没有虚构事实或隐瞒真实情况,当然也符合市场经济的运行规律。事实上,被告向原告出售的价格,就是滥用数据和算法工具的结果:根据原告的消费情况,收取的价格是原告心理预期所能接受的价格。

(三)“大数据杀熟”行为的路径

在互联网经济模式下,平台经营者利用算法技术,对收集到的消费者信息建立专门的数据库,在此基础上进行精准分析,对特定消费者形成用户画像,贴上“个性化标签”,再根据消费者的消费偏好和消费能力进行定价。平台经营者向消费者推送的商品信息符合消费者的喜好,同时也满足其消费预期,进而对消费者进行隐蔽的个性化定价。具体技术路径(见图1)。

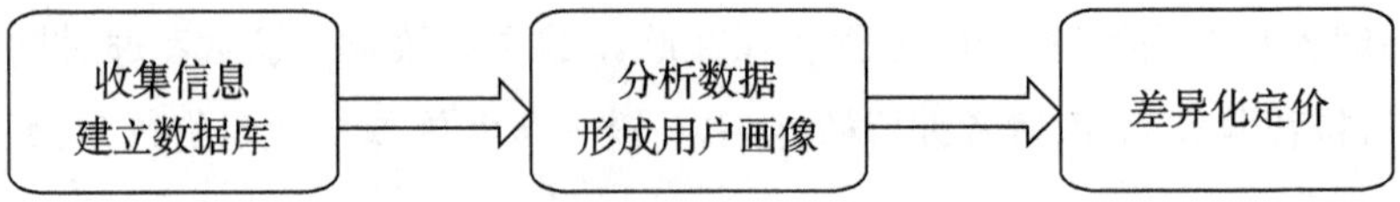

图1 “大数据杀熟”具体技术路径

1. 收集信息,建立“数据库”。消费者在注册成为互联网平台用户时,通常需要填写相关个人信息,常见如姓名、电话号码等。当然,有时还需要绑定身份证信息,才能申请成功,继而与平台间建立信息交流。那么在沟通过程中,消费者所显示出的浏览、收藏、支付、发货、评价等行为数据,便成为该平台收集的“大数据”。该平台除通过正常运行收集的数据外,经营者为了增加收集数据的准确性,还会通过人工智能技术对互联网平台用户在设备上储存的信息和互联网上的浏览数据进行收集。互联网经营者取得消费者的个人数据有多种途径。在信息收集过程中,信息收集法律关系的主体包括信息控制者和信息主体。信息控制者是收集信息的主体,在这里特指电子商务平台,它们有权收集信息并决定收集信息的目的和方式;信息主体即被收集信息者,此处特指消费者。

信息收集的方式主要有两种:一是用户根据平台的要求主动上传个人信息。消费者要想成为电子商务平台用户,需要通过电子商务平台填写或确认其个人基本情况进行注册。电子商务平台统一收集消费者所填写或确认的个人信息后,就为数据分析提供了大量素材。二是电子商务平台利用算法技术自行采集用户个人信息。消费者注册成功后在平台上与商家进行交易所产生的浏览、磋商、下单、付款等常规行为被数据秒杀,投诉等形成的非常规行为数据,经过长时间的积累及与其他平台的数据融合,逐渐演变成平台的大数据,通过收集以上信息,最终被建立为“数据库”。①

2. 分析数据,形成“用户画像”。数据分析即对数据的详细研究和概括总结。“用户画像”即电子商务平台通过算法等技术对消费者的消费清单等个人信息进行分析之后,对不同群体倾向的产品和服务以及他们购买这些产品和服务所能承受的价格进行标签化。每名用户的个人偏好、经济状况、平台依赖度等个人行为都会被当作样本收集、处理。

① 参见胡元聪、冯一帆:《大数据杀熟中消费者公平交易权保护研究》,载《陕西师范大学学报(哲学社会科学版)》2022 年第 1 期。

如互联网平台通过追踪用户的银行账户流水分析收入状况;根据消费者购买产品的类型而推测其消费喜好;参照用户使用的设备来估量其消费水平,等等。一以贯之,互联网平台习惯性用这样的手段为用户"贴标签",继而有针对性地向他们推送商品,刺激消费需求,适时提高价格,达到自身利益的最大化。诱导消费者进行消费并对商品加价,还存在部分系统在消费者未知的情况下扣费,如系统默认设置自动捆绑上次服务。追踪和分析技术使经营者营销速率得到了显著提高,公司盈利性也在提高,几乎所有目标对象都是可能获得产品或服务的目标对象。

3. 算法建模,差异化定价。根据收集信息和分析数据,对消费者的预期行为和市场竞争进行推测,电子商务平台在特定范围内对提供的商品和服务的价格进行动态调整,从而达成交易并实现利润最大化。当然,差异化定价策略能够顺利推行离不开算法工具的应用,其实质就是通过算法技术的一种价格歧视。比如,经营者通过对用户地理位置信息的分析,推测其身边竞争者的数量,并对自己提供的商品和服务在一定范围内升降价;获取用户输入频率较高的词汇和用户与平台互动的细节,来判断用户需求的商品或服务的迫切程度,并进行加价或降价,这些行为都是算法定价的呈现。为实现精准的市场营销和精细定价,当前的大数据分析和算法技术可以为每个特定的互联网平台用户提供用户数据模型。如若用户对价格浮动不敏感,就会对互联网平台继续保持信任,该平台提供的商品或服务即使发生了价格变动也不以为意。

三、"大数据杀熟"行为对消费者权益的侵害

"大数据杀熟"是算法歧视的产物。虽然也有不少学者认为"大数据杀熟"能够促进市场竞争,提高社会整体福利。但这种行为在实质上和形式上具有双重不平等[①],特别是在我国数字经济蓬勃发展的大趋势下,必然应将其纳入法律规制框架,不能将消费者权益作为牺牲代价来促进市

① 参见喻玲:《算法消费者价格歧视反垄断法属性的误读及辨明》,载《法学》2020年第9期。

场竞争和推动经济创新。根据《消费者权益保护法》《民法典》等，大数据杀熟的违法性主要体现为：侵害消费者的知情权、侵害消费者个人信息权和侵害消费者公平交易权。

（一）侵害消费者的知情权

《消费者权益保护法》第 8 条规定，消费者有权要求经营者提供商品的价格等有关情况。而“大数据杀熟”并未向消费者披露价格差异，反而将其隐藏，当然侵犯了消费者的知情权。对“大数据杀熟”行为进行法律规制，是保护消费者知情权外延的必要拓展。[①] 但也有学者认为，《消费者权益保护法》第 8 条所规定的消费者知情权仅限于“知悉其购买、使用的商品或者接受的服务的真实情况”，并未对算法个性化定价进行规定。[②] 那么具体到本案中，携程公司并未隐瞒酒店的价格，正如原告在携程网上看到的价格，确实是实实在在的数据，只是未披露其向其他消费者提供同类型酒店的价格，即隐瞒了原告与其他消费者之间存在的价格差异。笔者认为，从法律视角出发，《消费者权益保护法》中所要保护的知情权，其内容虽未包含大数据“杀熟”的情形（滥用算法权力实施的价格歧视），但是其显然不符合《消费者权益保护法》的立法精神。《消费者权益保护法》颁布于 1993 年，而算法是大数据时代的产物，在传统市场经济下制定的法律确实不能适应当前的实践现状，对大数据杀熟的规定也当然存在法律漏洞。法律运行的目的一是维护市场的健康发展，二是要充分保护群众的利益。那么，就不能局限于法律条文的字面意思，应结合时代背景，通过法律解释或司法解释去弥补法律漏洞；而且从经济学视角看，每个消费者都应当是理性的经济人，如若其知晓商品的完整信息，在很大程度上可能会作出不一样的选择。[③]

---

① 参见邹开亮、刘佳明：《大数据杀熟的法律规制困境与出路——仅从〈消费者权益保护〉的角度考量》，载《价格理论与实践》2018 年第 8 期。

② 参见刁生富、姚志颖：《大数据技术的价值负载与责任理论建构——从大数据“杀熟”说起》，载《山东科技大学学报（社会科学版）》2019 年第 5 期。

③ 参见何文芳：《大数据杀熟的价格违法性分析》，载《中国价格监管与反垄断》2020 年第 4 期。

(二)侵害消费者个人信息权

如前对“大数据杀熟”行为的路径分析,互联网经营者通过数据分析,对消费者形成用户画像,从而进行精准营销和差异化定价,潜意识地影响消费者的自主选择和消费决策,这就是侵犯消费者个人信息权的表现。虽然大数据、云计算、算法等技术的运用推动了经济社会向前发展的步伐,但是“大数据杀熟”中的数据挖掘和数据交换暴露了消费者的个人信息。平台经营者处理个人信息的活动,不可避免会对个人权益造成影响。在确保个人信息处理主要、核心目的实现的情况下,应当采取对个人权益影响最小的方式。在本案中,从《服务协议》《隐私政策》内容可知,携程公司对用户个人信息的使用并不满足于提供服务本身,而是包括更进一步的商业利用。特别是将信息分享给携程公司可随意界定的关联公司、业务合作伙伴进行数据分析和商业利用,无疑进一步加重了用户个人信息使用风险。

(三)侵犯消费者的公平交易权

《消费者权益保护法》第 10 条规定,消费者享有公平交易的权利。“公平交易权”在本条文中是指不存在强制交易,而且消费者有权获得质量和价格等方面的保证。对于《消费者权益保护法》第 20 条第 3 款关于“明码标价”的规定,存在不同理解。有学者认为“大数据杀熟”,商品价格不透明,违反了“明码标价”[①]的规定;也有观点认为,在“大数据杀熟”中,商品价格清晰地呈现给消费者,其差异化定价并不属于“明码标价”的范围。二者的争议焦点即对“明码标价”的理解,对“明码标价”是否应作扩大解释。

笔者认为,“大数据杀熟”侵犯了消费者的公平交易权。对“公平”的理解不仅是形式上的公平,而且应做到实质意义上公平。消费者购买的商品或服务是建立在对商品价格的认知上的,也就是说消费者购买的商品或服务在价格上符合其内心真意,并不存在强买强卖,消费者自主选择

① 2001 年国家发展计划委员会发布《关于商品和服务实行明码标价的规定》,其中,“明码标价”指“公开表示商品价格、服务价格”。

商品。但仅从形式上理解并不符合法律精神,如果平台经营者提供给“熟客”的商品或服务价格没有违背消费者的价格预期,那么事后消费者就不会因此而愤懑,从而起诉维权,这说明消费者并不认同平台提供给自己的价格。诚然,经营者有自主定价权,但“大数据杀熟”这种个性化定价违反了公平交易的实质。电商平台经营者利用其与消费者之间的信息不对称进行价格模糊[①],消费者在不知不觉中被“宰熟”还不以为然。正如本案中,原告作为携程 APP 的忠实客户,对其预订房价享有优惠价格充分信任,所以当携程 APP 展示涉案订单酒店价格为 2889 元时,其亦未有对价格表示怀疑。消费者在互联网语境下,根本不知晓平台经营者已针对自己抬高了价格,显然,在实质上严重侵犯了消费者的公平交易权。

四、探索消费者司法救济模式

在新时代背景下,经营者和消费者之间信息不对称的现象愈演愈烈,导致交易不平衡,因此,对作为“大数据杀熟”对象的消费者给予充分的司法救济显得尤为必要。本章拟结合现有法律法规及相关制度,并适当援引域外经验,从增加经营者责任负担的角度来维护消费者的合法权益,给予处于弱势地位的消费者倾斜保护。

(一)适用消费公益诉讼机制

消费者面对“大数据杀熟”,因为面临成本高、难度大等问题,在一定程度上打击了消费者通过提起诉讼维护自己权益的积极性。对此,消费公益诉讼主体在诉讼过程中相比普通消费个体具有明显优势,由相关团体或部门代替消费者向具有“大数据杀熟”行为的平台经营者提起诉讼,能使消费者权益得到更好的保护和救济。

我国《民事诉讼法》第 55 条和《消费者权益保护法》第 47 条规定了有权提起消费者公益诉讼的主体,其中并不包括行政机关和民间性质的消费者权益保护组织。我国目前仅将国家级及省、自治区、直辖市的消费者协会列为消费公益诉讼的适格原告,其范围明显过窄[②],消费公益诉讼

---

① 参见王恒睿:《大数据杀熟背景下的消费者公平交易权保护》,载《大数据时代》2018 年第 11 期。

② 参见邹开亮、刘佳明:《大数据杀熟的法律规制困境与出路——仅从〈消费者权益保护〉的角度考量》,载《价格理论与实践》2018 年第 8 期。

难以有效适用。对此,可以适当扩大消费公益诉讼适格主体范围。“大数据杀熟”一词最早出现在2018年,类似案例越来越多地出现,公众希望“大数据杀熟”行为得到规制的呼声也越来越高。因此,如果对消费公益诉讼适格原告的范围进行不必要的限制,将会增加消费者维权的困难性。近年来,一些民间性质的消费者保护组织的发展趋势不容小觑,这些组织具备着维权的专业知识和帮助消费者维权的核心宗旨,笔者认为,在其满足一定标准的前提下可以作为公益诉讼原告的补充,以满足现实发展的需要。此外,可以在提起消费公益诉讼的主体范围内增加行政机关作为适格原告。将行政机关纳入消费公益诉讼的原告范围,可以发挥行政机关在处理公共事务方面所具有的经验和先天优势,缓解普通消费者在参加诉讼时相对弱势的情况,以实现对消费者权益及时、有效的救济。

(二)消费诉讼中适用举证责任倒置

民事诉讼法领域举证责任实行“谁主张,谁举证”。但在互联网的虚拟环境下,消费者往往面临举证难的现实问题。首先,平台经营者具有绝对的信息优势和技术优势,数据和代码可以轻易改写,处于弱势地位的消费者往往难以获得相关数据。其次,“大数据杀熟”是针对每一位消费者的个性化定价,消费者作为独立个体当然被自然而然地隔开,价格随着变量不断波动消费者不易获得价格歧视性证据。同时,算法自身的技术门槛较高,消费者难以知晓和察觉被“大数据杀熟”。此外,网络中的数据信息不仅数量庞大,而且兼备脆弱性特征,“大数据杀熟”涉及的电子证据进行保全同样存在困难。如前文所述,即便消费者投诉平台存在“杀熟”,平台经营者也可以通过系统出现问题、优惠标识未显示等各种理由解释,而消费者对于平台解释的真实性无从验证。因此,“大数据杀熟”案件中的举证责任,可以适用举证责任倒置,将原本属于消费者的举证压力转移给保有交易信息的互联网平台经营者,由平台经营者就自己是否存在利用算法过度收集、利用消费者个人信息,并针对不同消费者实施个性化定价的事实以及相关行为是否具有正当性、必要性进行举证。具体到本案,被告在上诉请求中主张,被告并未对原告实施用户画像和精准推荐行为,原告方在对酒店专业问题不了解的情况下,仅凭自己理解即毫无依据地认为价格高,就指控被告实施了“大数据杀熟”没有任何证据证明,仅仅是其个人的怀疑与臆测。显然,原告在此种情况下很难完成举证责任,也很难胜诉。若是由被告来承担其未进行“杀熟”的主张,方可有效减轻原告的举证责任,缓解举证难的问题。

(三)优化消费诉讼案件审理流程

为使遭受“大数据杀熟”的消费者能及时保护自身权益,可以适度优化法院针对消费诉讼案件的审理流程。“大数据杀熟”背景下消费者权益受侵害案件具有其自身特点,即消费者在与平台经营者进行在线交易的过程中,与交易相关的数据本就以电子形式存在于平台经营者所运营的网站中。如果法院仍以传统的审理流程,相关证据如何以书面形式呈现将会成为消费者维权不得不面对的难题。因此,普通法院也可以参考互联网法院的审理模式,在面对诸如“大数据杀熟”下消费者维权案件时优化审理流程,运用网络、智能辅助等保证案件审理的质量和效率,同时实现保护消费者权益的目的。同时,随着突发公共卫生事件的暴发,多地法院推出的在线审理模式,通过线上平台的搭建,实现了给当事人带来便利的同时保证了司法公正。对于消费诉讼的处理,法院也可以参考上述模式,通过对案件审理流程进行适度优化,以实现在“大数据杀熟”背景下对消费者正当权益的保护。

(四)引入第三方力量缓解举证难的困境

“大数据杀熟”所涉及的主体包括消费者、经营者和网络平台,仅依靠政府的单向管控明显不够。根据美国和欧盟的治理经验,从多元合作治理的理念出发,引入社会第三方社会力量,参与整治“大数据杀熟”乱象。可以规定社会第三方力量具有一定的司法救济权限。《欧盟通用数据保护条例》(General Data Protection Regwation,GDRR)第80条规定,社会第三方机构可以提出申诉和行使司法救济权。所以我国在引入第三方力量的同时也应当保证第三方力量的申诉权和司法救济权,这在一定程度上可缓解消费者在被“大数据杀熟”过程中举证维权的困境,保障处于弱势地位的消费者合法权益。当然,第三方力量参与司法救济需要政府对其进行监督。第三方机构作为非政府组织,具有“追逐利益”的本性,需要运用行政手段去监管和审查。政府应当对第三方监督机构设置一定的资质门槛,需要审查第三方机构的专业水平和评估流程是否达到法律标准。关于第三方机构对于大数据处理手段、个人信息保护措施、算法运行过程的审查,都应合规合法。否则,第三方机构可能沦为利用“大数据杀熟”的经营者的同盟。①

五、结语

大数据的时代潮流不可逆转,在时代背景下催生的算法已然成为新型权力形态,“大数据杀熟”是算法歧视在定价方面的产物。由于《电子商务法》和《消费者权益保护法》等法律均未对互联网平台的“大数据杀熟”作出明确规定,有关大数据杀熟的行为定性等问题,在理论界和学界,抑或在司法实务界中仍然存在不同的声音。本案法院针对此问题作出回应,对于之后类似案件的裁判具有重要的参考意义和借鉴价值。面对国内外不断增加的风险挑战,我国始终坚持把优化营商环境作为推动经济社会高质量发展的支柱点。本案法院所作判决具有新颖性和前瞻性,从平衡消费者权益和平台经营者利益的角度出发,为实践中消费者层出不穷的被“宰熟”行为,提供了很好的案例指引,有利于实现促进发展与保护权利相统一。

---

① 参见彭兰:《假象、算法囚徒与权力让渡:数据与算法时代的新风险》,载《西北师大学报(社会科学版)》2018 年第 5 期。

第三编

网络不正当竞争纠纷

第十二章　利用 APP 唤醒策略实施流量劫持行为的不正当性判断

马　宁* 　沙　丽**

【案例索引】

一审案号：杭州铁路运输法院(2019)浙 8601 民初 1565 号

二审案号：浙江省杭州市中级人民法院(2020)浙 01 民终 8743 号

【审判人员】

沙丽(承办人)、万钧、盛放

【核心问题】

网络经营者采取技术措施进行应用间强制跳转的行为如何认定？互联网新型流量劫持不正当竞争行为的判定标准是什么？

【案情简介】

两原告系某网络平台系统的开发者、运营者。被告系某应用 APP 的运营者。

两原告通过公证保全发现，如果用户下载安装被告的 APP 后再使用相关程序等访问两原告系统，弹出的页面则仅显示打开 APP 的提示框，

---

* 马宁，西北政法大学行政法学院讲师。

** 沙丽，杭州互联网法院(杭州铁路运输法院)副院长。

且用户只能选择“打开”或“取消”,点击“打开”后页面直接跳转至某APP,原因在于被告在被告APP客户端的“URL Scheme”规则中输入了对应淘宝APP的协议名称“taobao”。两原告认为,被告通过篡改唤醒协议的技术手段,不当使用了原告系统对应的协议名称,强制进行应用间跳转,劫持其平台用户流量,构成不正当竞争,请求判令被告停止侵权,刊登声明消除影响并赔偿经济损失及合理维权费用共计100万元。

被告辩称,其APP系由他人开发与维护,其已尽到相应的注意义务,案涉纠纷源于URL Scheme本身技术漏洞,其不构成侵权。一审法院判决,被告立即停止侵权,赔偿两原告经济损失及合理费用50万元,并刊登声明消除影响。被告不服一审判决提起上诉,二审法院判决驳回上诉,维持原判。

【分歧意见】

第一种意见认为,网络经营者采取技术措施进行应用间强制跳转的行为劫持了平台用户流量,构成不正当竞争。被告通过技术手段修改应用间的唤醒协议,将原本应跳转至原告平台中的链接跳转至被告APP,劫持了原属于原告的用户流量。当用户安装了被告APP后,用户在其他应用软件想要打开原告平台时则被禁止,只能选择打开被告APP或取消,此种跳转冲突现象未尊重用户知情权,导致原告平台不能接受用户对于平台的平等选择,从而使软件权利人丧失了相应的交易机会,且易造成部分用户对应用软件服务来源的混淆。因此,依据合法、公平、有序的互联网行业竞争规范,涉案两应用软件之间的上述跳转冲突现象违背用户的知情权和平等选择权,已超出合理范畴,被诉侵权行为具有不正当竞争行为的性质。

第二种意见认为,被告并未强制进行目标跳转,不构成不正当竞争。本案用户下载安装被告APP后,选择应用手机淘宝时,弹出的页面仅是打开APP的提示框,用户此时仍可以选择“取消”,并未强制用户所选择的应用目标跳转至被告APP,可能未起到“商业导流”的效果。被诉行为不符合《反不正当竞争法》第12条第1款第1项“强制进行目标跳转”的规定,不构成流量劫持不正当竞争。

【审判观点】

首先,网络经营者采取技术措施进行应用间强制跳转的行为违法。(1)从技术角度分析,被告通过自定义唤醒协议的技术手段,在无正当理由的情况下将用户选择原告平台的应用目标自动导引至其所经营的APP,且用户只能选择打开某 APP 或取消。此种应用目标间跳转,就用户而言具有迫使其放弃原定应用目标选择的强制性,就原告平台而言因不能被用户选择而丧失了实际运行的可能性,妨碍、破坏了原告网络产品的正常运行。(2)从行为正当性方面分析,网络市场中的 APP 应用软件是海量的,每个应用软件被用户主动选择并下载安装是经营者付出积极努力从自由竞争的市场中赢得用户的结果。被告擅自使用该协议名称,剥夺用户的知情权和自由选择权,违背了诚实信用原则和公认的商业道德。(3)从损害后果分析,被告网络流量劫持行为会导致原告原有的交易机会流失,从而为自身创造更多的商业机会,扰乱了公平的网络市场竞争秩序。

其次,该违法行为构成不正当竞争行为。依据《反不正当竞争法》第二章对各类不正当竞争行为的规定中属于具体规范的规定,结合《反不正当竞争法》第 12 条的规定分析可知:该被诉行为是利用技术手段干扰他人网络产品或者服务正常运行,且从公共利益、经营者利益和消费者利益进行"三元叠加"予以综合考量可知,被告行为构成不正当竞争行为。

【理论探索】

一、问题的提出:数字经济与竞争法

在 2010 年前后,以互联网为代表的数字产业获得高速发展,数字经济产生了新的创新和发展元素,并进一步推动人类社会向由"数据驱动"的历史阶段全面迁移,这无疑建立了秩序和规范系统范式变革的基础。我们今天所面对的核心问题是,如何在法律的语境下去理解、阐释和解决围绕数据利用所产生的一系列新生性社会矛盾,并在越来越难以自洽的

法益冲突中探寻可被接受的妥协空间,这对于竞争法的演进同样具有重要意义。

在互联网兴起的数十年,数字经济与竞争似乎并没有表现出强烈的紧张关系。早期的互联网立法倾向于将以互联网为代表的信息技术视为拉动国家经济增长的重要引擎,竞争被视为促进技术发展的重要方法和手段。例如,美国在 1996 年通过了新版《电信法》(Telecommunications Act of 1996)对 1934 年的《通信法》(Communication Act of 1934)进行了全面修订,旨在"促进竞争"和"减少监管",鼓励新兴信息技术的部署和应用。《电信法》在整体上将电信业务划分为相互排斥(exclusive)的两类,即接受重度监管(highly regulated)的"电信服务"(Telecommunications services)和接受轻度监管(lightly regulated)的"信息服务"(Information service)。其中,信息服务就非常贴近于我们今天所指的互联网信息服务。

"电信服务"和"信息服务"之间最大的区别在于是否属于"面向公共的基本服务",更重要的是,是否需要接受严格的市场竞争监管。这种划分标准在美国具有非常悠久的可追溯的立法沿革。早在互联网商业化之前,美国联邦法律就已经在诸如传统电话业务等监管较为严格的公共服务和监管较为宽松的其他服务之间厘定了清晰的界限。1966 年,美国联邦通信委员会(FCC)通过"第一次计算机问询决定"建立了"基本服务"(basic service)和"增强服务"(enhanced service)的二分法。在 1980 年的"第二次计算机问询"决定中,FCC 进一步阐明,基本服务是提供一种"在通信路径上的纯传输能力",并且"受《通信法》第二编(Title Ⅱ)的监管"。与此对应,增强服务是"通过电信网络提供的任何服务,而不仅是一种基本的传输服务"。例如,计算机处理应用程序对于用户信息的内容、代码、协议和其他事项进行的操作,便可属于增强服务。FCC 认为,增强型服务不应受到《通信法》的监管。也就是说,针对新兴的互联网信息服务,不需要接受《通信法》Title Ⅱ项下的严格监管,不需要遵守网络中立"三禁令",即禁止封堵、禁止流量调控、禁止付费优先。这一立法原则在今天仍然具有非常明显的指导意义。①

但近年来，随着数字经济规模的不断扩大，少数市场参与者开始通过越来越广泛的竞争行为获得“优势地位”，开放的竞争监管政策尽管带来了显而易见的创新动力，但同时也为“反竞争行为”提供了巨大的弹性空间。在 2019 年前后，数字市场的竞争问题迎来了新的历史转折点，并实质性地触碰到“数字竞争”这一颇具争议的核心问题。欧盟委员会在 2020 年 2 月发布的《欧盟数据战略》中同样对此表示了担忧，认为在数据的访问和使用方面，欧盟存在市场失灵的现象，大型在线平台等少量市场参与者能够积累大量数据，并从这些丰富多样的数据中建立竞争优势，这转而会影响市场的可竞争性——不仅会影响此类平台服务市场，还会影响平台所提供的特定商品和服务市场。

2019 年欧盟委员会在发布的《数字时代的竞争政策》报告中对数字经济与竞争的关系进行深刻的反思，其指出，数字化正在深刻地改变着欧盟公民的经济、社会、信息获取和生活方式，这产生了可喜的创新、产品和服务，并已成为日常生活中不可或缺的一部分。但欧盟越来越担心数字化对政治和社会的影响，特别是对相关市场“可竞争性”构成的减损。欧盟委员会认为，数字经济具有的三个显著的特点可能彻底改变现有的竞争关系，并为不断出现的不正当竞争活动提供可能。首先，数字经济具有极大的回报率，数字服务的生产成本远远低于客户数量的比例。虽然这种特点并不具有新生性，但数字世界将其推向了极致，这会给现有企业带来显著的竞争优势。其次，数字经济具有明显的网络外部性，使用一项技术或服务的便利性随着用户数量的增加而增加。因此，新进入者仅仅提供比现有者更好的质量和更低的价格是不够的，其还必须说服市场主导者的用户向自己的服务迁移。因此，网络效应可能会阻止一个优势平台取代一个已确立的主导平台。这种“在位优势”取决于许多因素，包括数据可移植性和数据互操作性。最后，数据在数字经济中扮演着重要角色，

① 例如，在 2018 年 AT&T 和时代华纳的并购案中，美国司法部提出的竞争性担忧并没有被美国联邦地区法院所采纳，其背后也有这一立法精神的影子。但该案同样引发了关于“美国竞争法已跟不上现实”的激烈探讨。

技术的发展使市场参与者能够收集、存储和使用大量的数据。数据不仅是人工智能的关键组成部分,也是许多在线服务、生产流程和物流的重要输入。因此,利用数据开发新的创新服务和产品的能力是一个具有竞争力的参数。

这些特点导致的结果是出现了强大的“规模经济”,这有利于经济生态系统的发展,但同样存在一种合理担忧,即作为市场参与者的数字业务经营者有强烈的动机从事不正当的竞争行为。这些因素在很大程度上影响着数字经济中的竞争形式,这依赖于强有力的竞争政策,也进一步使调整竞争法的适用方式成为必要。一个不容忽视的客观事实是,竞争法在塑造公众对未来数字信任的法律环境方面发挥着越来越重要的作用。“后工业时代”的基本社会发展进程是围绕信息技术展开的,信息技术革命在本质上就是一场资源替代的革命,当数据资源代替传统物质资源成为主导型的可利用资源时,以“资源争夺”为目标的竞争关系和竞争环境都发生了根本性变化。但对于大部分市场参与者而言,技术的“不可见性”正在深切改变着我们对于竞争行为的理解。例如,在诸多数字应用场景中,竞争行为的“直观性”和“可预测性”均受到了较大削弱,对于数字经济的竞争问题,这一点表现得尤为明显——在古典经济学那里,竞争的本质也许从未发生过变化,但竞争行为确实正在变得模糊化和隐匿化,这也引发了明显的不确定性公平障碍,提出了新的竞争法时代命题。

例如,在我们所探讨的案例中,利用APP唤醒策略实施的流量劫持行为便具有明显的技术性特点,其“不正当性”并非显而易见,对于是否能够无争议地适用《反不正当竞争法》的规则也存在截然不同的分歧观点。本案系杭州互联网法院审理的首例涉及利用手机APP唤醒策略实施流量劫持的网络不正当竞争纠纷案件,积极回应了数字经济中突出的竞争性问题,明确了互联网新型流量劫持不正当竞争行为的判定标准。对于数字经济的竞争问题,本案具有积极的示范意义和参考价值。

二、流量劫持的概念廓清

“流量劫持”并不是一个明确的法定概念,迄今为止没有出现过明确的法律界定。

在技术语境下,“流量”同通常理解的意义不同,但具有非常重要的类比性。根据现代汉语词典的解释,流量系指在单位时间内通过的流体量,或在单位时间内,通过的人员、车辆数量。那么,我们所探讨的“网络流量”就可以简单地理解为单位时间内通过特定网络终端节点的用户访问数量,或“为了计量用户访问的网页数据和页面所被浏览次数中的数量集合”。[①] 作为我国首部互联网服务标准,2011 年由工信部正式发布的《互联网服务统计指标　第 1 部分:流量基本指标》对网络流量评估的指标体系进行了系统性归纳,也侧面体现出网络流量的基本概念内涵,其中具体包括独立 IP 地址数、独立访客数、页面浏览量、访问次数和访问时长。[②] 可以简单理解为上述内容的集合通过数据加以客观表达的形式就是网络流量。

网络产品和服务提供的基本模式以“免费”为惯例,大部分应用场景下,用户并不需要对使用行为支付货币意义上的对价[③],网络产品和服务提供者的营利方式主要依靠“流量变现”,即以流量作为判断网络产品和服务价值以及相应“用户黏性”的标准,通过广告服务、增值服务获取收益。这一逻辑并不难理解,这就好比现实场景中,实体经营者店面的客流量越大,那么其售出产品获得利润的机会就越多,发展潜力也就越大。为此,流量是网络产品和服务整个产业链中产生经济利益的基础,这也是为何当前数字经济逐渐开始进入到一个所谓“流量时代”的根本原因。流量逐渐凸显出的高价值性也引发了关于民法意义上“财产”属性的广泛学术探讨[④],受限于篇幅,在此不做展开。

但正如任何高价值属性的资产都会产生明显的“蜜罐效应”一样,流

---

① 季境:《互联网新型财产利益形态的法律建构——以流量确权规则的提出为视角》,载《法律科学(西北政法大学学报)》2016 年第 3 期。

② 参见中华人民共和国通信行业标准《互联网服务统计指标　第 1 部分:流量基本指标》(YD/T2134. 1 –2010)。

③ 但客观而言,这种“免费”只是形式意义上,用户需要通过让渡其他财产性利益来作为换取网络产品和服务的对价,例如个人数据。

④ 事实上,将流量归于民法意义上的“财产”目前还存在一定的理论障碍,如在财产属性的三要素中,流量至少在“稀缺性”和“可交易性”方面并不完全符合,当前的立法态度和司法实践也尚不明朗。

量作为网络产品和服务盈利的基础,逐渐成为数字竞争的焦点,“流量劫持”行为开始广泛出现。从术语使用的情感表达便可以发现,“流量劫持”本身即带有强烈的“否定性评价”色彩。“流量劫持”属于“流量竞争”的一种方式,但不同于通过正当合理方法的流量争夺[①],“流量劫持”系指通过技术手段将原本流向其他经营者的流量,诱导或迫使流向特定对象并为其带来收益的行为。[②] 根据上述定义,“流量劫持”事实上可以通过“诱导”和“强迫”的方式加以实现,前者是指通过误导或欺骗式的技术手段使用户产生认识混淆,典型的如,我们经常遇到的“山寨网站”,其在域名注册和网站设计方面与用户希望访问的网站高度相似,使用户误认为访问了正确的网站而进行后续操作,达到引流或“搭便车”的目的。而后者则是通过“破坏式”的技术手段强行将用户跳转至目标网站,典型的如 DNS 劫持,即通过入侵终端服务器对域名信息进行篡改,使用户输入的域名被服务器错误地解析至其他网站,进而达到控制用户访问路径的目的。由此可见,“流量劫持”本质上是违背用户意愿(无论是诱导还是强迫)的用户访问控制行为,其通用的模式场景是,用户希望访问或使用的是 A 网络产品或服务,却被恶意地引导访问或使用了 B 网络产品或服务,在这一过程中,B 网络产品或服务即获得了原本应属于 A 网络产品或服务的流量及其可能产生的经济利益。

三、流量劫持的竞争法规则:“互联网专条”及其适用

在 1993 年制定《反不正当竞争法》时,我国尚未进入互联网时代,自然也就不可能出现针对数字竞争的专门性条款。但是,以互联网为代表的信息技术在此后数年获得了高速发展,基于庞大的用户市场,我国互联网应用的创新性和多样性一直冠绝全球,这意味着我国面临的新型数字竞争问题在全球范围内都是开创性且缺乏“先验经验”的,这也使《反不正当竞争法》的正确适用存在非常广泛的“待解释”空间。在引

① 例如,通过提升网络产品和服务质量、增加宣传、营销创新等方式吸引用户,增加终端访问量。

② 参见吴莉娟:《互联网新型不正当竞争行为的类型化研究——兼论类型化条款之完善》,载《竞争政策研究》2019 年第 6 期。

入“互联网专条”之前,司法实践通常适用“一般条款”来调整与数字竞争有关的争议,但这高度依赖于法官对于“诚实信用”“公平公正”等宏观原则在现实技术应用层面的理解,特别是在缺乏明确法律规定的情况下,对于数字竞争问题的判定和解决很容易出现“越权造法”的质疑和诟病。

为了解决上述矛盾,并在互联网空间中构建有序的竞争环境,我国于 2017 年对《反不正当竞争法》进行修订,正式引入了“互联网专条”,从根本上解决了数字竞争“无明确依据”的尴尬现状,在“一般条款”之外为规范数字竞争提供了更为明确的指引。《反不正当竞争法》第 12 条规定:

“经营者利用网络从事生产经营活动,应当遵守本法的各项规定。

经营者不得利用技术手段,通过影响用户选择或者其他方式,实施下列妨碍、破坏其他经营者合法提供的网络产品或者服务正常运行的行为:

(一)未经其他经营者同意,在其合法提供的网络产品或者服务中,插入链接、强制进行目标跳转;

(二)误导、欺骗、强迫用户修改、关闭、卸载其他经营者合法提供的网络产品或者服务;

(三)恶意对其他经营者合法提供的网络产品或者服务实施不兼容;

(四)其他妨碍、破坏其他经营者合法提供的网络产品或者服务正常运行的行为。”

总体来看,“互联网专条”大致涵盖两个部分的核心内容:一是建立了“线上线下同等适用”的竞争法规则,明确利用网络从事生产经营活动同样需要遵循反不正当竞争的规范系统,这从根本上排除了数字竞争相较于传统竞争的“特异性”问题。尽管“技术性”确实可能产生明显的竞争样态差异化,但从竞争的本质及附随的相关法益诉求判断,数字竞争只是一种典型的“技术工具化”过程,其并没有产生任何实质性的制度突破。这为数字竞争全面落入现行竞争规范系统奠定了坚实基础,也为《反不正当竞争法》解决新型数字竞争问题提供了非常广泛的“弹性空间”。例如,在后续如果出现无法被互联网专条“类型化”规则所涵盖的数字竞争行为,法官仍然可以依据这一规定在其他竞争法规则中选择可适用的"类推性"条款。二是对数字竞争中的不正当行为进行了"类型化"归集,具体包括本文所重点探讨的"流量劫持""影响他人网络产品和服务""恶意不兼容"三种类型,积极回应了数字竞争中普遍出现的热点争议。同时,此部分也设置了"兜底条款",以解决技术和商业模式快速变动可能产生的"稳定性"和"适用性"风险。

在"互联网专条"中,直接对应本章涉及的"流量劫持"问题的是第2款第1项规定,即"未经其他经营者同意,在其合法提供的网络产品或者服务中,插入链接、强制进行目标跳转"。但该款规定在出台后一直存在关于其适用性的诟病,其中最为重要的两点在于:一是该款规定只强调了"未经其他经营者同意",被认为缺乏对于用户利益保障的合理考量。二是关于"强制进行目标跳转"如何进行理解?其应当限缩解释为用户毫无选择权和控制权,还是应当扩大解释为在用户具有选择权和控制权的情况下违背用户意愿进行跳转?如在本案核心讨论的案例中,被告对于用户只提供了"打开"或"取消"的选项,用户选择点击"打开"后页面直接跳转至被告运营的APP,而非用户意欲跳转的淘宝APP,这种做法是否属于"强制跳转"?

为此,为了进一步澄清相关质疑,使"流量劫持"条款更具可操作性,2022年3月,《最高人民法院关于适用〈中华人民共和国反不正当竞争法〉若干问题的解释》(法释〔2022〕9号)公布,其中第21条明确规定:

未经其他经营者和用户同意而直接发生的目标跳转,人民法院应当认定为《反不正当竞争法》第12条第2款第1项规定的"强制进行目标跳转"。

仅插入链接,目前跳转由用户触发的,人民法院应当综合考虑插入链接的具体方式、是否具有合理理由以及对用户利益和其他经营者利益的影响等因素,认定该行为是否违反《反不正当竞争法》第12条第2款第1项的规定。

根据上述司法解释,在"强制跳转"场景下,存在两项明确的行为构成要件:一是需同时违反其他经营者和用户的同意(这里回应了上述关于用户权益保障缺失的质疑)。二是"直接发生的目标跳转",即自动化的跳转方式(这里回应了上述关于"强制"的认定标准)。可以认为,用户在此种跳转方式中不具备任何实质意义上的选择权和控制权。这就极大地限缩了"强制跳转"的法定范围,使司法认定变得极为直观和可操作。在这里需要注意,非自动化的跳转方式同样可能触发关于"强制跳转"的不正当性认定,但需要更为丰富的综合要素考量。这一解释对于当前更为广泛的"流量劫持"行为更具实践意义,因为相较于其他经营者对于"流量劫持"显而易见的"不可接受"态度,用户对于"跳转选择"往往具有偶发性,用户通过选择(如点击)而实现的跳转并不一定绝对违背用户意愿,从更全面的利益平衡角度出发,上述司法解释关于"强制跳转"的认定具有相当程度的合理性,避免了"一刀切"认定标准可能对创新产生的阻碍影响,强调了用户自身的"自觉自愿",也是"非公益必要不干扰"原则的现实体现。

从上述规定可以发现,我国针对"流量劫持"事实上已经形成了较为清晰的法律规制框架,尽管其中仍然存在需要"个案审查"的裁量空间,但对于"流量劫持"不正当性的认定已经建立了可供参考的指引思路,为本文针对利用 APP 唤醒策略实施流量劫持的不正当性分析奠定了基础。

四、利用 APP 唤醒策略实施流量劫持的不正当性分析

(一)利用 APP 唤醒策略实施流量劫持的行为分析

"APP 唤醒"是 IOS 系统中实现跨 APP 跳转功能的技术解决方案,在 IOS 系统中,通常各 APP 是相互独立的,例如,在互不相关的 APP 中,我们通常是无法在使用一个 APP 的过程中任意跳转或使用其他 APP 的。但为了增强功能聚合并提升 APP 使用的便利性,IOS 系统允许 APP 开发者通过 IOS 系统的 URL Schemes 应用间跳转协议(APP 唤醒协议)来实现跨 APP 服务共享,如我们在微信和支付宝项下的"服务"选项中,通过点击相应服务类别可以快速跳转至其他 APP 接受相关服务。URL Schemes 的应用原理是,每个 APP 在提交给 IOS 的 info. plist 文件中注册一个或多个 scheme 作为该 APP 在 IOS 生态系统里的唯一身份标识,使

“发起跳转 APP”通过 scheme 跳转到相应的“接受跳转 APP”①。

那么,在跨 APP 的跳转过程中,scheme 的正确性就成为跳转成功的关键。scheme 的功能与我们所熟知的域名很类似,用于帮助 IOS 系统识别与 scheme 相对应的 APP,进而实现指向性的跳转访问。不难发现,一旦 scheme 出现了错误,IOS 系统就无法识别“接受跳转的 APP”,也就无法将用户引导至正确的 APP。本章分析的案例中,被告正是通过篡改 scheme,将本应访问淘宝 APP 的用户引导至自己运营的 APP。其做法是,在自己运营的 APP 客户端的跳转协议中使用对应淘宝 APP 的“taobao”Scheme,进而在跨 APP 跳转过程中,使 IOS 系统错误地将被告运营的 APP 识别为淘宝 APP,将意欲访问淘宝 APP 的用户跳转至被告运营的 APP。

(二)利用 APP 唤醒策略实施流量劫持的不正当性判断

本案中,如果用户下载安装被告的 APP 后再使用相关程序等访问两原告系统,弹出的页面则仅显示打开 APP 的提示框,且用户只能选择“打开”或“取消”,点击“打开”后页面直接跳转至某 APP。基于这一基本案件事实,本案中被告的行为无法直接认定为“强制跳转”情形(因为用户事实上具有选择“取消”的可能性),根据最高人民法院的司法解释,这一行为是否具有不正当性,应当综合考虑该行为对用户利益和其他经营者利益的影响因素。

首先,从技术角度分析,被告通过自定义 APP 唤醒协议的技术手段,实质性地妨碍和破坏了 IOS 系统淘宝 APP 的正常流量获取。本案中,被告在其运营的 APP“URL Scheme”规则中使用“taobao”这一身份识别符,使 IOS 系统将本应跳转至淘宝 APP 的请求错误地引导至被告运营的 APP,这一行为的客观结果是,被告无正当理由使用户跳转至与其需求完全不同的 APP,且用户只能选择打开被告 APP 或取消。此种应用目标间跳转,就用户而言具有迫使其放弃原定应用目标选择的强制性,就原告运

① 参见杭州互联网法院:《发布|杭州互联网法院 2020 年度知识产权司法保护十大案例》,载微信公众号“杭州互联网法院”2021 年 4 月 26 日,https://mp.weixin.qq.com/s/xAjVykTmZJ46awEps1L7HQ。

营的 APP 而言,因不能被用户选择而丧失了实际运行的可能性,妨碍、破坏了原告网络产品的正常运行。

其次,从行为止当性方面分析,网络市场中的 APP 应用软件是海量的,每个应用软件被用户主动选择并下载安装是经营者付出积极努力从自由竞争的市场中赢得用户的结果。"淘宝"作为原告运营的公认协议名称,具有较高的知名度和识别性,在公众中能够形成指代原告运营的应用软件的稳定联系。被告在经营活动中对他人使用在先并具有较高知名度的通用协议名称应予以避让,以免造成混淆、误认的后果。被告擅自使用该协议名称,剥夺了用户的知情权和自由选择权,违背了诚实信用原则和公认的商业道德。

最后,从损害后果分析,如前所述,流量是衡量网站和应用软件经济效益的核心指标,具有明显的商业价值属性。两原告经过经营积累已拥有数量众多的用户,积累了在互联网行业中的竞争优势。被告 APP 网络流量劫持行为会导致原告的交易机会流失,从而使其丧失了可能的商业机会,扰乱了公平的网络市场竞争秩序。被告在未获同意的情况下,采用技术手段强制进行目标跳转的行为,构成不正当竞争。

五、余论

本章所重点探讨的"流量劫持"问题只是日益激烈的数字竞争中的一个直观面向,"流量劫持"事实上仍然是"数据竞争",而且在现实表征中正在演化得越来越复杂。如果从更深层次挖掘,"流量劫持"的本质是通过限制其他经营者的数据获取能力,来达到提升和固化自身"竞争优势地位"的目的。当前,在欧盟和美国关于"数字竞争"的阐述中,已经可以发现诸多与此相关的担忧,这些担忧集中体现在经营者通过建立数据收集和使用优势(如本案中通过"流量劫持"行为限制其他经营者的数据访问),形成所谓的"竞争情报",并以此作为打击和限制竞争对手的方法。

但对于数据在竞争关系中的作用,一直以来始终存在"除魅"的声音,例如,认为数据并不稀缺、数据并不排他、数据没有法律上的所有者,所以并不存在“数据垄断”的客观性。[①] 却以为,尽管在开放的数字市场环境下,数据确实很难做到绝对的独占或排他——例如,在本章探讨的案例中,用户仍然能够通过其他渠道访问原告 APP,“流量劫持”的影响在数据意义上并不具有绝对的“排他性”——但在越来越多的实例中,已经可以发现“通过限制数据访问而实现的排除竞争对手”的潜在可能,特别是在包含特殊内容的数据类型上(如流量数据),这一趋势更加明显。典型的如,2015 年 Facebook 对 Six4Three 公司的数据访问阻断最终导致了后者的破产。经济合作与发展组织(Organization for Economic Co-operation and Development,OECD)已经明确将“数据驱动”作为 21 世纪经济发展最为重要的支柱,阻断竞争者的数据访问能力,无疑将具有更显著的竞争破坏力。

在此背景下,正如欧盟委员会所指出的那样,竞争法或竞争规则是否适合应对经济数字化带来的挑战,是一个没有普遍答案的问题。这个问题只有在具体场景中才能得到合理回答。不过,有一点是可以肯定的,即竞争法旨在应对不断变化的市场,竞争法在数字经济中仍然有其不可替代的积极意义,我国在 2017 年《反不正当竞争法》修订后引入的“互联网专条”,将作为“背景制度”持续发挥有益的作用。竞争法所特有的分析模式,即对市场和市场失灵的彻底研判,势必将有助于重新定义数字经济的法律框架,并为经营者、决策者和公众辩论提供重要指导,这也决定了数字竞争是一个值得长期跟踪和研究的基础性命题。

---

① 参见许可:《数据垄断真的存在吗?》,载 FT 中文网 2017 年 12 月 26 日,https://www.ftchinese.com/story/001075626?archive。

第十三章　网络直播流量造假行为的司法规制

王　镭[*]　郑　通[**]　张　翀[***]

【案例索引】

一审案号：杭州互联网法院（2021）浙0192民初1255号

二审案号：浙江省杭州市中级人民法院（2021）浙01民终10373号

【审判人员】

倪德锋、张翀（承办人）、马菁

【核心问题】

网络直播流量造假行为如何通过法律规制？是否构成虚假宣传行为？具体判断标准是什么？

【案情简介】

原告系某平台的运营主体，两被告分别为某直播场控助手软件的开发者杭州某公司及其法定代表人程某。被告杭州某公司事先通过租用或其他方式取得真实批量的原告平台账号使用权，从而使用户在注册上述软件账号并充值后，只要添加对应直播间的账号，就能批量使用原告平台账号有针对性地在直播时添加关注数，进行批量点赞、送礼物、评论、关

---

* 王镭，华东政法大学中国法治战略研究院特聘副研究员。

** 郑通，上海市奉贤区人民法院法官助理。

*** 张翀，杭州互联网法院（杭州铁路运输法院）互联网审判第二庭法官。

注、加粉丝团等操作。后经统计,两被告利用该软件共收取用户充值款项达49万余元。

原告认为两被告侵害了消费者的知情权和选择权,危害公共利益,构成不正当竞争,遂诉至法院,请求判令两被告立即停止不正当竞争行为,并连带赔偿经济损失及维权合理费用。最终法院判决,认定被告杭州某公司的涉案行为构成虚假宣传的不正当竞争行为。

【分歧意见】

第一种意见认为,被告杭州某公司通过批量使用涉案原告平台账号,对指定用户的直播间批量进行操作,制造出虚假的直播间热度或人气,该行为严重违反诚实信用原则及商业道德,侵害了原告合法的竞争性权益、商业利益及消费者的合法权益,严重扰乱市场竞争秩序,为维护互联网直播营销健康有序发展,应当适用《反不正当竞争法》第8条规定进行评判。

第二种意见认为,被告杭州某公司使用的技术方法客观上存在对原告运营的平台进行干预的情形,妨碍、影响原告平台的运行效果,应当适用《反不正当竞争法》第12条第2款第4项规定予以规制。

【审判观点】

法院针对流量造假行为的审理思路如下:

首先,网络直播流量造假行为具有虚假宣传的目的。被告杭州某公司开发运营的被诉侵权软件通过操控真实批量的涉案原告平台账号,同步制造直播间的相关虚假人气、热度、数据,帮助主播实现对其直播关注数、粉丝数、点赞量及评论次数等行为,诱导消费者对虚构数据产生错误认知,具有虚假宣传的主观目的。

其次,网络流量直播造假行为的损害后果打破市场公平竞争,损害公共利益。(1)被告杭州某公司通过虚假人气推荐的非优质内容极易导致用户关注的短期性,长此以往会导致用户流失。(2)被诉软件批量化的操作方式额外增加原告运行的数据量和数据流,增加平台治理难度和成本。(3)网络直播流量造假行为违背网络直播行业的公认商业道德,破坏涉案平台直播间评价推荐体系以及原告运营软件所打造的原本真实、诚信的互动生态系统,损害了其他经营者和消费者的合法权益,扰乱了市场竞争秩序。(4)构成我国《反不正当竞争法》第 8 条第 2 款所规制的不正当竞争行为。

【理论探索】

一、问题的提出

随着互联网产业蓬勃发展,"流量"(traffic)一词被赋予了新的内涵,在计算机领域,它代表了网站的用户数量和访问量,而在数字营销领域,它代表了粉丝量、收藏量、曝光量等营销数据。① 随着 2016 年互联网直播行业迎来的爆发式增长,②流量造假的产业化触手也随之向新领域渗透,并形成庞大的灰色利益链条,这令监管之手鞭长莫及,更给涉网司法实践带来挑战。③ 由于造假行为所影响的直播观看数据、关注数据、留言互动数据等并不涉及对销售状况的直接描述,也不具备广告宣传所应具有的对商品或服务的介绍性,但因其违背诚实信用原则,破坏市场正常竞争秩序,因此在司法实践中逐步落入《反不正当竞争法》的规制范畴。《反不正当竞争法》在 2017 年的修订过程中增加了"互联网专条",以解决涉网不正当竞争纠纷中的原则性条款过度适用、类型化条款适用不足的问题,④同时也在虚假宣传、商业混淆等传统不正当竞争行为认定规则中增

---

① 参见中国信通院、中国广告协会、中国互联网协会:《数字营销异常流量研究报告(2022 年)》,载中国信息通信研究院,http://www.caict.ac.cn/kxyj/qwfb/ztbg/202203/P020220314605106336626.pdf。

② 参见任翔:《网红经纪公司 CEO:网络主播月薪 10 万? 基本都是假的》,载澎湃新闻 2016 年 8 月 1 日,https://www.thepaper.cn/newsDetail_forward_1506832。

③ 2019 年,北京互联网法院首次在民事审判当中给虚假流量交易定性为"违反公序良俗"而无效,并收缴违法所得。参见中央政法委长安剑:《全国首例! 网络"暗刷流量"第一案宣判》,载上观新闻 2019 年 5 月 25 日,https://www.shobserver.com/staticsg/res/html/web/newsDetail.html? id=153228&sid=67。

④ 《反不正当竞争法》第 12 条采用了"列举+兜底"的规范模式。参见张璇、曹丽萍:《"互联网专条"存废之争与规范模式的思考》,载《法学杂志》2017 年第 12 期。

加涉网要素。[①] 在对法律进行“互联网化”改造的同时,有学者进一步讨论如何以《反不正当竞争法》的类型化思维重新审视涉网不正当竞争行为的定性问题,认为流量造假行为可以落入“虚假宣传”的规制范畴当中。[②] 此观点可以得到部分实务做法的支持,[③]但也不乏反对意见,[④]且实践中对于虚假宣传条款(《反不正当竞争法》第8条)与互联网专条(《反不正当竞争法》第12条)的相互关系与适用规则也未有一致性意见。[⑤] 因此,如何给网络直播流量造假行为进行定性,明确相关法律条款的适用规则,对于促进直播产业健康发展、统一法律适用规则与裁判尺度而言具有重要意义。

二、网络直播模式解构

讨论网络直播流量造假是否属于虚假宣传,首先需要就网络直播是否符合《反不正当竞争法》第8条中的有关语义进行探讨,分析网络直播产业参与主体、运营模式以及相应行为的法律属性。

(一)网络直播的界定及分类

为明确本文所讨论之对象,笔者先就“网络直播”一词的内涵进行必要的解释与界定。参照《互联网直播服务管理规定》第2条第2款、《网

---

① 如《反不正当竞争法》第6条在混淆行为中增加域名、网站等内容,第8条在虚假宣传行为中增加与电商相关的销售状况、用户评价等内容。

② 参见吴莉娟:《互联网新型不正当竞争行为的类型化研究——兼论〈反不正当竞争法〉类型化条款之完善》,载《竞争政策研究》2019年第6期。

③ 例如,在北京市海淀区人民法院民事判决书,(2020)京0108民初6685号;北京知识产权法院民事判决书,(2021)京73民终450号中,法院认为直播数据是平台公司赢得竞争优势的重要保障,流量造假行为使消费者对产品或服务产生误解,影响公司经营决策和正常市场秩序,属于虚假宣传,应适用《反不正当竞争法》第8条第2款。又如,在市场监管总局发布的执法典型案例中,对于增加直播在线人数的直播间流量造假行为,行政执法部门可直接适用《反不正当竞争法》第8条第1款。参见《2021年度重点领域反不正当竞争执法典型案例——网络虚假宣传篇(第二批)》,载中国政府网,http://www.gov.cn/xinwen/2021-07/28/content_5627909.htm。

④ 有观点认为流量造假行为超过了虚假宣传的涵摄范围,适用“互联网专条”更具正当性。参见王琴:《提供虚假刷量服务构成不正当竞争》,载《人民司法》2021年第11期。

⑤ 例如,在江苏省高级人民法院民事判决书,(2019)苏民终778号中,江苏省高级人民法院就刷量行为同时适用了《反不正当竞争法》第8条第2款与第12条,但是在浙江省杭州市余杭区人民法院民事判决书,(2020)浙0110民初6262号中,杭州市余杭区人民法院认为,对刷量行为同时适用两个条款属于重复评价,通过目的定性(虚假宣传)比手段定性更为恰当。

络直播营销管理办法（试行）》第2条的有关表述，笔者将本文所讨论的“网络直播”一词定义为：通过互联网网站、应用程序等互联网平台或媒介，采用视频直播、音频直播、图文直播或多种直播相结合等形式实时传播信息并获取收益的经营性活动。网络直播活动中的参与主体主要分为直播运营者（主播）、直播平台与观众（消费者）三类，直播平台系提供直播服务的平台，包括提供音视频服务、电子商务服务的各类平台，直播运营者系借助直播平台或自建平台直接发布直播内容的个人或组织，而观众（消费者）则为接受直播服务并进行付费的个人。[①] 在常见的网络直播活动中，直播运营者会通过直播平台及时发布直播内容，观众通过直播平台收看相应内容并与直播运营者展开商业互动。网络直播利用了互联网的普及范围广、可接入性强、易于互动等特点，与传统互联网信息传播方式所具有的双向性与任意性不同的是，网络直播下信息的传播具有及时性与单向性。但从内容角度而言，网络直播并无过多特殊之处。所谓的网络直播产业其实是传统内容产业在互联网媒介下又一新的表现形式，是文娱产业与数字技术融合的新产物。[②] 换言之，网络直播是以互联网平台为媒介的一种新型的商品、服务供给模式。为更清楚地揭示直播运营者、直播平台与观众之间的关系，笔者根据直播目的与营利方式，将网络直播分为下述内容型直播、营销型直播与混合型直播三类。

1. 内容型直播

内容型直播是指直播运营者以观众对直播内容本身付费进而获得主要收益的直播模式，在该模式下直播运营者通过直播平台发布内容，观众观看内容、获得视听享受并通过平台付费。该模式最终形成的是一种“表演—直播—付费”的文娱服务供给范式，观众给付的对价直接对标直播内

---

① 直播产业参与主体还可能包括主播（自然人）、MCN机构等，但为论证虚假宣传行为之需要，本文略去一些非必要的参与主体，也进行了一些概念上的简化。本文所述直播运营者既包括以个人名义从事营利性直播行为的自然人主播，也包括雇佣主播进行直播活动的组织，在后一情形中主播的行为属于职务行为，对外应视为直播运营者的行为，故本文暂不对两者概念作区分对待，后文无特别说明时“主播”即“直播运营者”。

② 参见周刚志、李家伟：《论网络直播产业的法律性质及其立法规制》，载《邵阳学院学报（社会科学版）》2017年第3期。

容本身。内容型直播是虎牙、斗鱼等直播平台产业头部玩家的主要直播方式,涵盖游戏、舞蹈、美食、交友等各类文娱产业内容。少数电视广播等传统文娱产品供应商也会自建互联网直播平台并提供专属文娱产品。在实践中,直播运营者和观众会在第三方直播平台注册账号并接受平台的内容推介与管理,或观众在直播运营者的自建平台注册账号并获取服务。在平台上观众可以自主选择其感兴趣的内容实时观看并选择是否给付一定报酬,同时观众也可通过平台进一步与直播运营者互动,给付对价以获得专属化与个性化的内容服务。内容型直播相关的金钱往来通常以虚拟货币或虚拟礼物的形式呈现,即观众通过平台充值购买虚拟货品,并在直播过程中打赏给主播,而主播与平台最终会根据虚拟礼物的价值按一定比例分成。

2. 营销型直播

营销型直播俗称直播带货,指直播运营者通过网络直播的方式推广特定商品,并通过产品卖点、价格促销乃至主播的人格魅力等吸引观众购买商品的直播模式。营销型直播属于电商销售内容与网络直播形式的结合体,近似于厂家或代理商直接在电视上进行营销的电视销售模式。该模式下观众并没有获得直接的视听享受,不会对直播内容本身进行付费,而是为所购买的商品或服务付费,因此本质上属于一种“推销—直播—购买”的商品供给范式。也就是说,营销型直播与内容型直播最大的不同在于观众给付对价的标的对象不同,前者指向的是直播运营者所要兜售的商品或服务,而后者指向的是直播内容本身。目前营销型直播中既有传统的电商平台自建直播平台,也有电商平台与直播平台通过外挂销售链接等方式进行合作,还有直播平台选择内建电商平台。但无论适用何种方式,其最终目的都是销售商品,即直播属于手段,销货才是目的。一方面,直播带货与传统电商一样都需要凭借互联网渠道和产品自身竞争力进行售卖;另一方面,与传统电商不同的是,直播带货很大程度倚仗主播的营销力、影响力等商品外因素,深受“明星效应”影响。①

---

① 参见苏海雨:《网络直播带货的法律规制》,载《中国流通经济》2021年第1期。

3. 混合型直播

混合型直播是指兼具内容消费与商品(服务)推销目的的直播类型,既通过直播内容吸引观众打赏付费,又通过直播兜售商品或服务,即"表演—直播—付费—购买"模式。例如,一些专业类直播在输出专业性内容吸引观众当即付费的同时,也会推销相应的咨询服务力求促成二次付费,又如部分测评类主播在直播中接受打赏的同时也会推销其周边产品。在此模式下,内容付费与商品服务付费都是营收的重要组成部分,甚至通过内容输出可以使商品卖出更高的溢价,即商品的售价包含观众对内容的部分付费。并且,混合型直播兼具上述两类直播的特征,观众既可以享受到内容型直播中的在线视听服务,也可以实现营销型直播的商品购买需求。

(二)网络直播行为的法律属性

分析网络直播行为的法律性质,需结合上述商业模式分类讨论。鉴于混合型直播兼具内容型直播与营销型直播的法律属性,下文主要根据内容型直播与营销型直播的法律性质展开分析。

1. 内容型直播:以"提供服务"为核心

《互联网直播服务管理规定》第 2 条第 2 款明确"互联网直播服务"是一种通过网络实时持续发布音频、视频、图文信息的互联网服务。《互联网文化管理暂行规定》第 2 条定义的"互联网文化产品"中包括"网络表演",涵盖音乐、游戏等内容,并进一步明确了互联网文化活动的经营性。从上述规定中不难看出,内容型直播具有很强的服务属性,提供直播内容使观众获得视听享受本身就是一种服务。但对于提供服务的主体,理论上存在争议。有观点认为,观众和主播通过在直播平台注册账号与平台成立网络服务合同关系,而主播通过平台向观众提供直播表演服务,本质上属于传统表演服务的互联网化,打赏属于一种非强制性的付费方式。也有观点认为,主播虽通过平台进行表演,但是观众对于主播的打赏与否纯属自愿,是对主播的赠与行为。[①] 笔者认为,由于观众需要同平台

① 参见潘红艳、罗団:《网络直播打赏的法律性质认定及撤销权行使》,载《湖北警官学院学报》2018 年第 4 期。

签订格式合同,以平台制定的规则与主播打赏互动,其金额一般也与直播内容具有对价性,平台需要牢牢掌握或者牵制主播并借此吸引观众,与主播分享观众付费的收益,而主播与平台利益关系一致,受平台严格管理,与平台之间存在强依附关系,因此认为平台与直播运营者(主播)共同向观众提供直播服务更为恰当。① 但是,平台与运营者作为职能定位有所区分的主体,在提供直播服务的过程中,具体功能有所不同。运营者负责专业的内容生产,并通过直播平台提供给观众,而直播平台是内容的整合供应商,向观众提供中介信息服务,使其能够通过平台享受多样化的内容产品。因此,所谓“内容型直播”与“营销型直播”之区分也是以直播运营者为视角。这对于分析竞争关系、解构流量造假行为也更具理论意义。

2. 营销型直播:以“销售商品”为核心

虽然“互联网直播服务”的范围可以涵盖营销型直播,但笔者认为,以直播运营者的视角来看,“提供服务”并非营销型直播的重点。《电子商务法》第2条第2款规定,电子商务是“通过互联网等信息网络销售商品或者提供服务的经营活动”。如前所述,在营销型直播当中,观众通过直播运营者(主播)的介绍支付对价,目的是购买商品,而不是对直播内容付费,因而营销型直播满足前述电子商务定义,是电子商务的一种新的表现形式。《市场监管总局关于加强网络直播营销活动监管的指导意见》(国市监广〔2020〕175号)也指出,对于直播平台提供交易撮合等服务,应履行电子商务平台经营者的责任和义务。② 因此,运营者的直播行为属于销售商品的行为,而直播平台依然扮演信息整合供应商的角色,属于提供网络服务。此外,运营者在营销型直播中的行为也属于广告行为。营销型直播的特点就是通过互联网媒介、以直播的形式介绍推广商品,属于“通过一定媒介和形式直接或者间接地介绍自己所推销的商品或者服

---

① 参见罗敏、苏敏:《论网络直播打赏的法律性质》,载《人民司法》2020年第19期。

② 《市场监管总局关于加强网络直播营销活动监管的指导意见》中称:“网络平台为采用网络直播方式销售商品或提供服务的经营者提供网络经营场所、交易撮合、信息发布等服务,供交易双方或多方独立开展交易活动的,特别是网络平台开放网络直播推广服务经营者入驻功能、为采用网络直播方式推广商品或服务的经营者提供直播技术服务的,应按照《电子商务法》规定履行电子商务平台经营者的责任和义务。”

务”，直播行为理应受到《广告法》的规制。[①]

三、应以“虚假宣传”定性直播流量造假行为

虚假流量也被称为异常流量、作弊流量，是通过虚假注册、虚假点击等方式产生的流量，本质上属于互联网营销数据作弊的产物。[②] 其不仅影响数据真实性，造成数据使用者的相关损失，还破坏了涉网商业活动的诚信基础，造成巨大的网络空间治理成本。流量造假作为一种新型互联网侵权行为，可以归入《反不正当竞争法》中虚假宣传的范畴。

（一）流量造假行为的法益侵害性

《反不正当竞争法》第 2 条第 2 款规定，本法列举的不正当竞争行为是扰乱市场竞争秩序、损害其他经营者或者消费者合法权益的不当竞争行为。虚假宣传行为作为一种被类型化的不正当竞争行为侵害上述利益，对于直播流量造假行为法益侵害性的讨论可采用上述框架。直播流量造假行为对市场秩序、经营者利益、消费者利益都具有破坏性。首先，流量造假行为干扰了消费者对主播及直播间真实情况的了解和判断，进而影响消费决策，导致消费者错误选择质次价高的商品或服务，侵犯了消费者的知情权和自主选择权。其次，互联网经济具有典型的“注意力经济”的特征，一方面，造假行为会将流量引向不法商家，剥夺了诚实竞争者的部分交易机会，挤压了诚实竞争者的生存空间，导致劣币驱逐良币。另一方面，对于平台而言，流量是网络直播平台的核心竞争要素，治理异常流量和不实数据关乎服务质量和平台发展，其必然要为异常流量付出额外的治理成本。最后，从维护市场秩序角度考量，流量造假行为对于在数据真实性与数据质量性之上建立的互联网服务与大数据产业无疑会是一击重创，维护网络直播活动的公平性已然成为网络直播行业公认的商业道德。

---

① 参见苏海雨：《网络直播带货的法律规制》，载《中国流通经济》2021 年第 1 期。

② 参见中国信通院、中国广告协会、中国互联网协会：《数字营销异常流量研究报告（2022 年）》，载中国信息通信研究院网，http://www.caict.ac.cn/kxyj/qwfb/ztbg/202203/P020220314605106336626.pdf。

(二)竞争关系的认定

由于虚假宣传具有损害范围广、受害对象不确定等特点,因而竞争关系的认定,是判断虚假宣传不正当竞争纠纷当中原告是否适格、避免经营者陷入诉累的重要依据。[①] 在认定竞争关系前,首先要明确主体是否属于经营者,即"商品生产、经营或者提供服务的自然人、法人和非法人组织",对此需要分类讨论。对于内容型直播的直播运营者,由于其直接提供文娱内容服务,因而属于"服务提供者",而对于营销型直播,由于其直播内容具有广告性质,目的在于兜售商品,因而在此类直播中主播多属于"商品经营者"。提供流量造假服务的主体帮助其他经营者获取不正当竞争利益,亦属于经营者范畴。

竞争关系的认定存在狭义与广义之分。狭义竞争关系的核心在于判断经营者提供的产品或服务之间是否具有实际或潜在的替代关系,而广义的竞争关系不局限于替代关系,而是关注经营者是否实施了一种竞争性行为,[②]兼顾保护消费者权益、市场秩序等多元利益。如果一种竞争性行为违反诚信原则、侵犯消费者权益与诚信经营者利益、破坏市场经营秩序,即会被认定与其他受害经营者之间存在广义的竞争关系。[③] 在狭义竞争关系视角下,如果使用流量造假手段的经营者与诚实经营者提供具有替代关系的商品或服务,则可认定彼此之间存在竞争关系。但当平台为受害主体时,或在认定专门提供流量造假服务的经营者构成不正当竞争时,则需要通过广义化的竞争关系进行解释。由于直播流量造假行为侵犯了消费者的知情选择权,影响平台服务质量,扰乱直播市场竞争秩序,有违诚信原则与直播领域商业道德,因而双方之间存在广义上的竞争关系。需要注意的是,《反不正当竞争法》第8条第2款尤其指明,"组织虚假交易"属于帮助"其他经营者"进行虚假宣传的行为,即实施虚假宣

---

① 参见刘义军:《虚假宣传不正当竞争纠纷的原告资格问题》,载《人民司法》2018年第5期。

② 参见黄武双:《不正当竞争的判断步骤》,载《科技与法律》2021年第3期。

③ 参见周樨平:《反不正当竞争法中竞争关系的认定及其意义——基于司法实践的考察》,载《经济法论丛》2011年第2期。

传的主体是“其他经营者”,但帮助行为本身也独立构成不正当竞争行为。[1] 换言之,即使如本案中实施流量造假行为的经营者(直播场控软件的开发、运营主体)是直播运营者宣传行为的帮助者,也应当认定其与直播平台之间存在广义的竞争关系,进而由其直接承担不正当竞争的侵权责任。

(三)直播流量造假属于“误导性宣传”

虚假宣传是指商品的生产经营者或服务提供者通过传播虚假或片面信息,意图使消费者对商品或服务产生错误认识的行为。[2] 2017 年修订后的《反不正当竞争法》第 8 条将虚假宣传行为具体表述为“虚假或引人误解的商业宣传”,相比旧法将“引人误解”作为了“虚假宣传”的修饰与限定,新法将“虚假”与“引人误解”并列。但不可否认的是误导性仍旧是虚假宣传的本质特征,即使内容“虚假”的宣传也要达到“欺骗、误导消费者”的程度。[3] 同时,该条将宣传的内容限定在商品或服务的“性能、功能、质量、销售状况、用户评价、曾获荣誉”等关乎商品或服务本身且影响消费决策的重要内容中。因此,判断虚假宣传的构成,应当重点审查宣传的内容是否为商品或服务的本质属性或其他能影响消费决策的重要内容,且以是否具有误导性为核心判断要素。对于直播流量造假行为是否属于误导性宣传,应该根据直播的“提供服务”与“销售商品”两大不同属性进行分类讨论。

1. 内容型直播中流量造假的宣传性与误导性

在内容型直播中,其提供的直播内容本身即是一种文娱服务,对应《反不正当竞争法》第 8 条第 1 款中的“商品”。而直播数据是对直播人气高低的直接诠释,反映直播内容的受欢迎程度,因而成为直播产业的宣传高地。直播数据会随直播内容同步公开给观众,各大直播平台也会以

① 参见孔祥俊:《论新修订〈反不正当竞争法〉的时代精神》,载《东方法学》2018 年第 1 期。

② 参见马一德:《虚假宣传构成欺诈之认定》,载《法律科学》2014 年第 6 期。

③ 参见孔祥俊:《论新修订〈反不正当竞争法〉的时代精神》,载《东方法学》2018 年第 1 期。

流量数据制作各种影响力榜单进行宣传并帮助平台与直播运营者进行内容推广,因此直播数据的好坏直接影响观众对直播内容质量高低的判定,影响消费者对于服务内容的直接评价。虚假的直播数据会让观众误以为直播内容的受欢迎程度高,内容质量精良,也会让平台错误地为其提供更多的曝光机会,导致"劣币驱逐良币"的结果。因此可将内容型直播中的流量造假行为看作对"商品"(直播内容)的质量、用户评价或销售状况的一种宣传,当达到足以欺骗、误导消费者的程度时应当认定构成虚假宣传。

2. 营销型直播中流量造假的宣传性与误导性

对于营销型直播中数据的宣传属性需要具体探讨。根据数据所描述对象的不同,可以将营销型直播中涉及的数据分为两类,一是商品营销数据。二是直播内容数据。前者是商品通过电商渠道销售的相关数据,包括商品交易量、好评率等数据,后者则聚焦直播行为本身。商品营销数据应属于"销售状况",如果经营者或相关主体对该数据造假,本质上与电商平台的刷单行为无异,固然属于《反不正当竞争法》第 8 条的规制范畴。但对于点击量、收看量、收藏量、粉丝量等直播内容数据是否属于对商品的宣传,需要进一步讨论。①

笔者认为,对直播内容数据进行造假的行为有理由也有必要归入商品宣传的范畴。在高度信息化的当下,随着计算机、电子传感器等不断介入和影响我们的生产生活,数据开始描绘我们经历的客观现实,记录并传递生产生活中的重要信息。因此,数据经过筛选和整理便可承载个人观点,可以体现被描述对象的价值,进而具有通过公开渠道进行宣传的价值。但是,在营销型直播中,直播内容数据描述的对象为直播本身,如要认定相应数据造假属于虚假宣传就必须判断此类数据能否对商品"画像"并因此影响消费者决策。显然,直播内容数据造假在很大程度上会影响消费者的购买决策。在营销型直播当中,消费者对商品性能、质量等内

① 参见王珂:《网络直播营销中流量造假的法律性质与规制》,载《西华大学学报(哲学社会科学版)》2022 年第 2 期。

容的直观了解,大部分来自主播的介绍。虽然从理性的角度出发,消费者的购买决策最终依据其对产品力本身高低的判断,但消费行为并非绝对理性,消费者也会受到主播的影响,会因为有影响力主播的推荐而增加购买意愿。因此主播会使用各种手段提升流量数据,打造流量明星并从厂家和投资者处获利,使流量成为市场的风向指标。[①] 这也导致流量主播虽然不是特定商品的代言人,却一定程度起到了代言人的作用。通过"数据—主播—商品"的影响力传导路径,流量造假对主播影响力评价的改变最终会传导至商品评价,进而使消费者作出错误的购买决策,这也导致直播带货的整体退货率超过发展已趋于成熟与理性传统电商平台,[②]相应地《网络交易监督管理办法》第 14 条第 2 款第 4 项也将"虚构点击量、关注度等流量数据,以及虚构点赞、打赏等交易互动数据"定性为虚假宣传。因此,应将直播内容数据造假归入虚假宣传条款的规制范畴。

本案中,直播场控软件的开发、运营主体无论是给内容型直播还是营销型直播的运营者提供虚假观看、涨粉、刷弹幕等技术支持,该行为在本质上都具有宣传的主观目的,是为帮助运营者对"商品"进行虚假宣传(只是内容型直播和营销型直播中的"商品"有所不同),故应当根据《反不正当竞争法》第 8 条第 2 款被定性为帮助虚假宣传的不正当竞争行为。

(四)"互联网专条"适用的谦抑性

虽然从理论和实践角度来看,直播流量造假行为可以构成虚假宣传,但不乏以《反不正当竞争法》第 12 条(互联网专条)兜底涉网不正当竞争裁判的观点发声。例如,有观点认为,直播流量造假的行为表现与目的虽然符合《反不正当竞争法》第 8 条,但是以流量造假为业属互联网领域所独有,本质上属于干涉互联网服务提供的行为,超出了虚假宣传条款涵摄的范围,因此,以"互联网专条"规制更符合立法原意。[③]

上述观点从场景切入,迎合了互联网专条的立法背景。但是笔者认

---

① 参见苏海雨:《网络直播带货的法律规制》,载《中国流通经济》2021 年第 1 期。

② 参见黄淼、褚孝鹏:《直播带货中的流量造假问题与治理》,载《媒体融合新观察》2021 年第 1 期。

③ 参见王琴:《提供虚假刷量服务构成不正当竞争》,载《人民司法》2021 年第 11 期。

为此视角体现出一种互联网专条的万能化、原则化倾向,会导致借助互联网技术手段实施的、影响互联网产业正常经营发展的行为过多地落入互联网专条的规制领域。这种片面地以"互联网"这一行为发生场域或手段为核心的归入法,恐会脱离《反不正当竞争法》行为法的本质,也背离互联网专条的立法本意。

回顾互联网专条的立法过程,不乏有学者对互联网专条的类型化尝试提出质疑,认为其只是根据常见的互联网侵权案例进行表面上的归纳,所得出的类型化结果既不全面也不互斥,未达到理想标准。[①] 互联网专条的立法原意不应当被理解为"全面解决网络领域的不正当竞争纠纷"。互联网专条的设立本为解决涉网不正当竞争纠纷中无具体类型化法条可用而只能适用原则条款的问题,如果让互联网专条"一揽子"解决涉网问题,恐会使其成为第二个原则条款,也会导致条文逻辑不清晰。[②]

对于是否适用以及如何适用互联网专条,笔者认为需要明确以下几点。其一,如前所述,互联网专条仅能解决无法归入传统类型化条款的涉网不正当竞争问题,因而其仅是传统类型化条款的又一具体补充,两者是并列关系而非交叉替代关系。其二,《反不正当竞争法》是行为规制法,对行为的正当性判断应从行为本身出发而非行为发生的环境(互联网)。对不正当竞争行为的传统分类也是从行为本身出发,以行为的直接实施效果为根据总结梳理得出的。[③] 因此,在适用互联网专条前应先行判断行为本身是否属于传统不正当竞争行为类型,其适用应具有兜底性与谦抑性。当涉网不正当竞争行为被归入传统行为类型中时,则不应当再适用互联网专条。将网络直播流量造假行为定性为虚假宣传已然可以获得主客观相统一的法律适用效果,没有必要针对其所采用的技术手段再通过互联网专条单独评价。故本案中对直播流量造假行为的定性也应当优

① 参见陈兵、徐文:《优化〈反不正当竞争法〉一般条款与互联网专条的司法适用》,载《天津法学》2019 年第 3 期。

② 参见张璇、曹丽萍:《"互联网专条"存废之争与规范模式的思考》,载《法学杂志》2017 年第 12 期。

③ 参见吴莉娟:《互联网新型不正当竞争行为的类型化研究——兼论〈反不正当竞争法〉类型化条款之完善》,载《竞争政策研究》2019 年第 6 期。

先考虑能否适用《反不正当竞争法》第 8 条，而非优先适用《反不正当竞争法》第 12 条第 2 款第 4 项规定。

四、结语

网络直播流量造假行为应受司法规制，既关乎互联网服务的供给质量，更关乎互联网行业的竞争秩序。使用、提供直播流量造假服务系以获取竞争利益为目的，扰乱直播市场竞争秩序，侵犯消费者与平台经营者的合法权益，当然属于不正当竞争行为。直播流量造假是否属于虚假宣传，可结合直播类型作分类讨论。虚假宣传的认定核心在于判断是否存在误导性。从提供服务（表演）和销售商品（广告）两个方面拆解网络直播，可以更加准确地理解虚假流量的误导性及其虚假宣传本质。在内容型直播中，直播运营者向消费者提供的"商品"为直播内容本身，因此流量造假属于直接对商品自身属性的虚假宣传。在营销型直播中，商品营销数据造假当然属于对商品的虚假宣传，直播内容数据直接关联的是主播而非商品，对其误导性的判断应抓住"数据—主播—商品"的影响力传导路径。主播在营销中可以实际起到代言人的作用，对主播的影响力评价最终会关联至商品评价并影响购买决策。故整体而言，将直播流量造假行为定性为虚假宣传符合主客观相统一的要求。与虚假宣传条款相比，互联网专条在适用上应保持谦抑性，在能以虚假宣传定性时，则不应盲目地将涉网不正当竞争行为一概划入互联网专条的规制范畴，否则既不合理也无必要。

第十四章　网络评测中正当对比与商业诋毁的边界

云晋升*　沙　丽**

【案例索引】

一审案号:杭州铁路运输法院(2020)浙 8601 民初 1639 号

二审案号:浙江省杭州市中级人民法院(2021)浙 01 民终 5200 号

【审判人员】

倪德锋、沙丽(承办人)、金广栋

【核心问题】

网络评测行为是否是合法行为?当具有竞争关系的网络评测得出不利于竞争者的结论时,如何与商业诋毁相区别?

【案情简介】

原告系经营移动通信及宽带服务业务的中国某浙江通信集团。被告系进行测速网的某科技(济南)公司,在为用户提供网络速度测试服务的同时,还是中国浙江某电信的网络业务推广商。被告在其测速网上向浙江范围内的宽带用户定向推送对比广告,称中国浙江某电信的网速更高,

* 云晋升,华东政法大学中国法治战略研究院特聘副研究员。

** 沙丽,杭州互联网法院(杭州铁路运输法院)副院长。

且用户所使用的原告网络的平均网速低于中国浙江某电信。故原告以被告编造了虚假对比结论的商业诋毁行为为由诉至法院，请求判令被告停止侵权，赔偿经济损失499万元并发布道歉声明。

被告辩称，其对比广告是根据用户实际测量网速得出的真实数据，亦是市场的普遍认知。一审法院经审理判决被告立即停止侵权行为，并在涉案网站首页位置连续七日刊登声明以消除影响，同时赔偿原告经济损失及合理费用100万元。被告不服一审判决进行上诉，二审法院驳回上诉，维持原判。

【分歧意见】

一种观点认为，经营者之间具有竞争关系的情况下，对竞争者的产品或服务进行评测，无法保证过程的公平与公正，若得出的结果不利于经营者，造成竞争者商誉下降，即构成商业诋毁。毫无疑问，网络评测也需要基于公正、公平、公开的原则展开，若评测机构本身与被评测企业或产品有竞争关系，评测的公平性与公正性难以保证，无法得到一个公正客观的结果。尤其是在评测得出的结果不利于竞争者时，该结果的真实性应当被怀疑。而此结果一旦发布必然导致竞争者及其产品商誉的贬损，评测机构明知此种情况，依然进行网络评测且发布对竞争者不利的评价，致使相关经营者商誉受损，当然构成商业诋毁。

另一种观点认为，网络测评是一个相对专业且规范的过程，若专业评测机构规范评测后得出的结论是真实且未经修改的，即使不利于竞争者，也是一种正当行为，不构成商业诋毁。网络评测的公平公正集中体现为过程和结果的真实性，因此出现了不利于竞争者的结果，并不能仅凭竞争关系的存在否定评测结果的真实性。即使竞争者或其商品商誉因此贬损，也只是消费者对客观结论的反映，并非评测机构故意贬低产品所致。简言之，不能因竞争关系的存在、评测结果对竞争者的不利以及商誉受损结果的出现认定评测机构通过网络评测行为对经营者的产品或服务有商业诋毁之行为。

【审判观点】

法院针对案件的核心问题进行了如下梳理:

首先,认定涉案广告中的网络测评从数据来源的客观性、数据口径的合理性和计算方式的科学性判断其是否属于虚假或误导性信息。从数据来源的客观性来看,因涉案测速网站未区分测速用户宽带接入方式,故测量结果不能完全反映电信网速与移动网速的实际速率;从数据口径的合理性和计算方式的科学性来看,被告未对签约带宽进行区分而仅依据用户实际测速结果进行算数平均计算,该种将数据样本不区分维度、进行算数平均数得出测量结果本身不符合对比分析的可对比性原则。因此,被告的网络测评评述本身存在误差,具有不正当性,属于误导性信息。

其次,网络测评在遵循一定标准或前提下具有正当性。评测公司需要恪守客观、中立的职业操守,同时,在进行网速分析比对或其他数据类优劣评价的服务时应满足可比性原则,即在满足数据来源客观、数据统计口径一致、数据计算方法科学的前提下,对数据统计结果和比对结果进行全面、正当、合理的评述。

最后,涉案广告是否损害了被告的商业信誉、服务信誉。商业评论是经营者的言论自由,但经营者必须出于正当目的,客观、真实、公允地进行评论,不得误导公众和损害他人商誉。(1)原被告具有竞争关系;(2)涉案广告的数据比对结果没有准确和全面的事实依据,片面地对原告网速进行不对称的宣传和对比;(3)被告对原告的负面评价,损害了商业信誉和商品声誉,扰乱市场竞争秩序,故认定构成商业诋毁。

【理论探索】

一、问题的提出

网络测评是指网络测评者对于商品或产品的质量、性能、价格等方面展开的检测。其中,经常被使用的是对比测评,测评者将相似的商品或服务进行对比,为消费者推荐最具性价比的商品或服务。对比测评会对消费者的选择产生一定的影响,间接影响商品生产者或服务提供者的经营利益。正是因为网络测评会对商品生产者或服务提供者的利益产生重大影响,所以网络测评应当公正、科学、合理。但是,现实中测评者有时并非利益上的中立者。有些测评者在专业性上还存在不足,测评方法不具有科学性,难以反映出测评对象的客观特性。不具有中立性或专业性的网络测评极易损害商品生产者或服务提供者的商业信誉和商品声誉。网络测评与商业诋毁的边界究竟在哪里是亟待解决的问题。

二、网络测评的类型

根据克劳锐出品的《测评类内容生态及营销价值洞察》,测评产业正处于快速发展之中,呈现三个特点:第一,点播人数多,2021 年在 B 站观看开箱测评人数高达 1.89 亿人次。第二,测评领域广,测评已经应用于美妆护肤、数码科技、美食、汽车等领域中。第三,头部效应明显,头部达人拥有千万粉丝。依据测评主体和测评方法进行划分,网络测评存在多种类型。不同的类型在法律适用和行为认定上有着较为显著的差别。

(一)测评主体划分

网络测评的主体包括消费者、新闻媒体、市场经营者这三种类型。消费者可以在购买页面的点评板块发表自己对商品或服务的意见,也可以在社交媒体上发布相关信息。新闻媒体以专业的门户网站为代表,其购买商品基本不是为了生活需要,而只是以发布测评新闻为目的。市场经营者也会参与测评,其主要目的是通过测评提升自身产品的销量。

(二)测评方法划分

测评中既可以选择仅就一项商品或服务进行测评,也可以将不同的商品或服务进行对比测评。后者涉及的就是对比广告。“比较广告,是指商品的经营者或服务的提供者在商业广告中用自己的产品或服务的质量、性能、用途等与同行业的竞争对手的同类产品或服务进行比较,以说明自己产品或服务方面的优势,赢得更多的市场份额的广告。”[①]无论是《反不正当竞争法》还是《广告法》都没有绝对禁止对比广告。《反不正当竞争法》没有提到对比广告。《广告法》仅在医疗、药品、医疗器械、保健

① 姚兵兵:《对比较广告侵权的认定》,载《人民司法》1999 年第 4 期。

食品广告领域内禁止对比广告。《广告法》第16条规定,医疗、药品、医疗器械广告不得含有与其他药品、医疗器械的功效和安全性或者其他医疗机构比较的内容。《广告法》第18条规定,保健食品广告不得含有与药品、其他保健食品进行比较的内容。已失效的《广告审查标准》(试行)还曾在其第四章专门规定了比较广告。法律原则上并不禁止经营者将自己的产品或服务与其他竞争者的产品或者服务进行对比。

三、网络测评中可能侵害的权益

(一)名誉权和竞争利益

1.法人名誉权

《民法典》第110条第2款规定,法人、非法人组织享有名称权、名誉权和荣誉权。《民法典》第1024条规定,民事主体享有名誉权。任何组织或者个人不得以侮辱、诽谤等方式侵害他人的名誉权。名誉是对民事主体的品德、声望、才能、信用等的社会评价。名誉侵权最容易发生的领域是媒体报道领域,所以《民法典》第1028条规定,民事主体有证据证明报刊、网络等媒体报道的内容失实,侵害其名誉权的,有权请求该媒体及时采取更正或者删除等必要措施。有的司法裁判在商业诋毁案件中选择了主张对方侵害法人名誉权作为保护路径。[①] 在上海浦东新区法院审理的该案中,数码门户网站在产品对比测评中缺乏中立性,法院认定测评主体侵害了原告的名誉权。法院认为该案不涉及不正当竞争中的商业诋毁,因为没有证据表明被告受到原告竞争对手的操控或影响,最终判决被告承担赔偿损失责任、停止侵害行为、消除影响和恢复原告名誉。

2.竞争利益

也有法院引用《反不正当竞争法》处理网络测评中的争议,主要是虚假宣传条款和商业诋毁条款。虚假宣传是《反不正当竞争法》专门规定的不正当竞争行为。《反不正当竞争法》第8条规定,经营者不得对其商品的性能、功能、质量、销售状况、用户评价、曾获荣誉等作虚假或者引人误解的商业宣传,欺骗、误导消费者。经营者不得通过组织虚假交易等方

---

① 参见上海市浦东新区人民法院民事判决书,(2014)浦民一(民)初字第39872号。

式,帮助其他经营者进行虚假或者引人误解的商业宣传。商业诋毁是《反不正当竞争法》专门规定的另一种不正当竞争行为。《反不正当竞争法》第11条规定,经营者不得编造、传播虚假信息或者误导性信息,损害竞争对手的商业信誉、商品声誉。在消费者恶意差评案例中,有法院认定该行为构成《反不正当竞争法》中的商业诋毁行为。[①] 在徐州中院审理的该案中,法院认为自然人虽然与经营者不具有竞争关系,也不影响该行为构成商业诋毁行为。[②]

（二）竞争关系对请求权基础选择的影响

不同的测评主体究竟是适用不同的法律对原告进行保护,还是适用相同的法律,是司法争议的问题。这主要体现为竞争关系对法律适用的影响。

名誉权侵害、商业诋毁在侵权人和被侵权人的身份上存在明显的区别。原则上,《民法典》未对名誉权侵权中的侵权人和被侵权人的身份作出限定,《民法典》第1024条属于一般的名誉权保护条款。而《反不正当竞争法》的侵权人只能是经营者。《反不正当竞争法》第2条规定,经营者是指从事商品生产、经营或者提供服务的自然人、法人和非法人组织。在侵权人身份角度,名誉权侵害和商业诋毁是一般和特殊的关系。在侵权人身份是经营者时,应当优先适用《反不正当竞争法》第11条。释义书认为,“这里要注意将经营者的商业诋毁行为与其他主体侵犯名誉权相区分。司法实践一般认为,消费者对经营者的产品或服务质量进行批评、评论,借机诽谤、诋毁、损害其名誉的,应当认定为侵害名誉权;新闻单位对经营者的产品质量或者服务质量进行批评、评论,主要内容失实,损害其名誉的,应当认定为侵害名誉权”[③]。

司法实践对此意见并不统一。有的意见认为,“不正当竞争行为的目

---

① 参见江苏省徐州市中级人民法院民事判决书,(2020)苏03民初240号。

② 参见最高人民法院中国应用法学研究院编:《人民法院案例选》,人民出版社2022年版,第19页。

③ 王瑞贺主编:《中华人民共和国反不正当竞争法释义》,法律出版社2017年版,第39页。

的在于排挤竞争对手,获得竞争优势。产品测评主体之目的通常在于帮助消费者了解具体产品的特质与性能从而作出恰当选择。但并不排除对竞争产品进行消极测评间接打压之可能性,一旦有此情形,则构成不正当竞争行为,由反不正当竞争法的相关规定规制。某网虽同时向消费者提供购买服务,但并无证据表明该测评文章受到原告竞争对手操控与影响,故不构成不正当竞争行为”。[①] 有的意见则认为,商业诋毁不以同业竞争关系为前提,“李某某通过指示他人恶意差评获得经济利益,其与某公司在‘一方通过评价行为获得经济利益、另一方通过避免恶意负面评价导致交易机会不当减少’上具有竞争、对立的关系,因此,李某某虽然与某公司不构成同业竞争,但其行为仍然构成不正当竞争行为”。[②] 有学者指出,竞争关系不是《反不正当竞争法》的适用前提。“如果从竞争性市场行为的角度定位市场竞争法,经营者之间的竞争关系既不是不正当竞争行为的构成要件,更不是反不正当竞争法的适用条件。尤其是,不正当竞争行为既可以损害特定竞争者,也可以损害消费者或者社会公众,而并不以损害特定竞争者且相互之间具有竞争关系为必要。”[③]

四、网络测评中法益保护与言论自由的平衡

在网络测评引发的争议中,被告常提出表达自由作为抗辩理由。因此,无论是在司法裁判抑或理论研究中,都需要界定出法益保护和表达自由的合理界限。

司法实践曾在判决中尝试对言论自由进行定义,“言论自由通常意义上是指公民享有得以口头、书面、图片、音乐、视频或其他形式获取和传递各种信息、情感、意见、观点等的权利”[④]。但是,言论自由并非无边界,一旦行为人超过了言论自由的边界,必然会对他人的合法权益造成损害。

---

① 徐俊、俞硒:《产品网络测评文章侵害法人名誉权的认定》,载《人民司法(案例)》2016年第16期。

② 最高人民法院中国应用法学研究院编:《人民法院案例选》,人民出版社2022年版,第25页。

③ 孔祥俊:《反不正当竞争法新原理·总论》,法律出版社2019年版,第198页。

④ 北京市第三中级人民法院民事判决书,(2014)三中民终字第04050号。

有学者指出,言论自由并非当然地优先于人格权保护。[①] 在网络测评案件中同样如此,测评人不能当然地绝对地使用言论自由进行抗辩。所以,在司法适用中,通常使用的是比较衡量的方法判定言论自由的边界,衡量的因素有以下几点。

（一）测评人的身份

测评主体身份的不同,言论自由所受到的限制也会有所不同。主体身份反映的实际上是其利益倾向和知识能力。消费者一般具有较为中立的地位,能够客观地反映出消费体验。但是,消费者的专业知识毕竟有限,有时作出的评价未必完全符合事实,甚至言语上带有主观色彩。出于言论自由保护的目的,如果消费者言论不包含侮辱、诽谤内容,司法应对消费者的言论保持较高的容忍度。[②] 不过,如果消费者具有通过恶意评价获取经济利益的目的,那么就不再具有中立的立场,也就不应当继续获得优待。[③] 新闻媒体虽然也具有中立地位,但因通常具有专业领域的知识积累,应当保证测评方法的公正性。市场经营者由于具有较强的倾向性,通常是为了通过测评提升自身产品的销量,对其测评的言论自由应当施加较大的限制,主要受到《广告法》的规制。

（二）目的的正当性

有法院提出,“目的正当性是解决言论自由权和名誉权冲突的法律方法之一”[④]。目的正当性主要解决的是新闻媒体是否侵权的认定上。新闻媒体发挥着舆论监督的重要作用,有权利就产品或服务的优劣作出评判,给予消费者以专业意见。特别是对于专门领域的门户网站,这些机构往往具有相对专业的测评人员。目的的正当性主要指的是测评者的主观方面,即测评一开始的目的是使消费者全面了解商品的全部特性。目的正当性提高了名誉权侵权的标准,原告需要证明被告的真实恶意。背后

① 参见王泽鉴:《人格权法:法释义学、比较法、案例研究》,北京大学出版社 2013 年版,第 309 页。

② 参见北京市第三中级人民法院民事判决书,(2014)三中民终字第 04050 号。

③ 参见江苏省徐州市中级人民法院民事判决书,(2020)苏 03 民初 240 号。

④ 北京市第三中级人民法院民事判决书,(2016)京 03 民终 1685 号。

的原因在于,商品的生产商不同于普通主体,需要忍受公众的监督和批评。如果满足这个条件,那么被测评者就负有一定的容忍义务。目的正当性的判断仅是个案衡量的因素之一,不能直接作为通常的方法。否则容易得出新闻报道绝对优先于名誉权的错误结论。

(三)商业言论背后的利益

测评者作出商业言论背后的利益内容也是衡量因素之一,即商业言论背后承载的利益是否属于重大公共利益。测评的目的有时增加特定商业者的经营利益,也有可能是保护社会利益。例如,测评者提示商业所可能具有的缺陷时,此时便涉及社会重大利益的保护。欧洲法院认为,如果商业言论仅涉及消费者、市场参与者利益等一般社会利益时,该行为就需要受到不正当竞争法的规制,商业言论保护则处于次要地位。①

五、产品测评中商业诋毁的构成条件

产品测评是否构成《反不正当竞争法》中的商业诋毁行为可就如下方面进行判断。

(一)竞争关系的存在

从司法实践延续的思路来看,原告和被告之间具有实质意义上的竞争关系。虽然从狭义角度来看,原告被告不构成同业竞争关系,二者分别是电信运营商和服务推广商。原告系经营电信业务和移动通信业务的企业,而被告则有两种业务,通过测速网为用户提供网络速度测试服务,又系另一家宽带服务经营者的网络业务推广商。形式上二者不具有直接竞争的关系,因为被告不是经营电信业务和移动通信业务的企业。不过,实践中对于竞争关系的把握更侧重于实质。实践已经尝试作出了突破,对竞争关系采用了扩张性解释。例如,"竞争关系的存在是判断不正当竞争行为的前提条件。竞争关系的构成不取决于经营者之间是否属于同业竞争关系,亦不取决于是否属于现实存在的竞争,而应取决于经营者的经营

① 参见蔡祖国、郑友德:《不正当竞争规制与商业言论自由》,载《法律科学》2011年第2期。

行为是否具有'损人利己的可能性'"①。具体到本案中,原告被告虽然不具有同业竞争关系,但是被告的行为一方面会对原告的经营利益造成损害;另一方面也增加被告的经营收入。因此,原告和被告之间具有竞争关系。案情基本符合了《反不正当竞争法》第11条中主体身份的要求。

（二）编造、传播虚假信息或者误导性信息

学说上认为,需要将言论的内容区分为事实陈述和意见表达两个方面。② 事实陈述是指就商品的客观性质进行的描述,例如,商品是否符合国家标准。意见表达则是测评者自身的意见批判。原则上,事实陈述必须客观,而意见表达允许带有个人见解。所以,测评者的事实陈述必须具有客观的科学数据作为支撑。消费者可以从中全面了解到相关产品或服务信息,并在此基础上作出了理性购买决定。这要求测评必须具有客观性。客观性要求,经营者必须将比较项背后所有的相关因素进行全面披露。比较法上也提出,产品比较必须客观地涉及商品或服务一个或多个本质的、重大的、可验证的、独特的品质或者价格。

在本案中,被告并没有做到这一点。网速受到多种因素的影响,至少包括:价格、硬件设备、接入方式、使用时间、使用地点等。但是,被告对此并没有进行考虑。在此基础上的统计计算也就不具有科学性,难以反映网络的真实速度。此外,测评也应当具有可验证性,第三人应当能够根据测评者提供的信息对测评结果予以再现。可验证性最大限度地保证了测评过程的客观性和科学性,避免其中带入测评者的主观意向。然而,被告没有提供充分的信息保证测评的可复原性,第三人根本无法对测评结果加以验证。被告的测评虽然合法,但并不正当。测评不具有客观性和可验证性,在事实陈述上有失客观性。

（三）损害的存在

测评的商业诋毁导致了竞争者商品或服务的声誉受损。利益的受损既可以是具体的也可以是概况的,可能包括某个企业和整个行业,造成的

① 北京市第一中级人民法院民事判决书,(2014)一中民终字第3283号。

② 参见王泽鉴:《人格权法:法释义学、比较法、案例研究》,北京大学出版社2013年版,第340页。

损害包含实际的和潜在的、直接的和间接的。[①] 最为直接的后果就是客户群体的流失,竞争者未来营业收入的降低。

被告的测评不具有客观性和可验证性,对于消费者具有误导性,消费者无法基于测评信息作出理性的决定。对消费者造成误导,也意味着对于原告的商业信誉、商业声誉造成不良影响。测评者损害的是被告所有宽带服务的声誉。测评者没有指出对比比较的是哪一种速率的宽带服务。消费者会认为,被告代理的每一项宽带服务都优于原告。由于被告的行为,原告有可能会失去现有客户和将来客户,造成营业收入的损失。被告的行为属于典型的不正当竞争行为,被告需要向原告承担相应的责任。

六、结语

被告作为专业的评测机构,应当坚持中立的立场,保证评测结果的客观性和科学性,但是其在统计数据来源和统计方法上存在不当,既对消费者造成误导,也损害了原告的利益,扰乱了市场竞争秩序,构成了商业诋毁。网络测评行业的健康发展需要对行业加以适当规制,强调测评的中立性和专业性,这样才能在消费者保护和经营者保护之间实现平衡。

① 参见王瑞贺主编:《中华人民共和国反不正当竞争法释义》,法律出版社 2018 年版,第 41 页。

第十五章　平台生态系统的反不正当竞争法规制

王　磊[*]　江　怡[**]

【案例索引】

一审案号：杭州铁路运输法院(2018)浙8601民初1020号

二审案号：浙江省杭州市中级人民法院(2019)浙01民终9556号

【审判人员】

王江桥、江怡(承办人)、马菁

【核心问题】

对于良好的平台生态系统，法律如何提供保护？哪些行为可认定为破坏平台生态系统的不正当竞争行为？其判断标准是什么？

【案情简介】

两被告利用两原告经营的网络平台行使如下行为：大量注册微信公众号及提交伪造资质；在两原告经营的网络平台群发与事实不符的信息，即主页介绍均围绕风险管理，实际却从事贷款引流；仿冒原告原有投诉界面，即被诉界面投诉原因及内容、排序，页面布局，字体的字型、大小、颜色均相似。在此期间，两被告将贷款主体信息放到公众号进行推荐引流，按照实际转化量扣款获益。两原告认为两被告违反《反不正当竞争法》第2

---

* 王磊，北京理工大学智能科技法律研究中心研究员。

** 江怡，杭州互联网法院(杭州铁路运输法院)互联网审判第二庭法官。

条、第 8 条、第 6 条第 4 项,共同侵权,诉请停止侵权、消除影响、赔偿损失及支出 300 万元。一审、二审法院均认定两被告构成侵权,并判决两被告立即停止侵权并消除影响、赔偿两原告经济损失及合理费用 65 万元。

【分歧意见】

第一种意见认为,原告因其平台特有的生态系统构建,从而在原被告具有竞争关系的同时享有竞争性权益。从原告平台运营特点来看,不同于一般线性平台,平台经营者构建由网络平台提供经营场所和众多支撑服务的动态结构系统和经济共同体,作为平台提供方,保障平台的有效发展,即是保障自身盈利。原告作为平台经营者与没有直接竞争关系的其他经营者,以消费者为中介,建立的一种此消彼长的关系正是反不正当竞争法调整的对象。且最高人民法院的司法解释认为竞争关系"一般是指经营者经营同类商品或服务,经营业务虽不相同,但其行为违背了《反不正当竞争法》第 2 条规定的竞争原则,也可以认定具有竞争关系"。

第二种意见认为,原告与被告的行为之间不存在直接关联,且原被告之间不存在竞争关系,原告也不享有竞争性权益。从原告身份界定来看,原告应是管理者。原告在本案中不能既充当规则的制定者和裁判者,又充当规则的参与者。在无法律强制性规定下,原告通过协议要求被告备案,表明原告是管理者而非市场的参与者。从双方合同关系来看,被告行为不涉及反不正当竞争法领域。原告作为管理者基于合同约定,要求用户不能进行批量注册运营,被告违反合同约定不必然导致扰乱市场秩序的后果。且竞争必须发生在同一特定的商品市场上或者服务市场上,从商品可替代性出发,原被告之间是合同关系且经营模式不相同,两种经营模式之间没有关联,不存在竞争。

【审判观点】

关于原告对其平台生态系统享有的利益,能否受到《反不正当竞争法》保护,法院认为:

首先,基于平台生态系统的特性认定原告享有竞争性权益。平台以经济共同体形式符合商业生态系统概念时构成平台生态系统，平台经营者基于该生态享有竞争性权益。两原告经营的平台服务，符合商业生态系统的概念，平台各角色间产生多样化的相互作用，包括竞争关系和合作关系，形成利益共同体，构成原告经营的平台生态系统。在该平台生态系统中，相关用户和经营者的数量与质量以及两者之间的交互活跃度、公平的市场竞争环境等均是原告平台生态优势的重要指标，原告基于这些重要指标享有竞争性权益。被诉行为在损害平台的一般消费性用户和其他经营性用户的同时，损害原告平台的利益，扰乱了原告平台生态系统的竞争环境和市场秩序。

其次，基于平台生态系统形成的网络平台竞争行为，原被告之间存在竞争关系，被告的行为构成不正当竞争行为。(1)平台经营者与没有直接竞争关系的平台内经营者，以平台内消费者为中介，建立彼此利益此消彼长的关系，符合原告主体资格意义上的竞争关系。(2)平台内经营者以不正当经营方式破坏系统内健康生态时，平台经营者可向其主张不正当竞争责任。从主体角度、权益基础、平台治理和责任承担的认定出发，被告的行为违反《反不正当竞争法》第 2 条、第 6 条、第 8 条，构成不正当竞争行为。

【理论探索】

一、问题的提出

随着数据要素价值释放助推相关产业升级迭代，互联网产业平台经济特性进一步凸显，网络经营模式也在不断创新，多元化生态体系网络(平台生态系统)经营模式逐渐普及。以微信生态系统为代表的平台生态系统作为顺应数据产业经济发展的商业经营模式，能够为相关互联网平台带来商业利益和发展空间，从而形成竞争优势。然而，在互联网平台凭借该竞争优势迅速扩张的同时，出现诸多以新型不正当手段破坏其商业模式的行为，此类行为极易引发法律纠纷、破坏市场秩序。理论和司法实践中对平台生态系统的法律属性、新型不正当竞争行为的法律适用、平台生态系统中各方主体利益保护等问题仍有讨论空间。因此，有必要对平台生态系统作出法律上的界定,明确破坏平台生态系统的不正当竞争行为及其认定标准,厘清其中各利益主体之间的法律关系,为数字经济背景下产生的平台生态系统提供《反不正当竞争法》上的保护。

二、平台生态系统的法律属性界定

互联网平台生态系统是围绕互联网经济形成的,不同类型的数字企业、企业与用户、外部组织及环境之间相互作用形成的统一有机整体。该有机体突破了地理空间区隔,将供应商、主要生产商、竞争者以及其他利益相关者纳入其中,为消费者提供有价值的产品或服务,消费者自身也是平台生态系统中的一员。不同业务、不同规模、不同性质的企业之所以可形成平台生态系统,依靠的正是系统中的某一企业提供的核心平台。[①]

平台经营者凭借互联网技术发展的多样性,打造平台生态系统,其健康程度和可持续性也是平台经营者的核心竞争优势,可以说平台生态系统治理对整个生态环境来说都有至关重要的作用。该系统内部具有传导性,平台内经营者的不正当经营行为造成的损害能够对系统内部其他用户乃至平台本身产生直接关联,将不同程度地影响平台的竞争优势。平台生态系统价值生成过程中催生出对新产业、新业态、新模式的新要求,因此有必要对平台生态系统作出法律概念上的界定,以顺应数字经济时代的发展规律。

(一)平台生态系统的概念厘清

从宏观理论领域上看,平台经济领域,互联网平台通过广泛的链接,将不同的群体和市场整合在一起,双边市场、多边市场的特点十分明显,存在直接或间接网络效应,学界对此几乎已形成理论共识。[②] 但对于平台生态系统的具体概念,我国理论界和实践中尚未得出统一认识。有学者认为新型平台商业生态系统不再单纯满足特定群体的单一化需求,而是呈现多样化、系统化的生态性运行特征,并提出将平台生态系统划分为

① 参见郭传凯:《互联网平台企业封禁行为的反垄断规制路径》,载《法学论坛》2021 年第 4 期。

② 参见刘晓春:《数字平台生态系统的反垄断法定位与规制》,载《思想战线》2022 年第 1 期。

横向、纵向和多元系统3类。[①] 也有观点认为,平台生态系统应当具备三方面特性:包含多产业主体、更高的交互关联性和主体间具有难以分割的关联性。[②] 虽然我国法律界尚未得出统一结论,但对此可以借鉴域外司法实践经验,探索规制平台生态系统的理论进路。如欧盟《数字市场法》(Digital Markets Act,DMA)中界定了"核心平台服务"的范围,明确了核心平台服务提供商需承担的义务,增加了针对互联网平台生态系统商业模式的法律规范供给。

就本案而言,案涉微信平台生态系统,是以即时通信和庞大的用户流量作为底层支撑,以朋友圈、公众号、视频号等作为用户交流互动圈层,以支付为媒介并搭建衣食住行等基本生活服务圈层。[③] 该系统以微信服务为核心,符合平台生态系统"相互影响的组织和个人构建的经济共同体"的典型特征。该生态系统中的相关方具备不同角色,角色之间产生多样化的相互作用,通过竞争与合作的形式共同进化和持续创新。成员之间基于利益结成的强关联关系又进一步维系了共同体的稳定性,构成以微信服务平台为核心的商业生态系统。微信生态系统是原告公司商业版图的重要组成部分,也是其商业发展的主要战略方向。作为平台服务提供者、平台内经营者和个人用户的重要联结点,围绕微信搭建的商业生态系统凭借其独特的经营模式和通过促进跨主体的交互、合作与集成为原告公司带来商业利益和竞争优势,是现有平台生态商业模式的典型范式。

(二)平台生态系统经营模式的法律保护

本案中,原被告双方作为平台提供者和平台内经营者,存在合同关系。原告选择以不正当竞争为案由主张权利,系作为平台管理者出于对构成要件、举证责任、责任形式、赔偿范围以及权益保护等多方面因素综合考量确定。

微信生态系统内部成员关系紧密,其形成基础在于平台内大量用户

---

① 参见陈宾、林思宇:《"数据+算法"双轮驱动下互联网平台生态型垄断的规制》,载《知识产权》2021年第8期。

② 参见韩炜、邓渝:《商业生态系统研究述评与展望》,载《南开管理评论》2020年第3期。

③ 参见殷继国:《互联网平台封禁行为的反垄断法规制》,载《现代法学》2021年第4期。

资源,当系统内有成员借助不正当行为损害平台竞争秩序,将对系统内部用户产生负面影响,进而影响平台产生竞争力的核心因素——用户资源。基于互联网的传导性和成员间的相互作用,进一步引发系统内部出现性能降低、用户流失等一系列负面影响可能性,最终导致该生态系统失去相对于其他服务平台的竞争优势。本案中,被告使用虚假资质获取平台认证,注册一定数量的公众号进行非法运营,以不正当手段获取竞争优势,对用户构成欺骗,使微信生态系统内用户对该平台评价显著降低,贬损微信平台商誉。

从以往法院判决的侵犯商业模式的不正当竞争案件来看,经营模式作为市场经济运行的成果,反不正当竞争法通常对其产品或服务施加保护,并未有法律明确规定将整个平台生态系统作为《反不正当竞争法》保护的对象。但随着平台经济的迅速发展,平台通过对其核心商业生态系统进行整体运营,维护系统内生态秩序,保障平台有序发展,促进商业生态中经营者和消费者的互动,产生流量使得平台能够获取商业利益和竞争优势。通常,衡量平台是否具备生态优势往往通过多维度指标,如用户和经营者规模、数量、活跃度、平台竞争环境等均为对平台生态竞争优势进行全面评估的重要因素。损害用户权益、经营者权益以及破坏公平的市场竞争秩序均能够对平台生态竞争优势产生负面影响,进而实际减损平台企业的商业利益。

故法院在判决中指出互联网领域平台生态系统所带来的经营模式符合相关法律规定,单纯的商业经营模式不能通过《反不正当竞争法》予以保护,但以微信为中心构建的平台生态系统及其经营模式所形成的商业利益和竞争优势应受法律保护,确认了对平台生态系统形成的商业利益和竞争优势通过《反不正当竞争法》进行救济的法律规则。

三、新型互联网不正当竞争行为的法律规制

互联网时代背景下,新类型的经营模式、竞争方式层出不穷,竞争利益在不同市场主体间流动与冲突,使互联网不正当竞争纠纷大量增加。传统的不正当竞争行为的构成要件面临着新的挑战,亟须在互联网背景下对新型不正当竞争行为作出法律规制。

(一)新型互联网不正当竞争行为的界定

新型互联网不正当竞争行为,通常指在经营互联网产品或服务过程中依托不断革新的互联网信息技术和数字技术实施的不正当竞争行为。[①] 相较于传统视域下不正当竞争行为的典型范式,新型互联网不正当竞争行为既非仅在网络环境下发生的相关纠纷,也与由线下业务延伸至网络领域引发的不正当竞争争议有诸多差异。不同以往有明确规定的不正当竞争行为,新型互联网不正当竞争行为具有较高的网络技术要求,必须依托于互联网技术或者网络商业模式在互联网领域内实施,其司法认定在学界和实践中争议较大,《反不正当竞争法》虽已增设"互联网专条",对互联网领域出现的新型不正当竞争行为予以回应,但针对该条款仍不乏反对声音,该条款在实践中的适用仍存在争议。因此,在审判实践中往往适用《反不正当竞争法》的一般条款认定新型不正当竞争行为。本案中,被告伪造贷款资质文件、以虚假信息吸引用户点击关注等行为破坏了微信的商业模式,该行为破坏了微信生态准入的公平性,以不正当的手段获取竞争优势,违反了互联网行业的商业惯例,违背了诚实信用原则和公认的商业道德,具有互联网环境下不正当竞争的新特点,是典型的新型互联网不正当竞争行为。法院在判决中指出"判断一项行为是否构成不正当竞争,并不以损害特定竞争者且其相互之间具有竞争关系为必要,而应根据其是否违反竞争原则或者其他具体法律标准而进行认定"。首次明确将竞争关系排除在不正当竞争的构成要件外,增加了《反不正当竞争法》适用的灵活性与包容性。

(二)新型不正当竞争行为的特点

互联网领域出现的新型不正当竞争行为首要特点是竞争双方的不对等性。在以化解线下纠纷为主的传统竞争领域内,诸多规模相似、体量相近的市场主体进入同一市场参与竞争。此类情形下,各主体之间往往存在竞争关系,有时更是以直接竞争者的身份出现,市场环境中各方处于横向关系参与竞争,具有对等性。而在互联网背景下,由于互联网平台市场

① 参见陈兵:《互联网新型不正当竞争行为审裁理路实证研究》,载《学术论坛》2019 年第 5 期。

特性,竞争双方差异较传统领域更加明显,竞争双方在规模上和体量上相距甚远,有可能业务之间几无关联,二者更近似于一种纵向关系。以本案为例,原告作为微信服务的经营者,提供包括微信平台、运营者、服务商、个人用户在内的微信服务,借助微信平台为其中用户打造丰富多样的生态衍生产品和服务内容,其运营的微信生态系统具有较高知名度。而被告则是平台内经营者用户,借助批量注册运营内容、界面相似的微信公众号和小程序非法从事网络贷款信息中介等业务活动,二者之间规模、体量相差巨大,主营业务之间亦无交集,近似依附关系。平台内的利益相关者形成"此消彼长"的竞争关系,共同进化持续创新,共同为消费者提供新产品以满足需求。可见,原被告双方虽不存在对称性,其作为体量悬殊的平台服务提供者与平台经营者用户也可能构成《反不正当竞争法》下的竞争关系。无论市场主体在行业内处于何种量级,其在互联网环境下都可能成为特定细分领域的竞争者,这在传统的不正当竞争纠纷中并非常态。在新兴领域背景下产生的竞争行为,发生纠纷的主体类型和牵涉的法益相较传统竞争行为而言更为复杂多元,不仅导致了竞争形式的改变,同时也对现行法律的适用产生了重大影响。

新型互联网不正当竞争行为的第二个特点就是主体间是否存在竞争关系不再作为认定不正当竞争行为的重要依据。随着数字经济的蓬勃发展,新型不正当竞争手段层出不穷,传统的以竞争关系为核心的判断标准已滞后于实践需要。围绕认定双方存在竞争关系而形成的法律评价体系,其适用难以函摄新兴领域出现的诸多争议事实。在传统不正当竞争案件审理过程中,法院通常以认定原被告双方间存在竞争关系为逻辑起点,围绕对竞争关系的证成进而阐明案件事实,进行司法裁判论证。故竞争关系日渐成为审判实践中判断传统不正当竞争行为的构成要件和核心考量要素。然而,在《反不正当竞争法》中对此并没有明文规定。"微信平台生态系统不正当竞争案"在实践中首次明确了竞争关系并非构成不正当行为的核心要素,认定不正当竞争应该以竞争行为为首要条件,而非竞争关系。《反不正当竞争法》第 2 条规定,"本法所称的不正当竞争行为,是指经营者在生产经营活动中,违反本法规定,扰乱市场竞争秩序,损害其他经营者或者消费者的合法权益的行为”。其关键在于如何界定竞争行为，法院对此解释为以不正当手段为自己或他人争取交易机会的行为，以及通过破坏他人竞争优势获取利益的行为。

该案判决系在裁判实践中首次明确不以存在竞争关系作为认定不正当竞争行为的构成要件判断规则。上文可知，新型不正当竞争行为突破传统认定规则，将损害特定竞争者且各主体之间存在竞争关系置于判断不正当竞争行为构成与否的要件之外。为化解新兴领域中产生的不正当竞争纠纷提供了新的审理思路，即竞争关系的存在与否不能够作为认定不正当行为的构成要件，而是应当依据该行为是否违反竞争原则或者其他具体法律标准进行认定。这是由于竞争行为的广泛性和竞争行为损害对象的多样性决定的，即使双方不存在直接的竞争关系，若市场中一方主体利用不正当手段谋取竞争优势或破坏他人竞争优势，间接减损了其他特定经营者、消费者或社会公众权益，仍可以认定为损害与被损害的关系。因此，对于不正当竞争行为的认定，应当以判断该经营者是否违反竞争原则为核心，辅之相关配套法律规范，而非仅以损害特定竞争者且相互之间存在竞争关系为标准。

（三）新型不正当竞争行为的法律适用

相较于传统不正当竞争行为，新型互联网不正当竞争行为在表现形式、特点等方面结合网络领域进行了延伸，对现行法律适用和审判实践造成一定难点，为此，审判实践中往往使用《反不正当竞争法》中的互联网专条、一般条款和兜底条款对新型不正当行为进行法律保护。随着新型互联网不正当竞争行为不断涌现，原有法律条款已无法达到精确的法律保护效果，2022 年 11 月 22 日，国家市场监督管理总局发布《反不正当竞争法（修订草案征求意见稿）》（以下简称《修订草案》），拟针对现行的《反不正当竞争法》进行第三次大幅修订，鉴于数字经济领域不正当竞争行为的复杂多变，新规对该领域中出现的新型不正当竞争行为进行类型化界定，有助于在司法实践中对此类行为作出正确法律适用。

1. 互联网专条适用的局限性

2017 年《反不正当竞争法》修订后增设“互联网专条”，旨在进一步规范和细化针对诚信原则、商业道德和主观恶意的认定标准,采取“概括+列举+兜底”的方式对新型互联网不正当竞争行为予以规定,以此更好地规制互联网领域内的不正当纠纷。但在新型互联网不正当竞争纠纷案审判实践中,法院更倾向优先适用一般条款,而非互联网专条。可见,针对该类案件,互联网专条并未居于优先规制地位,导致这一制度在审判实践中仍存在适用空间,有待进一步发挥作用。

一方面是由于互联网专条规范表述较为原则化。该条缺乏明确性和可操作性,导致法院在案件审理过程中存在适用不充分和不规范的问题,基于此提炼出的类型化条款基础不足,涵盖的行为类型不够全面。对此,在未来审判实践中仍需进一步对规范颗粒度进行细化,促进互联网专条兜底条款的规范适用,提高法院在类案审判实践中对该条款的适用要求,同时严格规范个案裁判中对一般条款与互联网专条之间的选择适用。另一方面则是在本案中难以认定案涉不正当竞争行为是否落入互联网专条的规制范围。互联网专条中对强制目标跳转、强制卸载和恶意不兼容行为进行了明确的立法界定,在实务中争议不大,因而对此类行为产生的纠纷能够有效适用。然而本案被诉行为不属于前述互联网领域特有的不正当竞争行为,案涉行为的特殊之处在于其损害平台消费者用户和其他经营性用户的同时,以违反商业道德的手段,扰乱了原告商业生态系统内部的竞争秩序,减损了原告平台的商业利益和竞争优势。由此,对案涉行为是否构成不正当竞争行为判断落入兜底条款的规制视野。根据《反不正当竞争法》①及相关司法实践,互联网领域特有的不正当竞争行为适用互联网专条的兜底条款的,应当符合以下四个要素:一是被诉行为是利用技术手段干扰其他经营者网络产品或者服务正常运行的行为。二是被诉行

① 《反不正当竞争法》第12条规定:“经营者利用网络从事生产经营活动,应当遵守本法的各项规定。经营者不得利用技术手段,通过影响用户选择或者其他方式,实施下列妨碍、破坏其他经营者合法提供的网络产品或者服务正常运行的行为:(一)未经其他经营者同意,在其合法提供的网络产品或者服务中,插入链接、强制进行目标跳转;(二)误导、欺骗、强迫用户修改、关闭、卸载其他经营者合法提供的网络产品或者服务;(三)恶意对其他经营者合法提供的网络产品或者服务实施不兼容;(四)其他妨碍、破坏其他经营者合法提供的网络产品或者服务正常运行的行为。”

为不属于该条明确规定的三种互联网不正当竞争行为之一。三是《反不正当竞争法》的法益因被诉行为受到实际损害。四是被诉行为基于互联网商业伦理而具有不正当性。[①] 本案中,被告在微信平台上注册公众号和小程序从事网络贷款信息中介等业务的行为,并未利用技术手段妨碍、破坏被告合法提供的网络产品或服务正常运行。原告实施的不正当竞争行为并未影响被告提供的微信公众平台产品及相关服务正常运行,由此在该案中排除了互联网专条兜底条款的适用。对于此类行为能否落入互联网专条兜底条款则有待未来监管和司法实践的进一步澄清,更加凸显了互联网专条的法律适用困境。

互联网专条作为应对网络领域内新型不正当竞争行为冲击的重要法律机制,有必要发挥其应有的优先适用效力。对此,应当严格遵守互联网专条的适用逻辑,进一步规范互联网专条与一般条款的适用顺序,明确其适用要件和适用情形,让该条款发挥其应有的作用。在处理互联网新型不正当竞争行为时,优先考虑是否可以适用互联网专条,包括其兜底条款。

2. 一般条款的法律适用分析

《反不正当竞争法》中的一般条款是审判实践中司法主体裁判不正当竞争纠纷案件的重要法律依据之一,面对互联网新形势下层出不穷的不正当竞争行为类型,一般条款以其原则性和灵活性在司法实务中发挥出愈发重要的作用,受到广泛适用。以本案为例,法院审理认为两被告伪造资质文件获取微信认证获取竞争优势的行为违反《反不正当竞争法》第 2 条:“经营者在生产经营活动中,应当遵循自愿、平等、公平、诚信的原则,遵守法律和商业道德。”即《反不正当竞争法》一般条款个案适用的具体体现。由于该规定具有开放性和不确定性,法官在适用过程中往往依据心证形成内心确信,易在司法实践中产生争议。“公认的商业道德”是实践中判断竞争行为正当性标准的重要依据,竞争行为是否因违反诚实

① 参见重庆腾讯信息技术有限公司、深圳市腾讯计算机系统有限公司与谌洪涛、上海幻电信息科技有限公司不正当竞争纠纷案,上海浦东新区人民法院(2019)沪 0115 民初 73840 号民事判决书。

信用原则和公认的商业道德而具有不正当性或者可责性是判断该条款适用与否的关键考量因素。此前,最高人民法院在案件[①]审理中指出“总体而言,适用反不正当竞争法第2条第1款和第2款认定构成不正当竞争应当同时具备以下条件:一是法律对该种竞争行为未作出特别规定。二是其他经营者的合法权益确因该竞争行为而受到了实际损害。三是该种竞争行为因确属违反诚实信用原则和公认的商业道德而具有不正当性或者说可责性,这也是问题的关键和判断的重点”。[②] 可见,判断经营者是否违反了商业道德成为在一般条款下认定市场竞争行为正当与否的核心。

此类审判原则的确立,在一定程度上遏制了恶意的商业竞争行为,有利于引导经营者在网络时代遵守竞争秩序,推动数字市场营商优化,维护正当竞争秩序。值得一提的是,在本次发布的《修订草案》中,第20条是新增的网络不正当竞争行为的一般条款,其保护的法益与第2条基本相同,旨在进一步应对层出不穷的网络不正当竞争行为,保护市场竞争秩序。

3. 兜底条款的法律适用分析

作为认定仿冒混淆行为的新增兜底条款,《反不正当竞争法》第6条第4项对被混淆对象的范围作出了明确规定,主要包括商品标识、主体标识及网络活动标识。本案审理过程中,法院认为被告采用与微信官方投诉界面极为近似的编辑方式进行整体性混淆的行为违反了《反不正当竞争法》第6条第4项,因此构成不正当竞争行为。在该条文中,应注意保持兜底条款与具体条款规范对象性质一致,只有在擅自使用他人有一定影响的标识足以产生《反不正当竞争法》第6条规定的混淆结果时,才能适用该条款规定。本案中,被告通过仿冒微信官方投诉界面,使消费者误认为是微信平台提供的投诉服务。使用与微信官方投诉界面相似的投诉

① 参见山东省食品进出口公司、山东山孚日水有限公司、山东山孚集团有限公司诉青岛圣克达诚贸易有限公司、马某庆不正当竞争纠纷案,最高人民法院(2009)民申字第1065号民事裁定书。

② 山东省食品进出口公司、山东山孚日水有限公司、山东山孚集团有限公司诉青岛圣克达诚贸易有限公司、马某庆不正当竞争纠纷案,最高人民法院(2009)民申字第1065号民事裁定书。

提交界面,重复使用“微信团队”字样,进一步深化了微信用户的混淆程度系通过多种识别元素组合构成整体性混淆,足以使用户误认为被告是微信官方团队或与微信团队存在某种特定关系。被告通过将涉案公众号与微信官方界面相混淆的行为,在一定程度上阻碍了有真正投诉需求的用户通过官方渠道表达诉求。对于微信平台而言,投诉渠道的设置是为了促进平台便捷管理,与用户之间建立沟通渠道以便于改进产品服务,维持现有竞争优势,获取商业利益。被告通过不正当手段扰乱微信商业系统竞争秩序,减损原告公司商誉的行为,实质上造成了消费性用户对微信官方团队信息的误认,具有较高的混淆误认盖然性,客观上造成了公众对双方当事人关系的误认,扰乱了市场竞争秩序,应当作为重点内容予以规制。

法院根据上述条款对被诉行为进行了审查,在审判中首次同时适用了《反不正当竞争法》的一般条款和兜底条款,充分说明了本案不正当竞争行为的多样性、复杂性和危害性,正确适用以上条款对于维系良好竞争秩序的重要性不言而喻。值得一提的是,为适应数字经济领域中新型不正当竞争行为的复杂多变,本次《修订草案》在传统商业混淆行为中引入混淆自媒体名称、应用软件图标、搜索关键词等,增设违反公平交易要求不正当竞争行为、恶意交易行为的相关条款,对此前的网络不正当竞争行为作了细化规定,进一步强化了对新型不正当竞争行为的监管趋势。

(四)新型不正当竞争行为判断的综合考虑因素

一般而言,不正当性的判断标准取决于《反不正当竞争法》的立法目的。结合该法第 1 条和第 2 条可知,《反不正当竞争法》的立法目的有三,一是制止不正当行为,保障竞争机制有效运行。二是保护经营者和消费者的合法权益。三是鼓励和保护公平竞争,维护正常的市场竞争秩序。其中,竞争机制受损是不正当竞争行为造成的根本影响,可以作为正当性判断的一般性标准适用于互联网领域复杂多变的新型不正当竞争纠纷案。《修订草案》中对新型互联网不正当竞争行为的综合考虑因素除《反不正当竞争法》第 2 条规定,新增是否违背公平、合理、无歧视的原则以及对技术创新等的影响评估,在第 21 条中具体规定了判断是否构成不正当竞争行为的具体考量因素,为解决实践中存在的不正当竞争纠纷提供了法制指引。在未来的司法实践中应当综合适用一般性标准和具体考量因素化解实践中存在的不正当竞争纠纷。

平台生态系统作为一种特殊的新型商业生态模式,核心为平台服务提供者、平台内经营者和消费者组成的三边关系,维护和平衡三方利益是该生态系统稳定发展,平台经济良好运行的重要手段。个案审理中也可以以三方利益为新型不正当竞争行为判断的重要因素。消费者利益保护可以沿用传统领域的法律保护思路,通过《消费者权益保护法》等相关法律进行保护。平台经营者在针对自身平台内经营者存在不当经营时,不仅可以通过传统合同法路径救济,亦可通过《反不正当竞争法》主张自身权利。《修订草案》第 22 条新增对平台经营者利益的法律保护,明确规定平台经营者的竞争合规管理义务,平台经营者应当在平台服务协议和交易规则中明确平台内公平竞争规则,引导平台内经营者依法竞争。

四、反法视角下平台治理思路扩展

在互联网环境中,商业模式竞争的核心在于获取用户与流量,通过信息数据变现获取竞争优势,通过何种手段进行用户留存与流量变现是互联网企业获取竞争优势的核心问题。由此衍生的各种不同模式的平台生态系统,作为企业竞争的核心竞争优势成为企业是否能够在日趋激烈的市场竞争中存活的关键问题,当竞争逐渐加剧时,为了获得竞争优势或破坏对手的竞争优势,侵犯商业模式的不正当竞争行为就会频繁出现。平台生态系统内用户负面影响的增加或参与程度下降,可导致系统内部出现重大变化,降低性能,形成负面评价,最终导致用户流失,最终导致该生态系统失去相对于其他服务平台的竞争优势。2022 年 12 月,《中共中央　国务院关于构建数据基础制度　更好发挥数据要素作用的意见》明确指出"压实企业的数据治理责任",[①]从数据治理角度扩展了平台治理的新思路。

---

① 参见《中共中央　国务院关于构建数据基础制度　更好发挥数据要素作用的意见(2022 年 12 月 2 日)》,载《人民日报》2022 年 12 月 20 日,第 1 版。

该案系典型的围绕商业模式产生争议的不正当竞争案件。原告和被告之间不是传统反不正当竞争案件中常见的横向关系,而是平台提供方与平台经营者用户。被告既是针对涉案微信公众号用户的经营者,也是平台提供方的合作者。法院在判决中提到以"此消彼长的竞争优势"作为竞争关系的内涵,并限制在原告的主体资格认定而非构成要件上,实际上是对《反不正当竞争法》适用范围的实质扩大,使更多的商事主体能够借助《反不正当竞争法》来维护自己的竞争利益。同时原告公司通过投入大量资金成本、人力物力经营微信平台,获取用户与流量,营造市场竞争优势,该优势依法应受到法律保护。法院在审理过程中将两被告的行为置于原告公司构建的商业生态平台中,从平台服务提供者、个人消费者和其他经营者三方利益出发综合进行评价,进一步扩展了《反不正当竞争法》适用范围。

法院在判决中指出"互联网领域平台生态系统所带来的经营模式符合相关法律规定,该经营模式形成的商业利益和竞争优势依法应受法律保护。"确立了对平台生态系统所带来的经营模式的法律保护。对平台生态系统通过《反不正当竞争法》治理,可以在最大限度上解决传统平台治理的不足,扩展了商业模式的保护范围。

五、结语

该案系首例平台管理者诉平台经营性用户不正当竞争纠纷案,通过裁判确定了平台治理司法保护新模式。在实践中首次确立了对平台生态系统的反不正当竞争保护,明确了经营者在平台生态系统中的竞争性权益。对平台生态系统中扰乱市场竞争秩序,损害其他经营者或消费者合法权益的行为进行了规制,给予法律上的明确约束。赋予了平台经营者在针对自身平台内经营者存在不当经营时,在传统合同法角度外,采用不正当竞争方式进行救济的路径。法院在审理过程中对商业模式下竞争性权益的扩张解释,对平台获取的竞争优势予以认可,对如何在互联网经济运行的新形势下实现网络服务提供者、消费者以及网络经营者之间达到利益平衡的难点作出了法制回应,有助于保护权利人的合法权益,进一步发挥数据作为生产要素的经济利益,促进行业发展。此种选择《反不正当竞争法》进行平台治理的新举措具有合理性和必要性,应予支持和肯定。

本案判决契合互联网经济发展,从竞争法的角度对微信生态中的经营行为进行规制,确立了平台治理司法保护的新模式,同时亦是回应了互联网时代对法律的新需求,为探索网络平台治理的新模式提供实践范本。

第十六章 “刷机”行为的性质认定及法律规制

马　宁* 王江桥**

【案例索引】

一审案号:杭州铁路运输法院(2018)浙 8601 民初 1079 号

【审判人员】

王江桥(承办人)、陈莹、叶胜男

【核心问题】

“刷机”服务侵犯了何种权利客体?“刷机”服务能否被认定为一种不正当竞争行为,以及如何确定构成竞争关系的相关主体?

【案情简介】

两原告系某品牌手机的制造商、ColorOS 手机操作系统产品的著作权人和所有权人和增值服务的运营人,为手机用户提供软件产品服务,并通过移动应用程序预置等形式开展经营活动并获得收益。两被告分别为某被诉侵权网站及被诉刷机软件的开发者、经营者,其通过被诉侵权网站为其用户提供针对涉案品牌手机系统 ROM 的开发、定制、下载及安装服务,和通过被诉侵权网站实际向用户收取费用的相应公司。两原告认为

* 马宁,西北政法大学行政法学院讲师。

** 王江桥,杭州市中级人民法院知识产权审判庭(杭州知识产权法庭)庭长,原杭州互联网法院(杭州铁路运输法院)副院长。

两被告通过其共同运营的被诉刷机软件及网站所实施的上述行为,妨碍、破坏了其合法提供的网络产品或者服务的正常运行,构成不正当竞争。故诉至法院,请求判令两被告停止侵权行为并赔偿经济损失及合理费用4,552,200元。

法院经审理后,认定涉案刷机行为具有不正当性,判决二被告立即停止涉案被诉行为并赔偿二原告损失50万元。判决后双方当事人均未提出上诉。

【分歧意见】

一种观点认为,被告的刷机行为不属于不正当竞争。刷机是指通过一定的方法更改或替换手机中原本存在的一些语言、图片、铃声、软件或者操作系统,在为手机用户解决手机卡顿、死机、系统崩溃、花屏、定屏、无法开机等故障、为用户定制专属操作界面等方面具有积极作用,手机厂商应对刷机行为保持一定的容忍度。首先,对刷机带来的商业模式应当予以肯定和支持。手机软件经营者通过自身的技术创新给手机用户提供更好的体验和更充分的选择,与手机厂商形成良性竞争来获取经济利益的模式,应当予以肯定和尊重。其次,刷机是一种更好地满足消费者需求的技术创新。刷机服务提供商可以使手机的功能更加完善,使手机还原到原始状态,符合用户需求。并且刷机包大部分为免费使用。最后,提供刷机服务是一种合法的商业行为。在充分保障用户的知情权、选择权,以用户体验为参考的基础上,在合理范围内依法、合规提供刷机服务的行为并不违反商业道德,遵循了自愿、平等、公平、诚信的原则。

另一种观点认为,被告的刷机行为属于不正当竞争。首先,完整的"终端+通道+应用"的移动互联网产业链,通过为用户提供多样化的产品和服务,满足用户多元化需求的商业模式,转换成流量优势,能够为经营者获得商业竞争优势,该种商业模式并不违反反不正当竞争法的原则精神和禁止性规定。其次,刷机实质是替换手机原有的操作系统,应以公开、公用的系统为基础,通过技术创新、智力创造独立开发出符合用户需要、能够吸引用户的手机操作系统。最后,被告行为违反了公认的商业道德和诚信原则，构成不正当竞争。依据2017年中国互联网协会发布的《移动智能终端应用软件分发服务自律公约》第18条规定，本案被告提供的刷机服务行为不仅违反了该公约第18条所规定的商业伦理，更直接干扰了两原告的商业模式，实质性替代了两原告基于其手机操作系统所带来的竞争优势和商业利益，扰乱了公平竞争市场秩序。

【审判观点】

法院针对“刷机”行为的审理思路如下：判断被诉行为是否具有正当性，应坚持从自由和公平原则出发，结合行为的目的、手段、后果等因素对其性质予以分析，并综合运用“商业道德”“竞争秩序”“利益平衡”等基本标准来检验并进行综合评判。

首先，刷机行为是否是一种违法行为。(1)从行为的方式和手段来看，被诉侵权网站提供的刷机包破解涉案品牌手机官方软件包写入非官方的软件包。(2)从行为目的来看，被告对自身提供的刷机服务主观上具有破解他人手机应用系统、删除相关应用并装载己方应用程序的故意。(3)从行为结果来看，涉案刷机使用的操作系统直接对两原告各种机型操作系统ROM包进行破解、修改和添加，破坏了原操作系统的完整性。

其次，“刷机”行为构成不正当竞争行为。互联网行业协会的公约规定“不得通过非法刷机行为干扰或阻碍其他应用分发服务”，两被告提供的刷机服务行为违背了手机行业所公认的商业道德。这种不正当地利用他人已经取得的市场成果为自己谋取商业机会、获取竞争优势的行为，属于不正当竞争行为。且两被告作为刷机服务商，用户数量、规模、市场占有率“寄生”于手机厂商的用户资源，其在刷机包中内置其他应用软件的行为，实质性替代两原告谋取了不当利益，这种商业模式与两原告具有同质性，本身未能提供更优的服务或者更好的交易条件，难谓有益于市场经济的发展。且两原告通过应用分发服务的商业模式实现盈利需求，获得的是合法竞争利益和商业优势，应当受到《反不正当竞争法》的保护。

【理论探索】

一、问题的提出

2014 年,我国手机网民规模首次超越传统 PC 端,成为第一大网络访问终端设备。根据中国互联网络信息中心(CNNIC)的统计,截至 2014 年 6 月,我国手机网民规模达到 5.27 亿人,较 2013 年年底增加 2699 万人,由 2013 年的 81.0% 提升至 83.4%。[①] 此后,在移动互联网获得高速发展的数年,手机的智能化和集成化程度不断提升,逐渐成为公众不可替代的首要网络访问途径。在 CNNIC 的最新统计结果中,截至 2022 年 6 月,我国手机网民规模达到 10.47 亿人,网民使用手机上网的比例更是达到了惊人的 99.6%。与此同时,移动互联网接入流量达到 1241 亿 GB,同比增长 20.2%。[②]

当前,手机已经完全超越了单纯的语音通讯工具,转变为极为重要的智能化信息交互平台,公众对于手机性能和定制化功能的需求也在不断提升,客观上促进了"刷机"产业的兴起。对于大部分手机用户而言,"刷机"早已不是一个陌生的概念,早在"塞班时代",通过刷机来获取 ROOT 权限,自定义系统和功能就成为手机用户优化资源、提升性能的常用方式。简单理解,"刷机"即"对手机操作系统进行重装,已非原来简单地对手机操作界面、铃声、字体等基础配备进行更新,更深层次的是对其内置应用通道加密技术的 ROM 包及系统文件的替换、修改和更新"。[③] 这就好比我们给传统 PC 端重装系统一样,其主要作用是优化系统资源,使手机在不改变硬件条件的情况下运行得更为流畅。通常,刷机被作为一种技术手段来解决手机卡顿、死机、系统崩溃、无法开机等故障,对于用户权益保障具有一定的积极意义,可以被认为是一种技术维护服务,理论上至

① 参见中国互联网络信息中心:《第 34 次中国互联网络发展状况统计报告》,载中国互联网络信息中心,https://www.cnnic.cn/n4/2022/0401/c88-765.html。

② 参见中国互联网络信息中心:《第 50 次中国互联网络发展状况统计报告》,载中国互联网络信息中心,https://www.cnnic.cn/n4/2022/0914/c88-10226.html。

③ 王江桥、卢忆纯:《"刷机"行为的性质认定及法律规制》,载《中国审判》2020 年第 21 期。

少具有目的的正当性。但在一些场景下,刷机也可能被用于明显的非法目的,典型的如非法数据获取和不正当竞争。

但囿于移动互联网生态系统形成的时间并不长,对于刷机行为本身的合法性问题至今仍然鲜有论及,也并无完全可以自洽的法律定性。以本文主要探讨的案例为例,仅就刷机行为在单一竞争语境下的正当性判断,目前尚且存在争议和分歧,而在更广泛的“法益”视域下,这一问题无疑会变得更为复杂。如果将手机视为一个完整的信息系统——事实上也确实如此①——那么刷机本质上便是对信息系统进行的访问和更改,无论目的为何,这一行为的合法性基础高度依赖于有效的“授权”机制。本文将以此认知为基本出发点,尝试初步辨明刷机行为的性质及其违法性认定标准。

二、基于“技术理性批判”的刷机行为可规制性探析

在本案现存的争议中,一种明确的观点是,刷机行为属于一种技术创新方法,其对于用户定制专属操作界面具有积极作用,根据技术中立原则,手机厂商应对刷机行为保持一定的容忍。在信息技术兴起的数十年中,技术中立原则保证了技术在大部分历史时期内处于相对宽松的外部法律规制环境中,对于技术初期的创新和发展起到了无可替代的积极作用。也就是说,技术中立原则是一种“技术治理进路”,而非“规范治理进路”。为此,技术中立原则和法律规范之间存在“天然的”紧张关系,在存在“预判式”否定性法律评价的情况下,该原则会明显削弱外部法律规制的正当性基础——对于刷机行为,亦是如此——如果刷机被视为一种技术方法,那么其应用评价应当完全依赖于市场机制,而非规范系统。

技术中立原则滥觞于“后工业社会”对“技术理性”的极致推崇,当技术成为社会生存和发展的核心驱动力时,技术理性便实质性地彰显了技术对世界认识和改造的巨大作用,“是一种扎根于人类物质需求及人对自

① 根据《最高人民法院、最高人民检察院关于办理危害计算机信息系统安全刑事案件应用法律若干问题的解释》,所谓“计算机信息系统”和“计算机系统”,是指具备自动处理数据功能的系统,包括计算机、网络设备、通信设备、自动化控制设备等。

然界永恒依赖的实践理性和技术精神”。① 技术理性对技术进步提供了源于社会内部的发展动力,例如,韦伯将技术理性等同于工具理性的论断,便可以进一步引申为用技术对社会支配或控制的可能性。如同工业技术造就了工业革命之后的社会繁荣,信息技术构成了信息社会存在和发展的基础。当我们习惯于用二进制代码来构建所有能够感知的物质和精神要素开始,理性便蜕变为一种用数据来表达的观念或能力。从这个意义上讲,为了追求真理、探寻知识和认识规律,信息技术就必须以泛化的形态融入社会肌理,体现为一种对技术理性的张扬,将技术的工具价值发挥到淋漓尽致。以技术理性的立场进行观察,确实使我们愈发怀疑对刷机行为进行外部规制的必要性,因为如果将技术理性视为一种可供研判的理性标准,那么技术本身就成为一种理性选择,这导致对于技术附加的任何规制都可能产生对理性的限制、批判和否定。

然而事实可能并非如此。回顾工业革命之后的巨大成就,其奠定了技术理性社会思潮的支配地位。但极端功利主义之下的技术利用仅注重实现技术工具性价值的目的和手段——认识和改造——而不关心与此相关的人文精神,特别是道德、规范和制度所建立的不同于纯粹机械论世界观的技术伦理。在近代技术发展中,技术理性被用于认识和掌握万事万物的客观规律,一切以科学为名义的活动都必须冠以理性的原则,技术理性开始取代传统理性,几乎成为理性的全部内容,韦伯所确立的“工具—目的理性”得到了急剧扩张。但是技术理性的膨胀也产生了一系列人类始料未及的危机,技术理性将技术的工具理性和价值理性视为绝对对立的两个面向,试图将工具意义还原为普遍的客观规律,片面注重功能和操作。理性一旦被划分为工具理性和价值理性,二者在认识层面的主客对立就表现为现实层面的相对隔离,外化为“工具的合理性和价值的非理性”。这意味着技术理性规范下的技术进路是一种摆脱传统理性中价值束缚的、野蛮式的技术利用范式,技术的功能仅在于实现各种预先设定的

① 巨乃岐:《关于技术理性的几点思考》,载《宝鸡文理学院学报(社会科学版)》2004 年第 5 期。

目的,而这种目的是否符合价值约束则并不重要。

显然,绝对的“技术理性”是一种赤裸而又纯粹的功利主义价值观。客观而言,一旦离散了道德和价值尺度的衡量,技术便只能成为工具的技术,而不可能作为人文的技术。为此,技术在推动社会发展的同时,也引发了技术误用或技术滥用而导致的社会失序问题。究其根本,这是技术理性中工具理性所倡导的“技术发展”与价值理性所推崇的“规范约束”相分离的结果。“一方面,技术发展先于人文和道德的发展,技术发展过程失去了具有现实必然性的人文与道德的规约;另一方面,人文与道德的发展滞后于技术的发展,失去了具有现实必然性的技术发展的支持。前者意味着技术发展的失控,后者意味着人文与道德本身的某些内容已经过时。”①与以往机械构造的技术体系不同,信息技术及其所构建的数字架构有其固有的脆弱性,导致信息技术利用本身就是极具风险的,如果承认技术的绝对理性而怠于对其进行合乎价值理性的约束,那么我们唯一能够确定的就是技术悲观主义所描绘的未来。

作为现代社会最为有效的调整工具,法律规范系统对于弥补和修正技术利用中的价值缺失具有异常重要的现实意义。需要意识到,技术理性所彰显的技术工具论缺乏应有的稳固基础,这种认识和改造世界的方法自身即存在瑕疵,不能形成稳定的预设性和期待性。鉴于“技术风险社会”的客观事实,主张依据“技术中立”原则而排除外部规制的尝试很难产生具有自洽性的共识基础——对于刷机行为如此,对于更为广泛的信息技术利用亦是如此——在这里,法律规范系统应当介入用于解决在技术利用过程中工具理性和价值理性可能出现的对立问题。当然,这并不是要将“技术理性”和“技术理性批判”绝对地对立起来,而是在承认技术理性积极作用的基础上,修正技术理性中的价值理性偏差。以刷机行为为例,法律规范系统介入的目的并不是意欲限制或禁止此类技术的利用,而是使技术利用过程更加符合各方市场参与主体的价值需求。

① 巨乃岐、邢润川:《试论技术理性及其批判》,载《东北大学学报(社会科学版)》2005 年第 3 期。

三、刷机行为的性质及其合法性基础

如前所述,刷机行为本质上是对手机操作系统和其他程序进行的访问和更改,首先应当符合关于计算机信息系统安全保护的一般性规定,否则就具有“破坏计算机信息系统”的违法性。依据“形式外观主义”,仅从行为构成方面观察,刷机行为应当符合我国《治安管理处罚法》第 29 条①和《刑法》第 285 条②、第 286 条③关于“破坏计算机信息系统”违法犯罪活动的规定,主要包括侵入计算机信息系统(进入手机操作系统);对计算机信息系统功能进行删除、修改、增加、干扰,造成计算机信息系统不能正常运行;对计算机信息系统中存储、处理、传输的数据和应用程序进行删除、修改、增加(对手机出厂预装系统或应用进行修改、删除、增加,以满足用户的定制化需求)。同时,刷机行为本身也具有明显的“破坏性”,一旦配置错误,会导致手机完全丧失使用功能(也就是我们俗称的“手机变砖”)。

但可以发现,刷机行为的违法性认定有一个基本前提,即“违反国家

① 《治安管理处罚法》第 29 条:“有下列行为之一的,处五日以下拘留;情节较重的,处五日以上十日以下拘留:(一)违反国家规定,侵入计算机信息系统,造成危害的;(二)违反国家规定,对计算机信息系统功能进行删除、修改、增加、干扰,造成计算机信息系统不能正常运行的;(三)违反国家规定,对计算机信息系统中存储、处理、传输的数据和应用程序进行删除、修改、增加的;(四)故意制作、传播计算机病毒等破坏性程序,影响计算机信息系统正常运行的。”

② 《刑法》第 285 条:“违反国家规定,侵入国家事务、国防建设、尖端科学技术领域的计算机信息系统的,处三年以下有期徒刑或者拘役。违反国家规定,侵入前款规定以外的计算机信息系统或者采用其他技术手段,获取该计算机信息系统中存储、处理或者传输的数据,或者对该计算机信息系统实施非法控制,情节严重的,处三年以下有期徒刑或者拘役,并处或者单处罚金;情节特别严重的,处三年以上七年以下有期徒刑,并处罚金。提供专门用于侵入、非法控制计算机信息系统的程序、工具,或者明知他人实施侵入、非法控制计算机信息系统的违法犯罪行为而为其提供程序、工具,情节严重的,依照前款的规定处罚。单位犯前三款罪的,对单位判处罚金,并对其直接负责的主管人员和其他直接责任人员,依照各该款的规定处罚。”

③ 《刑法》第 286 条:“违反国家规定,对计算机信息系统功能进行删除、修改、增加、干扰,造成计算机信息系统不能正常运行,后果严重的,处五年以下有期徒刑或者拘役;后果特别严重的,处五年以上有期徒刑。违反国家规定,对计算机信息系统中存储、处理或者传输的数据和应用程序进行删除、修改、增加的操作,后果严重的,依照前款的规定处罚。故意制作、传播计算机病毒等破坏性程序,影响计算机系统正常运行,后果严重的,依照第一款的规定处罚。单位犯前三款罪的,对单位判处罚金,并对其直接负责的主管人员和其他直接责任人员,依照第一款的规定处罚。”

规定”,其行为本身应当具有明确的“非法性”。然而遗憾的是,包括《计算机信息系统安全保护条例》和《网络安全法》在内的计算机安全基本立法均未能对此予以明确。对计算机信息系统、数据、应用程序进行控制、删除、修改、增加,在何种情况下是合法的,在何种情况下又是非法的,这在具体的司法实践中已然产生了非常广泛的理论困惑。

本文认为,对于这一问题的回答也许可以从《最高人民法院、最高人民检察院关于办理危害计算机信息系统安全刑事案件应用法律若干问题的解释》(法释〔2011〕19 号)中探得一些端倪。该解释尽管本身仍然未能明确相关活动的“合法性边界”,却对“用于侵入、非法控制计算机信息系统的程序、工具”作出了解释,主要包括具有避开或者突破计算机信息系统安全保护措施,未经授权或者超越授权获取计算机信息系统数据的功能;具有避开或者突破计算机信息系统安全保护措施,未经授权或者超越授权对计算机信息系统实施控制的功能。由此推断,我国计算机安全立法主要规制的是“未经授权或超越授权”[①]的行为,这是判定相关行为违法性的关键要素。

当前,以“未经授权”作为“破坏计算机信息系统”违法性认定的标准也符合国际通行惯例。例如,英美法系很早就展开了关于“侵犯动产理论”在网络空间适用问题的探讨,尽管“私人财产原则”并不能绝对等同于将“信息视为物”的适用场景,但如果将计算机信息系统作为一个独立的“空间”,未经权利人同意的系统访问和修改仍然具有一般财产意义上的侵权特性。这一观念也在此后的立法中予以固化下来,例如,1986 年出台的《计算机欺诈与滥用法》作为美国首部专门针对计算机犯罪的联邦法律,就明确规定,“未经授权或超越授权故意访问计算机系统,并从受保护的计算机系统中获取信息”的行为应当承担相应责任。

---

① 需要予以澄清的是,对于“避开或者突破计算机信息系统安全保护措施”同“未经授权”的关系,本文认为不应当被理解为二者存在具有并列关系的“或然”属性。其中,前者是后者的普遍性表现形式,例如,利用身份盗窃或劫持来突破身份访问控制策略,其本质上仍然属于“未经授权”的信息系统访问。在获取有效授权的情况下,实施避开或者突破计算机信息系统安全保护措施的行为也不应再具有“违法性”。这就好比开锁公司在获得房主同意的情况下,对原有的门锁进行破坏一样。为此,判定相关行为违法性的关键仍然在于“未经授权”。

综上所述,刷机行为尽管在外观形态上符合“破坏计算机信息系统”的行为构成,但如果是以“授权”为前提,其便具有合法性基础。那么,接踵而来的问题就是,“授权”是获得“谁的授权”?是手机厂商还是用户?从一般财产理论判断,手机用户在支付对价取得手机所有权之后,便应当享有对该手机及其配套软硬件的相应处分权利,是适格的“授权主体”,其具体的处分权利中当然也包括为提升功能体验而进行的系统更改。这就好比用户在购买计算机之后,有权自行决定使用何种操作系统,下载哪些应用软件。为此,针对第三方提供的刷机服务,对于其合法性的判断应当依赖于是否充分有效地取得了用户授权(同意)。不过需要注意的是,刷机本质上是对原有手机系统和应用更改,可能具有一定的“破坏性”,从公平原则的角度出发,用户选择刷机之后,手机厂商便不再承担产品质量担保责任。

四、竞争法视域下刷机行为的不正当性分析

如前所述,判断刷机行为合法性的前提是其是否获得了有效“授权”,是否存在实质性“未经授权访问和更改”的客观损害结果。但在此基础上,竞争法视域下的行为正当性分析则可能引入额外的“公平”考量因素,进一步厘定刷机行为的“合法性边界”。本文探讨的案例系我国首例因“刷机”引发的不正当竞争纠纷案件,法院依据《反不正当竞争法》第2条的基本原则规定①,从原告是否享有《反不正当竞争法》所保护的权益、被诉行为是否具有不正当性、双方当事人是否属于竞争关系、被诉行为是否给原告造成损害等四个方面进行了综合分析,极具启示和指导意义。鉴于本文关注的是刷机行为的性质本身,本部分仅对其中“被诉行为是否具有不正当性”这一关键性问题予以集中阐述。

法院首先对现有手机市场的基本商业模式进行了透彻分析,认为当前的市场具有流量底层化的特点,众多基于终端的特色业务和服务被整合起来,在实现入口平台化的基础上形成了一条完整的“终端+通道+应

---

① 经营者在生产经营活动中,应当遵循自愿、平等、公平、诚信的原则,遵守法律和商业道德。

用”的移动互联网产业链,其通过将用户优势转换为流量优势,能够为经营者获得商业竞争优势,该种商业模式并不违反《反不正当竞争法》的原则精神和禁止性规定。同时,法院明确指出,随着智能手机行业多年发展和竞争,单纯靠硬件销售获得收益的经营方式难以为继,应用分发的商业模式已成为硬件客户端普遍的商业模式。该种商业模式的基础是其手机软硬件的贡献以及用户的市场认可,需要手机生产商投入大量成本和资源,作为手机生厂商也应当享有其后续流量变现的权益。故原告通过应用软件分发服务的商业模式以实现盈利需求,获得的是合法竞争利益和商业优势,应当受到《反不正当竞争法》的保护。

在此基础上,法院对被诉刷机行为综合其目的、手段和后果等因素进行了全面分析,认为从行为的方式和手段来看,被诉侵权网站中提供的刷机包破解涉案品牌手机官方软件包写入非官方的软件包;从行为目的来看,被告对自身提供的刷机服务主观上具有破解他人手机应用系统、删除相关应用并装载己方应用程序的故意;从行为结果来看,涉案刷机使用的操作系统直接对两原告各种机型操作系统 ROM 包进行破解、修改和添加,破坏了原操作系统的完整性。为此,被诉刷机行为具有非常明显的“非正当性”特点。

(一)涉案刷机行为违反商业道德

法院认为,《反不正当竞争法》所要求的商业道德是指特定商业领域中市场交易参与者所普遍认知和接受的行为标准。其援引 2017 年中国互联网协会发布的《移动智能终端应用软件分发服务自律公约》第 18 条的规定①,认为本案被告提供的刷机服务具有不正当性,属于非法刷机。由于该公约是互联网从业人员在长期商业实践中所形成的公认的行为准则,其中显著体现了相关主体应当遵从的商业道德。本案中,被告的刷机

① 《移动智能终端应用软件分发服务自律公约》第 18 条:“在下载、安装、升级、使用、卸载应用软件时,不得实施以下行为:通过非法刷机行为干扰或阻碍其他应用软件分发服务;通过非法刷机行为擅自使用其他应用软件分发服务的名称、图标、外观设计等,造成混淆,误导或欺骗用户;通过非法刷机行为修改移动智能终端操作系统;参与、支持、帮助有关主体进行非法刷机行为,谋取不当利益。”

行为已经明显违反了上述商业伦理,更直接干扰了两原告的商业模式,实质性替代了两原告基于手机操作系统所带来的竞争优势和商业利益。

(二)涉案刷机行为干扰竞争秩序

法院认为,不正当地利用他人已经取得的市场成果为自己谋取商业机会、获取竞争优势的行为,属于不正当竞争行为。本案中,被告作为专门提供刷机和相关服务的公司,其商业模式具有"寄生性",其吸引用户的主要方式之一是通过原告手机用户群体的注意力引流,其用户数量、规模、市场占有率的发展和扩大是建立在手机厂商持续性、高成本投入而获得的用户资源的基础上,一定程度上属于"搭便车"的行为。被告修改、删除、替换原操作系统中的应用软件,并在刷机包中内置其他应用软件的行为,切断了手机厂商和用户的联系、损害了两原告基于其合法商业模式带来的竞争优势和合法利益,并在此过程中实质性替代两原告谋取了不当利益。故被告的行为不正当地利用他人已经取得的市场成果,为自己谋取利益,攫取了原本属于两原告的商业机会,不应当认定为符合市场秩序的竞争行为。

(三)涉案刷机行为不符合利益平衡原则

法院认为,"利益平衡"原则理应成为评价竞争行为是否具有正当性的重要参考因素之一,其应当从经营者、竞争者和消费者三方的利益平衡综合进行考量。其中法院特别强调,对于相关利益的保护,应当考虑是促进创新还是妨碍创新。这一点是极为难能可贵的,非常符合本文前述关于"技术理性"应然性的探讨结论。首先,针对被告关于原告手机预装软件侵犯用户知情权和选择权的主张,原告手机预装软件的行为已经通过官网公示的告知形式对预置应用软件和删除方式进行了说明,已经保障了用户知情权、选择权。退一步讲,即使原告手机提供应用的方式不符合规定且无法删除,该不合规行为应当由消费者协会或有关监管部门对其进行规制,并不能成为两被告实施不当行为的理由。其次,在信息安全保障方面,手机硬件生产商,特别是品牌手机商针对相应硬件开发的手机操作系统,在对手机用户隐私、个人数据的保护上均具有更高的安全性标准,监管部门亦能够通过对手机厂商准入资质的限制,操作系统风险的评估等方式针对硬件提供商收集、使用、保护数据的行为加强监管力度,从而更加有效地保护消费者权益。而非法刷机服务,会阻断硬件提供商和用户的联系,更产生其他内置应用软件提供主体获取个人数据进行二次开发或利用,却无法得到监管和控制等风险。使个人数据始终处于一种不确定的潜在危险状态,更可能危害整个网络数据安全,最终损害互联网行业的健康有序发展。

五、结语

本章认为,本案中法院对于刷机行为的不正当性认定具有非常坚实而全面的分析基础,特别是其中从更为宏观的“安全”和“创新”角度进行了有益的利益平衡考虑,非常具有启发意义。不过,一个可能需要进一步延展的问题是,当前手机厂商预装软件的行为是否应当被视为一种“受保护”的商业模式?事实上,手机厂商预装软件的行为一直受到非常强烈的诟病,其极为类似于“捆绑销售”,被广泛认为“侵犯消费者的自主选择权”。[①] 本案中法院认为,随着智能手机行业多年发展和竞争,单纯靠硬件销售获得收益的经营方式难以为继,作为手机生厂商应享有其后续流量变现的权益。故原告通过应用软件分发服务的商业模式以实现盈利需求,获得的是合法竞争利益和商业优势,应当受到《反不正当竞争法》的保护。这是一种站在“发展”和“创新”角度的有益的观点探索——如果否认这种商业模式的合理性,势必会使手机厂商对产品和服务研发丧失积极性和主动性——但这一判断不应当被解读为“绝对化”的,其需要包含特定的前提条件,即手机预装软件应当是“非强制性”的,且为用户提供能够使用正常、便利手段进行删除、卸载的选择。否则,便不宜认定为应当受到保护的商业模式,因为这对于用户权益构成了明显减损。此外,应当予以澄清的是,刷机行为本身可能不应当被理解为一种默认的“非法行为”,我国当前的法律规范框架中并无关于“非法刷机”的明确界定,但根据前文分析,刷机行为的合法性基础应当基于“授权同意”。从物权角

① 张彬彬:《手机预装软件的法律规制》,载《上海政法学院学报(法治论丛)》2014 年第 9 期。

度分析,用户在支付对价取得手机的所有权后,就应当对手机硬件及其配套的软件系统享有直接支配并排除他人干涉的权利,其中当然包括通过刷机变更系统和软件的权利。为此,类比自行刷机,由第三方受用户委托而提供的刷机服务也很难被认定为一种非法行为,其中需要植入对于第三方“主观恶意”的判断。例如,如果用户在充分知情的情况下,自主选择了第三方提供的 ROM 包,用以替换原手机预装的操作系统和软件,这一过程尽管客观上导致原手机厂商丧失基于分发软件的后续商业机会,但本质上仍然是用户行使财产处分权的结果,第三方只是提供相应的技术支持,其主观上也并无排除和限制原手机厂商竞争的主观故意,因而也不适合适用竞争法规则进行调整。

第十七章　屏蔽视频广告行为的司法认定

金枫梁*　王江桥**

【案例索引】

一审案号：杭州铁路运输法院(2017)浙8601民初928号

二审案号：浙江省杭州市中级人民法院(2018)浙01民终231号

【审判人员】

王江桥(承办人)、沙丽、孟焕良

【核心问题】

如何保护"免费视频＋广告"商业模式带来的合法利益？视频网站用户利用软件屏蔽视频广告的行为是否合法？软件开发商提供屏蔽视频广告的行为是否构成不正当竞争？

【案情简介】

原告某信息技术(北京)公司系某视频网站的经营者，被告系杭州某软件公司。被告开发了一款某网APP，并在下载页面显示"某网是目前国内最好用的广告过滤软件，完全免费！唯一有效拦截全网热门APP广告"。用户下载被告开发的某网APP后，可通过操作步骤的指引设置广

* 金枫梁，华东政法大学法律学院副研究员。

** 王江桥，杭州市中级人民法院知识产权审判庭(杭州知识产权法庭)庭长，原杭州互联网法院(杭州铁路运输法院)副院长。

告屏蔽功能,且只要用户启用该屏蔽功能,观看原告网站的视频时就会跳过视频前的相关广告。故原告以被告侵犯其权益、构成不正当竞争行为为由诉至法院,请求判令被告立即停止侵权,同时赔偿原告经济损失及合理费用共计人民币106万元。

经审理后,一审法院判决被告立即停止侵权,并赔偿经济损失及合理费用32万元。一审宣判后,被告提起上诉,二审法院判决驳回上诉,维持原判。

【分歧意见】

第一种意见认为,原被告之间不存在竞争关系,且基于技术中立原则被告可不承担责任。首先,双方各属于不同的商业领域:一方是互联网视频的提供商,广告经营系其收入来源之一,另一方则是纯粹的计算机软件企业,没有广告经营的业务,业务经营不存在此消彼长,单纯发布某网软件的行为不构成不正当竞争。其次,被告发布某网软件系技术中立,用户自行设置屏蔽个别网站广告时,被告无法也无权干预用户安装软件。综上,提供屏蔽视频广告的软件开发者不应当承担侵权责任。

第二种意见认为,原被告之间存在竞争关系,且被告提供屏蔽广告的技术措施具有主观恶意。首先,作为市场经营主体经营公司当然具有营利性,被告投入人力物力研发涉诉软件并免费向用户提供,屏蔽非弹出式页面广告和视频广告,和原告一样,均是通过网络运营向用户提供不同的网络服务内容,因此,二者存在竞争关系。原告采用"免费视频+广告"以及"会员免广告"的经营方式系正常的经营活动,因此而获得的利益应当受到反不正当竞争法的保护。技术中立,一般是指如果技术具有实质性的合法用途,该技术的提供者不因用户将其用作侵权用途而承担侵权责任,但不排除提供者具有主观恶意的情况。被告不仅明知原告的正当利益受到损害而放任损害后果的发生,而且客观上存在促成他人使用某网软件屏蔽原告视频广告之事实。同时,被告亦未能证明某网软件具有非实质性侵权用途。因此,实质性非侵权用途标准在本案并不能适用,亦不能成立技术中立的抗辩理由。

【审判观点】

法院针对屏蔽网站广告的审理思路如下：

首先，判定原被告之间是否存在反不正当竞争法规制的竞争关系。如果经营者的行为对其他经营者的利益造成损害，且同时基于这一行为获得现实或潜在的客户群体、商业交易机会等经济利益，形成此消彼长的市场份额，则可以认定二者具有竞争关系。本案中，被告因吸引观看原告视频的用户使用某网 APP 而获得利益。故二者具有反不正当竞争法规制的竞争关系。

其次，"免费视频 + 广告"的商业模式是否属于反不正当竞争法所保护的权益。商业模式作为市场经济条件下自由竞争的产物，其背后蕴含着经营者的合法利益。"免费视频 + 广告"的商业模式使网站经营者、互联网用户与广告主之间各取所需，形成有序的利益分配和循环。基于《反不正当竞争法》的制度旨在维护合法有序的社会竞争秩序，若经营者在经营活动中的行为符合法律规定，则这种合法的经营行为获得的合法权益应受反不正当竞争法保护。

最后，被告开发并提供某网软件是否具有主观恶意并构成不正当竞争。虽然"技术"可以作为经营者在经营活动中采取的措施，但也应当通过诚信经营、公平竞争来获得竞争优势，尊重他人的经营模式和正当利益，不得利用技术手段妨碍、破坏其他经营者合法提供的网络产品或者服务正常运行。被告屏蔽视频广告的行为影响了视频经营者的广告收益及部分消费者的长期利益，该种损害已不是市场竞争自然属性使然，而超越了正当竞争的边界。屏蔽视频广告软件的开发者及运营者如果有明确的侵权指向、明显的步骤引导，利用网络用户实施侵权行为，则可认定为直接侵权。

【理论探索】

近年来，互联网广告屏蔽技术对"广告 + 免费节目"的商业模式产生了重大冲击，由此引发的广告屏蔽行为是否应当受到法律规制以及如何规制的问题,学界和实务界一直争议颇大。

一、“广告+免费节目”的商业行为模式的正当性

(一)“广告+免费节目”商业模式

判定屏蔽广告技术正当性的前提是明确该商业模式运行原理。该商业模式最简单与最原始的形态是一个以视频网站经营者为平台、用户与广告商分居两侧的双边市场。就“平台经营者—用户侧”而言,视频网站的经营者向用户提供免费节目观看服务:该视频分为两部分,一部分是免费的节目,另一部分是平台经营者通过技术手段主动植入的广告;用户要获得完整的节目无需支付金钱,但须观看广告。就“平台经营者—广告方侧”而言,视频网站经营者与广告方签订广告投放协议,并向广告方收取广告费用于支付视频版权与相关运营成本。平台顺利运行的前提是在视频网站平台双边拥有足够基数的用户数量。通常情形下,视频网站平台的用户数量与点击视频次数的多少直接决定了视频网站平台经营者的广告业务的市场价值,也间接决定了视频网站平台是否具有提供足够优质免费节目以及覆盖运营成本的能力。对该种商业模式,有法院对此有着经典的阐述:“在传统经济模式下,同业经营者的范围仅限于经营者在针对同一商品或者服务领域的竞争。但是随着社会经济的迅速发展进步,尤其是随着互联网行业的出现和蓬勃壮大,出现了不同于传统经济模式的双边市场。”①

(二)商业模式并非法律保护对象

有学者认为,商业模式是一种法律应当保护的绝对权或类绝对权,甚至认为任何经营者实施的干扰行为均具有不正当性而应当受到法律上的否定性评价。② 这种观点值得商榷。就现行法律体系而言,目前无论是民法还是知识产权法均没有将商业模式规定为绝对权。《专利审查指南(2020年版)》第4.2章也直接指出,商业模式“由于其没有采用技术手段

① 北京知识产权法院民事判决书,(2014)京知民终字第79号。

② 张钦坤:《〈反不正当竞争法〉一般条款适用的逻辑分析——以新型互联网不正当竞争案件为例》,载《知识产权》2015年第3期。

或者利用自然规律，也未解决技术问题和产生技术效果，因而不构成技术方案……因此，指导人们进行这类活动的规则和方法不能被授予专利权”。因而，商业模式并不是法律保护的对象，视频网站对其商业模式也不享有任何法定权利。[①]

“广告+免费节目”商业模式将具有不同利益需求的视频网站经营者、视频用户与广告主整合在同一个平台框架下，形成利益运行机制。在这种模式创立初期，视频网站经营者的主要收入主要依赖于基于用户点击广告而形成的广告收入。广告屏蔽技术使用户无须点击观看广告便可以直接观看视频，打破了视频网络平台经营者与广告商之间的利益连接点，使视频网站平台的广告费直接减少。从长远上看，如果视频网络经营者不采取措施，将直接使视频网络平台经营者的市场价值降低而退出市场。

由于视频网站平台经营者并不受到类似绝对权性质的保护，视频网站平台经营者应对广告屏蔽技术只能采取反制措施或采取其他商业模式。典型的技术手段是采取反制适用屏蔽广告的技术，典型的商业模式则是采取收费制或者会员制的业务模式。

这也在快乐阳光公司诉唯思公司案[②]的一审判决中得到支持，“应当明确，任何经营者均不负有尊重他人的商业模式、维护其他经营者的利益的义务，这是市场经济竞争法则的体现。而且，竞争要在发展中考量，这种发展也要体现在行业的发展上，由此‘广告+免费视频’的商业模式，也不应是不变的，而是要顺应技术、社会、网络用户的需要进行调整”[③]。

二、以交易机会为着眼点判断竞争关系

《反不正当竞争法》第2条明确将不正当竞争行为修改为“经营者在生产经营活动中，违反本法规定，扰乱市场竞争秩序，损害其他经营者或者消费者的合法权益”。这表明《反不正当竞争法》中的不正当竞

① 参见董慧娟、周杰：《对浏览器过滤视频广告功能构成不正当竞争的质疑》，载《知识产权》2014年第12期。

② 参见广东省广州市黄埔区人民法院民事判决书，(2017)粤0112民初737号。

③ 北京市朝阳区人民法院民事判决书，(2017)京0105民初70786号。

争行为既可以损害特定竞争者,也可以损害消费者。因此,判断一项行为是否构成不正当竞争,并不以损害特定竞争者且其相互之间具有竞争关系为必要,而应根据其是否违反竞争原则或者其他具体法律标准而进行认定。

互联网环境中产品和服务之间的界限并非泾渭分明,传统的行业界线已经变得模糊,将提供同类商品或服务的经营者视为具有竞争关系已经不能满足维护互联网经济正当竞争秩序的需要,不具有直接替代可能性的经营者之间也会发生直接的竞争关系。并且,互联网市场中的竞争由传统市场中的"利润竞争"向"注意力竞争"转变。因此,《反不正当竞争法》调整的竞争关系的判断应当重点考量竞争行为的性质及后果,如果经营者的行为对其他经营者的利益造成损害,且同时基于这一行为获得现实或潜在的客户群体、商业交易机会等经济利益,形成此消彼长的市场份额,则可以认定二者具有竞争关系。

三、提供屏蔽视频广告的软件开发者直接侵权的认定

(一)侵权责任认定的法律框架

由于"广告+免费节目"的商业模式不属于绝对权,只能通过《反不正当竞争法》进行认定。

《反不正当竞争法》2017 年修订前,对提供屏蔽视频广告的软件开发者行为的评价主要仰赖于概括条款,即"经营者在生产经营活动中,应当遵循自愿、平等、公平、诚信的原则,遵守法律和商业道德"。需要指出的是,原国家工商总局颁布并于 2016 年 9 月 1 日起施行的《互联网广告管理暂行办法》第 16 条第 1、2 项则率先在全球明确规定了广告屏蔽行为的违法性。实务中,该条款已经成为视频网站指控提供屏蔽广告是否违反商业道德的重要依据。但该规定在性质上属于部门规章,法院并没有必然的法定义务将其作为裁判依据。立法者分别于 2017 年、2019 年对《反不正当竞争法》进行了两次修订,虽然 2021 年的修订草案中增加了对屏蔽行为的相应规定,但因本案的法律适用,故在此有必要对 2019 年《反不正当竞争法》的评述。其中新修订的第 12 条互联网专款第 1~3 项并没有就"视频广告屏蔽行为是否正当"作出明确的回应;因而,屏蔽广告的规制只能通过第4项兜底条款进行规制。广告屏蔽行为是否构成不正当竞争手段的判定依然要回到第2条。具体而言需要满足三个条件:第一,视频广告屏蔽软件提供者与视频网站经营者间是否存在竞争关系。第二,视频广告屏蔽软件提供者的行为是否使视频网站经营者的合法权益受到实际损害。第三,视频广告屏蔽软件提供者的行为是否违反了《反不正当竞争法》第2条规定的商业道德。其中商业道德的判断又成为核心。

(二)目前观点的梳理

研发与提供屏蔽技术行为的合法性问题上存在肯定说与否定说两种观点。

持肯定说的常见理由是,屏蔽软件的研发与提供本身具有屏蔽互联网视频平台所发布的网络广告的主观故意,且这种屏蔽行为既损害了"广告+免费节目"商业模式背后的合法利益,又违背商业道德而具有谴责性,因而需要承担责任。有学者认为,互联网广告屏蔽行为增加了屏蔽软件提供商的用户流量,可将其归类为流量劫持行为而具有可谴责性。[①] 就法院实务而言,尽管在快乐阳光公司诉广州唯思公司案[②]和腾讯公司诉北京世界星辉公司案[③]等少数一审案件中,法院持否认立场,但二审法院均认为视频广告屏蔽行为构成不正当竞争,应当承担法律责任。

腾讯公司诉北京世界星辉公司案中,二审法院对此有经典的表述,"符合公认商业道德的竞争行为通常应有利于社会总福利,因此,在具体案件中可以通过分析被诉行为对社会总福利的影响从而对其是否违反公认商业道德进行验证。"[④]该立场在魅族公司等与飞狐公司等不正当竞争

---

① 参见杨明:《互联网广告屏蔽行为的效应分析及规制路径选择》,载《清华法学》2015年第4期。

② 参见湖南快乐阳光有限公司与广州唯思有限公司不正当竞争纠纷上诉案,广州知识产权法院(2018)粤73民终1022号民事判决书。

③ 参见深圳市腾讯有限公司与北京星辉科技有限公司不正当竞争纠纷上诉案,北京知识产权法院(2018)京73民终558号民事判决书。

④ 深圳市腾讯有限公司与北京星辉科技有限公司不正当竞争纠纷上诉案,北京知识产权法院(2018)京73民终558号民事判决书。

纠纷案[①]、爱奇艺公司诉极科极客公司案[②]、合一公司诉金山公司案[③]、聚力公司诉大摩公司案[④]等判决中得到体现。

持否认说的学者则认为,市场竞争本身蕴含了商业模式无须尊重的内涵,基于商业模式发生的利益冲突也是市场竞争的常态,该问题的解决通常依然需要依靠市场竞争机制。[⑤] 因而,尽管屏蔽广告技术对"广告+免费节目"商业模式及其背后的行业利益造成一定冲击,但与商业道德并不存在关系。有法院判决也认为,"市场竞争具有天然的对抗性,也必然导致损害,但损害本身不具有是与非的色彩,只要该损害并非直接针对性的、无任何可躲避条件或选择方式的特定性损害,就不单独构成评价竞争行为正当性的倾向性要件。就具有选择性屏蔽广告功能的浏览器而言,其不针对特定视频经营者,亦未造成竞争对手的根本损害,故开发、经营涉案浏览器不足以认定为不正当竞争行为。"[⑥]

(三)直接侵权的认定

互联网边界模糊,假使要求互联网竞争者穷尽方法避免侵害他人的合法权益,对其苛以过重的注意义务不利于技术进步。由美国最高法院在1984年的"索尼案"中提出的一个判断主观过错的标准——实质性非侵权用途规则,即只要一种产品具有实质性非侵权用途,即使产品提供者知道有人可能会使用该产品去侵权,也不能仅以有用户确实使用该产品侵权为由,推定产品提供者具有主观过错并构

① 参见珠海市魅族有限公司等与飞狐(天津)有限公司等不正当竞争纠纷上诉案,北京知识产权法院(2020)京73民终1496号民事判决书。

② 参见北京极科极客有限公司与北京爱奇艺有限公司不正当竞争纠纷上诉案,北京知识产权法院(2014)京知民终字第79号民事判决书。

③ 参见北京金山有限公司等与合一(北京)有限公司不正当竞争纠纷上诉案,北京市第一中级人民法院(2014)一中民终字第3283号民事判决书。

④ 参见上海大摩有限公司与上海聚力有限公司其他不正当竞争纠纷上诉案,上海知识产权法院(2016)沪73民终34号民事判决书。

⑤ 参见孔祥俊:《论反不正当竞争的基本范式》,载《法学家》2018年第1期;张广良:《具有广告过滤功能浏览器开发者的竞争法责任解析》,载《知识产权》2014年第1期。

⑥ 参见北京市朝阳区人民法院民事判决书,(2017)京0105民初70786号。

成"间接侵权"。[①] 不正当竞争行为作为一类特殊的侵权行为,应当将主观故意作为归责要件之一。至于如何判断主观过错,还要结合客观行为进行判断。互联网经营竞争者理应尊重他人合法权益,在商业活动中避免利用技术手段妨碍他人正常经营活动。本案中,杭州某软件公司研发并提供具有屏蔽视频贴片广告功能的涉案乐网软件,并明确宣传该软件"能拦截主流视频 APP 的视频广告,优酷、腾讯、乐视、搜狐等"。这表明杭州某软件公司对导致优酷公司广告投放的预期效果受到损害是知道或应当知道的。杭州某软件公司明确地且有指向性地将屏蔽优酷视频作为其主要功能,具有明显的主观故意。

如果侵权人具备主观故意,即明知、预见其行为会造成侵权后果而仍然追求、默许此损害结果或发生,应当认定该行为构成直接侵权。间接侵权的行为人的行为本身并没有直接实施侵权行为,但实施了教唆、帮助、诱导他人的行为,为直接侵权行为提供了必要条件。知识产权的共同侵权与传统民法的共同侵权不尽相同,在司法实践中已经有案例认定即使原告没有起诉直接侵权的第三方,法院仍然判令实施帮助侵权行为的被告与直接侵权的第三方网站构成共同侵权。[②] 那么,屏蔽视频广告者是否是网络服务提供者,是否需要迂回至间接侵权认定其应当承担侵权责任?就本案而言,虽然由用户下载、安装并运行乐网软件,但实现屏蔽优酷视频网站播放页面中的片头广告是乐网软件的主要功能之一,亦是杭州某软件公司提供相应技术支持和保障。用户在是否采用广告屏蔽技术的问题上互联网用户具有自主选择权,一方面,"广告 + 免费节目"商业模式中的免费仅仅是金钱上的免费,但在注意力经济视角下并不免费,而是以用户支付观看广告作为对价的。与此同时,用户还面临不确定的危险,例如,广告内恶意或欺诈性网站的连接会给用户造成威胁。因而,消费者有权采用屏蔽技术实现成本最小化,广告屏蔽技术具有很高的社会

① 参见 House Report No. 781, 98th Congress, 2nd Session (1984), Footnote 21. 转引自徐海运:《网络播放设备著作权侵权问题研究》,载《网络知识产权保护热点疑难问题解析》,中国法制出版社 2016 年版,第 160 页。

② 参见最高人民法院民事判决书,(2007) 高民终字第 1191 号。

需求。另一方面,广告内容的不确定性对用户注意力的占有与剥夺。广告投放的理想对象是具有潜在或者现实需要的客户,然而视频广告无法做到精准化与个性化推送,这意味着广告必然会对用户体验具有破坏性。杭州某软件公司针对优酷网等视频网站研发、提供乐网软件,显然知晓用户不愿看广告也不愿付费观看视频的心态以及屏蔽视频广告可能对优酷公司经营利益所造成的损害;杭州某软件公司不仅对其屏蔽优酷网视频广告功能进行图文宣传,用以吸引用户下载使用,而且在用户下载乐网软件后,通过步骤引导用户进行设置广告屏蔽,并在首页显示当日屏蔽内容。杭州某软件公司已不仅是软件的提供者,而且是利用了不愿付费且不愿看广告的用户作为其实施屏蔽视频广告的载体。因此,杭州某软件公司的行为与屏蔽优酷视频广告建立了直接联系,自然应由杭州某软件公司承担相应法律责任。同时,直接侵权与间接侵权行为在促成行为后果方面起到的作用有所差异,那么责任承担也有大小之分。直接侵权是损害产生的根本原因,认定专门的屏蔽广告软件提供者系直接侵权能够使其受到更严格的法律规制。

四、以激励创新理念与技术中立原则为动态导向

如前所述,如果一项技术可能被广泛用于合法的、不受争议的用途,即能够具有实质性的非侵权用途,那么即使该技术的提供者知道该技术或产品可能被用于侵权,也不能推定其故意帮助他人侵权并构成间接侵权,除非提供者知情而未采取任何措施,就技术本身而言,是属于价值中立的。在屏蔽广告的互联网不正当竞争案件中,被告常以技术中立原则作为抗辩,然而,任何技术的发明创造都不可避免地体现开发者的主观意志,法官需要评判的不是屏蔽广告的这一技术手段,而是竞争者的开发目的及使用这一技术带来的后果。互联网不正当竞争集中了很多新的商业模式的较量,是否属于互联网精神鼓励的自由竞争和创新,需要考量竞争者的主观状态、平衡消费者、社会公共利益及经营者三方利益。如果屏蔽行为具有目标指向性,并在操作步骤引诱用户使用屏蔽广告功能,被告亦不能证明该技术具有非实质性侵权用途,那么难以成立技术中立的抗辩理由。并且从长远来看,消费者可能将付出时间成本变为经济成本,广告收入可以作为网站购买视频的费用以及其他经营成本支持,如果对于乐网软件视频广告的合法性予以肯定,视频网站难以获得广告收入必然会寻求其他方式获取经营收入,其经营转型成本必然将由终端消费者承担,将使用户观看视频所支付的对价由原来的可选择性地支付时间成本或经济成本变为只能支付经济成本,而这一变化难谓对消费者有利。这充分表明杭州某软件公司不仅明知某信息技术公司的正当利益受到损害而放任损害后果的发生,而且客观上存在促成他人使用乐网软件屏蔽优酷视频广告之事实。同时,杭州某软件公司亦未能证明乐网软件具有非实质性侵权用途。因此,杭州某软件公司主张的实质性非侵权用途标准在本案并不能适用,亦不能成立技术中立的抗辩理由。

五、结语

互联网经济并非打着"维护消费者利益"的旗号,通过技术手段破坏他人正常的经营活动的方式推进。随着互联网市场竞争的发展和视频消费者需求的提高,网站经营者也应把握互联网的最大变量,从"互联网加"到"互联网乘",不断进行模式升级和提高服务质量,逐步走向良性竞争,最终形成兼顾网站经营者、软件研发者和消费者三方利益为导向的新型互联网市场,真正实现价值共创。

第十八章　恶意发出错误通知造成损失应承担惩罚性赔偿责任

尹腊梅[*]　张遨宇[**]　叶胜男[***]

【案例索引】

一审案号:杭州铁路运输法院(2018)浙 8601 民初 868 号

【审判人员】

王江桥、叶胜男(承办人)、郭彤

【核心问题】

利用网络知识产权机制,恶意发出错误通知,应如何承担法律责任?如何判断错误通知中的“善意”与“恶意”?是否应区分“恶意”与“故意”?

【案情简介】

被告假冒某公司的名义向阿里巴巴知识产权保护平台投诉,称原告经营的电子商铺销售的涉案商品经其购买鉴定为假货且侵犯“安德玛”商标权,附随提供其“UNDER AEMOUR”注册商标证明,淘宝平台据此删除了原告涉案商品链接。而后,被告因涉嫌销售假冒安德玛注册商标服

* 尹腊梅,华东政法大学知识产权学院副教授。
** 张遨宇,华东政法大学知识产权学院硕士研究生。
*** 叶胜男,杭州市中级人民法院知识产权审判庭法官。

饰被公安局立案侦查，经查被告使用的与“安德玛”有关的印章均系通过淘宝平台入手的私刻印章，该案已通过相关刑事判决书予以认定。原告遂以被告恶意投诉构成不正当竞争，致使其遭受重大经济损失为由，请求法院判令被告承担赔偿责任。

审理过程中，被告辩称，原告给出的数据只是流量下滑、转换率的降低、销售金额的减少，其不构成不正当竞争，也不应当承担全部销售金额的损失。法院最终判决，被告构成侵权且酌情确定赔偿被告 210 万元。

【分歧意见】

第一种意见认为，本案被告发出的通知内容与客观事实不符，构成错误通知。电商平台基于该错误通知对涉案商品采取下架、删除等必要措施，致使原告遭受损失。本案被告应当对此承担民事赔偿责任。

第二种意见认为，本案被告伪造他人印章、变造权利凭证、编造虚假鉴定材料向电商平台投诉谎称原告侵犯其商标专用权，明知其投诉行为缺乏法律依据仍故意为之，具有主观恶意，构成恶意通知。原告商业利益因此遭受损失，被告应当对此承担惩罚性赔偿责任。

【审判观点】

法院针对本案争议的核心问题进行如下梳理：

首先，恶意发出错误通知具有主观性。民法上的恶意是行为人认识主义或观念主义的恶意，也就是行为人明知相应的行为缺乏法律依据仍故意为之。被告主观明知其从未获得涉案商标的授权使用，也未获得进行侵权投诉的权利，在明知自己销售假冒商品的情况下，仍然使用虚假投诉材料，投诉原告经营的涉案淘宝店铺。在原告申诉成功后，被告再次向平台进行反申诉，导致涉案淘宝店铺被降权。因此，被告主观上存在明显恶意。

其次，恶意发出通知构成不正当竞争。第一，原告经营涉案淘宝店铺销售商品形成的商业利益属于反不正当竞争法保护的权益。第二，原告与被告之间存在竞争关系。原被告均系淘宝店铺经营者，两者经营的网络服务内容及网络用户群体完全相同,具有高度重合性。第三,被告的投诉行为具有不正当性。被告明知其销售假冒商品,仍然使用虚假投诉材料,投诉原告经营的涉案淘宝店铺,且在原告申诉成功后,再次通过平台进行反申诉,导致原告涉案淘宝店铺被降权,行为具有不正当性。第四,原告因为被告的投诉行为遭受了实际损失。第五,被告行为违反了诚实信用原则和商业道德准则,损害正当商业利益,构成不正当竞争行为。第六,被告的主观恶意和多次侵权可以适用惩罚性赔偿。

【理论探索】

一、问题提出:错误通知行为的主观评价体系杂糅

由于"通知—删除"规则启动阈值与救济效果的错位,实践中"错误通知"屡见不鲜。相比于临时禁令与行为保全等临时救济措施,"通知—删除"规则的启动条件更为宽松,但救济效果基本相当。[①]"通知—删除"规则仅要求通知人就其投诉的侵权事实向电商平台提供初步证明材料即可实现禁令效果。然而,实践中部分通知人出于利益最大化、阻碍竞争等目的,在事实不清、证据不足的情况下便向电商平台提出投诉,要求下架、删除涉案产品。即便电商平台秉持公正客观的原则严格审查投诉信息,但必须承认的是,电商平台毕竟有别于司法裁判机关,囿于专业知识不足、调查能力有限,电商平台无法有效甄别错误或虚假信息,继而无法保证其所支持的投诉主张总是符合客观事实。因此,在"通知—删除"规则的适用实践中,"错误通知"的情况频频发生。甚至不乏有投机分子通过伪造权利凭证、捏造侵权事实等方式,恶意发出通知,损害他人商业利益,扰乱市场秩序。

对此,我国《电子商务法》第42条第3款明确规定,通知错误造成损失的,依法承担民事责任;恶意发出通知造成损失的,加倍承担赔偿责任。最高人民法院在《关于涉网络知识产权侵权纠纷几个法律适用问题的批

① 参见程啸:《论我国〈民法典〉网络侵权责任中的通知规则》,载《武汉大学学报(哲学社会科学版)》2020年第6期。

复》(以下简称《涉网知识产权侵权批复》)第5条中规定,知识产权权利人发出的通知内容与客观事实不符,但其在诉讼中主张并举证证明该通知系善意并请求免责的,人民法院应予支持。① 概言之,错误通知应承担民事责任;恶意错误通知应承担惩罚性赔偿责任;善意错误通知应免除责任。上述法律和司法解释看似对错误通知、恶意错误通知与善意错误通知所应承担的法律责任作出了明确的划定与区分,但理论界与实务界中关于错误通知的法律责任承担问题的争论却从未削弱。

确定错误通知行为法律责任承担的前提在于明确其归责原则,即是否需以主观具有"过错"作为错误通知行为的责任承担要件。然而,善意错误通知与恶意错误通知则是以主观"善意/恶意"作为评价标准。显然,"过错(故意与过失)/无过错"与"善意/恶意"并非同一评价体系,两组概念是从不同视角就行为人主观心态所作出的法律认定。② "错误通知"作为一种侵权行为被规定于《民法典》侵权责任编,其自然便被置于"过错(故意与过失)/无过错"的评价体系(以下简称"过错"评价体系)之中。然而"善意错误通知"与"恶意错误通知"作为"错误通知"的下位概念,却被置于"善意/恶意"评价体系。因而极易出现同一行为在不同主观评价体系下获得不同法律评价的情形,即所对应的法律责任不一致。申言之,既然现有法律已经明确规定了"善意错误通知"与"恶意错误通知"的法律责任,却不选择回归"善意""恶意"概念本身,划定其行为边界以明晰其法律责任承担的原因在于,"错误通知"与"善意错误通知"、"恶意错误通知"之间客观存在包含与被包含的逻辑关系,即"善意/恶意"评价体系下的错误通知行为与"过错"评价体系下的错误通知行为存在一一对应关系。若绕开后者,仅依"善意/恶意"评价体系对错误通知行为进行认定,置其对应关系于不顾,则极易出现法律评价矛盾的结果。

---

① 参见最高人民法院《关于涉网络知识产权侵权纠纷几个法律适用问题的批复》第5条:"知识产权权利人发出的通知内容与客观事实不符,但其在诉讼中主张该通知系善意提交并请求免责,且能够举证证明的,人民法院依法审查属实后应当予以支持。"

② 参见徐伟:《网络侵权中错误通知人的责任——兼论〈民法典〉第1195条第3款的适用》,载《法学》2022年第6期。

因此,欲明确“善意错误通知”与“恶意错误通知”的行为边界以确定其所应承担的法律责任,需先解决“错误通知”的归责原则问题。即错误通知行为的法律责任承担是否需以存有主观过错为前提。在此基础上,寻找“善意”与“恶意”在“过错”评价体系下的对应区间,继而为善意错误通知免责寻求合理的解释路径,为善意错误通知与恶意错误通知在“过错”评价体系下划定行为边界,以求同一错误通知行为的法律责任在不同主观评价体系下的和谐统一与逻辑自洽。

二、错误通知行为的归责原则

我国《民法典》第 1195 条第 3 款中虽明确规定,错误通知造成损害的,应当承担侵权责任。① 但当前理论界与实务界对于错误通知行为所采取的归责原则仍存有分歧。归责原则不明无疑是错误通知行为侵权认定阶段的一大难题。

(一)无过错归责原则之适用检视

无过错归责论者主张,错误通知侵权适用无过错归责原则是条文应有之义且具备法理基础。程啸教授认为,首先,基于文义解释,《民法典》第 1195 条第 3 款中所规定的“错误通知”应指通知本身的错误,而非指权利人主观上的认识错误,即为一种客观事实。同时,该款采用“应当承担侵权责任”的措辞,而未提及“依法”,即未使用“应当依法承担侵权责任”的表述,因此应当认为该款可作为独立请求权基础,无须借助侵权辅助条款。② 简言之,该款“错误通知 + 侵权责任”的法条结构,显然是一种典型的无过错侵权条款构造。其次,基于体系解释,这该款的表述与第 222 条第 2 款中登记错误造成损害应当承担无过错责任的规定③完全相同,因

① 参见《民法典》第 1195 条第 3 款规定:“权利人因错误通知造成网络用户或者网络服务提供者损害的,应当承担赔偿责任。法律另有规定的,依照其规定。”

② 参见刘家安:《民法典巧用“依法”,完善请求权规范基础》,载《人民法院报》2020 年 7 月 30 日,第 5 版。

③ 参见《民法典》第 220 条第 2 款规定:“不动产登记簿记载的权利人不同意更正的,利害关系人可以申请异议登记。登记机构予以异议登记,申请人自异议登记之日起十五日内不提起诉讼的,异议登记失效。异议登记不当,造成权利人损害的,权利人可以向申请人请求损害赔偿。”

此,通知错误亦是应当适用无过错归责条款。再次,基于现实特征的考虑,错误通知行为与损害后果之间因果关系明确,并不存在无法预见的问题,因而无需适用过错归责原则。最后,基于风险原则的考虑,"通知—删除"规则的启动条件较为宽松,但法律效果却同禁令或保全制度相当。基于权利与风险对等的原则,应由通知人承担错误通知的法律风险。以敦促通知人谨慎发出通知,减轻网络服务提供者的审查负担,同时达到阻遏恶意通知的目的。①

然而,从无过错归责原则的功能性质与基本原理的角度来看,错误通知行为与无过错归责原则并不适配。

第一,错误通知行为不具备适用无过错归责原则的条件。无过错责任的侵权行为的归责事由包括危险责任与控制力两类。危险责任是指"特定企业、特定装置、特定物品的所有人或持有人,在一定条件下,不问其有无过失,对于企业、装置、物品本身所具有危害而产生的损害,应负赔偿责任"。② 以危险作为归责事由的无过错责任称为"危险责任"。控制力则是产生于特定关系,如监护关系、雇佣关系等,以控制力作为归责事由的无过错责任称为"替代责任"。若将错误通知行为置于无过错责任下的归责事由进行讨论,显然该行为既非"危险"也非"控制力"。错误通知本质是一种行为结果,即事实状态,而非企业、装置、物品等具有固有属性的客观事物。由于某些事物本身便具有一定危害属性(固有属性),因此可以认为该危险可以源于此类事物。然而与之不同的是,错误通知的事实状态是一种行为结果,而非客观事物。即便认为某一行为具有危险属性而应受到苛责,但根据个人自由意志理论可知,行为受意识支配,该危险属性与行为本身无关,而是源于支配行为的主观意识,行为不过是危险的一种实现形式而已。因此,该行为受到法律苛责的真正原因在于其主观意识的不法性,而这也恰恰印证了错误通知行为适用过错归责原则的合理性。可见,错误通知行为与本身就具有危害要素的企业、装置、物

---

① 参见程啸:《论我国〈民法典〉网络侵权责任中的通知规则》,载《武汉大学学报(哲学社会科学版)》2020年第6期。

② 王泽鉴:《民法学说与判例研究》(第5册),北京大学出版社2009年版,第187页。

品并不属同一范畴,当然无法成为无过错原则侵权行为的归责事由。

第二,错误通知行为并不满足无过错归责原则适用目的。无过错责任项下的替代责任与错误通知行为模式相去甚远,在此不予讨论。危险责任作为无过错责任的核心内容,“其并非旨在制裁行为人,让其不要从事不法的、具有道德上可非难性的行为。危险责任只是让责任人来弥补其从事危险活动所导致的损害结果。换言之,危险责任的根本思想在于不幸损害的合理分配,是对危险活动施加的经济上的负担”。① 如若对错误通知行为科以法律责任的目的果真是为转移风险,那么自不会存在“善意错误通知免责”的做法。相反,让错误通知人承担法律责任的目的恰恰就在于制裁行为人,以阻遏其实施不法的、具有道德上可非难性的行为。由此看来,对错误通知行为苛责的目的显然与无过错归责原则的适用目的相悖。

(二)过错归责原则的适用考察

1. 应然考察:错误通知行为具备适用过错归责原则的应然条件

过错归责原则源于19世纪,随着工业革命的兴起,诸多新技术、新设备被应用于生产生活当中,而由此产生的意外损害是不可避免的。如若坚持严格结果责任,即无论有无过错均应承担责任,无疑将极大削弱人们研发、运用新技术与新设备的积极性。因此,出于合理平衡行为自由和权益保护,扩张行为人的自由空间以促进社会活动的考虑,过错归责原则应运而生。

同样,在错误通知侵权行为中适用过错归责原则的原理亦是如此。通知人发出通知要求电商平台删除下架侵权商品本是正常维权行为,若出于遏制恶意通知为目的便对通知人苛以无过错责任,即一旦产生损害结果便需承担责任,则极易引发“寒蝉效应”,“通知—删除”规则的适用效果必将大打折扣。可见,平衡利益与自由的实然需求,使错误通知行为已然具备适用过错归责原则的应然条件。因此,为鼓励权利人积极发出侵权通知,保持便捷维权带来的效率优势,立法应当选择提高通知人承担

① 参见程啸:《侵权责任法》,法律出版社2021年版,第123~124页。

损害赔偿责任主观要件的要求,[1]即适用过错归责原则。

2. 实然考察:错误通知行为适用过错归责原则已有实然基础

错误通知行为适用过错归责原则在域外已有实例。美国作为"通知—删除"规则的起源国,其《数字千年版权法》第512条(f)也仅规定,知道但仍作出实质性错误陈述的投诉人需承担赔偿责任,[2]并未对通知人科以严格的无过错责任。在2020年达成的第一阶段《中华人民共和国政府和美利坚合众国政府经济贸易协定》(以下简称《中美经贸协定》)中,美方更是明确要求我国免除善意提交错误下架通知的责任。[3] 由此看来,错误通知行为中当然存在因主观善意而无须承担责任的情形。

鉴于此,主张过错归责论者认为,通知行为中的实质性错误显然与通知人的主观过错有关,即通知人是否尽到必要注意义务。因此,错误通知侵权责任的承担应依《民法典》第1165条第1款"行为人因过错侵害他人民事权益造成损害的,应当承担侵权责任"之规定,以"过错+侵权行为+损害结果"作为错误通知侵权的构成要件。[4] 司法实践中也确实存在裁判机关将错误通知人是否具有主观过错作为错误通知侵权构成要件的作法。"飞科案"中,人民法院认为,判定飞科公司的错误通知行为是否构成侵权的关键,在于判定飞科公司发起涉案投诉行为主观上是否存在过错。[5] "曼波鱼案"中,人民法院认为,被告康贝厂作为同业竞争者,应当能够确定其所投诉的原告产品并未落入其专利保护范围,但由于其未尽到审查义务而发出错误通知,应当对原告曼波鱼公司所遭受的损害承担赔偿责任。此外,原告所举证据无法当然认定被告康贝厂系明知涉案被控侵权产品不构成侵权,继而不能认定被告涉案投诉行为具有毁损原告曼波鱼公司商誉和涉案产品声誉的主观故意。[6]

---

① 参见浙江省高级人民法院联合课题组:《关于电商领域知识产权法律责任的调研报告》,载《人民司法》2020年第6期。

② See Digital Millennium Copyright Act 512 (f).

③ 参见《中华人民共和国政府和美利坚合众国政府经济贸易协定》第一章第1.13条第2款。

④ 参见何炼红:《论算法时代网络著作权侵权中的通知规则》,载《法商研究》2021年第4期。

⑤ 参见浙江省杭州市中级人民法院民事判决书,(2018)浙01民终4988号。

⑥ 参见浙江省高级人民法院民事判决书,(2010)浙知终字第196号。

(三)过错推定责任之适用初显

为履行《中美经贸协定》知识产权章节第1.13条“善意错误通知免责”的协定义务,2020年最高人民法院在《涉网知识产权侵权批复》第5条中明确规定:“知识产权权利人发出的通知内容与客观事实不符,但其在诉讼中主张该通知系善意提交并请求免责,且能够举证证明的,人民法院依法审查属实后应当予以支持。”该规定无疑成为错误通知侵权适用过错推定责任的重要支撑论据。

起初,无过错论者否定错误通知侵权适用过错归责原则的一大原因便是在于,原告(被通知人)主张通知人承担侵权损害赔偿责任,需就被告存有主观过错、被告实施加害行为、客观产生损害结果、加害行为与损害结果之间具有因果关系四项构成要件,承担举证责任。然而,在错误通知侵权案件中,作为被告的通知人则通常实际掌握了大量证据材料,如真实有效的权利证明、权利许可证明等,而作为原告的被投诉人很难知悉或证明投诉人的知识产权权利状况与权属情况。可见,一般情况下对于通知人是否具有主观过错,即通知人是否在其发出通知前已尽到谨慎注意义务抑或是其是否明知侵权不存在而仍发出通知,被通知人通常并不知晓且难以获知。因此,对错误通知侵权行为适用过错归责原则,让原告(被投诉人)承担“通知人存有主观过错”的证明责任,举证义务显然过重。

如若对错误通知行为适用过错推定责任,在“主观过错”这一要件上实现举证责任倒置,由被告负责举证证明其错误通知行为系为主观善意,上述难题则可迎刃而解。错误通知适用过错推定责任“既可根据错误通知的客观结果推定通知人具有过错,同时又给了通知人证明自己善意从而免于承担责任的机会,在无过错和过错责任之间,使当事人双方的利益达成了微妙的平衡”。[1]

---

① 参见王文敏:《电子商务平台中知识产权错误通知的法律规制研究》,载《华南师范大学学报(社会科学版)》2022年第1期。

三、错误通知中“恶意”与“善意”的认定

错误通知行为的法律责任承担需以通知人主观存有“过错”为前提，然而善意错误通知与恶意错误通知却以主观“善意”“恶意”为评价要件。传统罗马法将善意解释为不违反诚信法则的意识，相对应的恶意则是违反诚信法则的意识，[①]可见，传统法律意义上的“善意”与“恶意”是一对非此即彼的互斥概念。[②] 然而，错误通知语境下使用的“善意”“恶意”概念却并非传统二分关系。其原因在于，现有法律规定，善意错误通知免责，恶意错误通知承担惩罚性赔偿责任，普通错误通知则仅需承担填平赔偿责任。然而，传统法律观念对于“善意/恶意”非善即恶的关系划定，无疑挤占普通错误通知概念空间，架空了错误通知一般侵权的制度设定。因此，在错误通知情境下还需存在介于善意与恶意之间的“中间地带”，以为普通错误通知承担填平式赔偿责任留下适用空间。“善意/恶意”本质上属于道德评价，而非典型意义上的法律评价。正如曾世雄先生所言：“善意恶意本属道德领域之事项，不适于充当法律规定的内容。如内在意识状态足以影响法律关系变动结果的必要者，仅可回归法理，以已知、应知或不知的标准规范之。”[③]善意错误通知、恶意错误通知与错误通知分别被置于“善意/恶意”与“过错/无过错”两种不同评价体系之中，而为确保司法实践中对于错误通知类案件处理的统一与自洽，善意错误通知与恶意错误通知行为的主观心态认定还是应当回归“过错”评价体系之下。

（一）“过错”评价体系下错误通知中“恶意”的对应区间

1.“恶意”与“故意”的联系与区别

现行法律条文中的“恶意”与“故意”通常被作为评价行为人的主观心态。例如《民法典》第 1185 条明确规定，故意侵害他人知识产权，情节

---

① 参见［意］彼德罗·彭梵得：《罗马法教科书》，黄冯译，中国政法大学出版社 1992 年版，第 219～221 页。

② 参见尹彦博、刘彦彦：《浅析民法中“善意”与“无重大过失”之关系》，载《内蒙古农业大学学报（社会科学版）》2011 年第 2 期。

③ 曾世雄：《民法总则之现在与未来》，中国政法大学出版社 2001 年版，第 229 页。

严重的,承担惩罚性赔偿责任。《商标法》第63条则规定,恶意侵犯商标专用权,情节严重的,承担惩罚性赔偿责任。基于规范功能的一致性与规范内容的相似性,有学者索性将此处的"故意"与"恶意"做同义理解。然而实际上却并非如此,尽管二者在法律评价功能上具有一定的相似性,但二者在评价要素与评价重点方面还是存有一定差异。

"过错/无过错"评价体系中的"过错"包含故意与过失。故意则一般是指,行为人明知自己实施行为会导致侵害他人合法权益的后果,却仍继续实施这种行为,主观上希望或放任后果发生的心理状态。希望发生危害后果的,构成直接故意,对危害后果的发生抱放任心态的,构成间接故意。[①] 不同于过失,故意的核心评价要素在于行为人的主观认识要素为"明知"状态,即行为人明知其行为会引发危害结果而仍为之的心理状态。

"恶意"在《牛津法律大辞典》中被解释为不良用意,即指人在不诚实行为时的心理状态,明知自己无权为此行为或缺乏对行为合法性的确认。[②]《元照英美法律词典》将"恶意"分为两层含义,一是明知自己的行为违法或会对他人利益造成损害。二是以损害他人的利益为目的,无合法或正当理由故意违法。[③] 张民安教授亦是将"恶意"归纳为两种含义,一是指无正当理由故意从事某种违法行为。二是指具有不正当的动机。[④] 从上述解释中不难看出,恶意除要求行为人在主观认识上明知其行为的违法性之外,更侧重于评价行为人主观动机的不正当性,而此种对动机不正当性的评价则正是恶意固有道德属性的映射。由此看来,恶意的评价要素应当由主观"明知"的认识要素与"不正当"的动机要素(意思要素)构成,其评价重点在于行为动机的不正当性。

对比之下不难发现,"过错"评价体系中的故意是从认识要素评价行

---

① 参见李世阳:《故意概念的再定位——中国语境下"盖然性说"的展开》,载《政治与法律》2018年第10期。

② 参见[英]戴维·M. 沃克:《牛津法律大辞典》,李双元译,法律出版社2003年版,第726页。

③ 参见薛波:《元照英美法律词典》,法律出版社2003年版,第887页。

④ 参见张民安:《过错侵权责任制度研究》,中国政法大学出版社2002年版,第234页。

为人的主观心理状态,即是否认识到其行为具有违法性而处于法律意义上的"明知"状态。"善意/恶意"评价体系下的恶意则是从主观认识要素与主观动机要素两方面评价行为人的主观心理状态。申言之,恶意是在评价行为人主观认识要素为"明知"的基础上,还需评价其主观动机的不正当性。由此看来,故意与恶意的评价要素与评价重点存有明显差异。故意仅要求行为人具有主观认识上的明知,而恶意则是要求行为人在构成主观故意的基础之上,还应具有意志要素上的不正当动机。因而,有学者主张,恶意是侵权故意心态中的恶劣者。① 本章认为,不正当动机的意志要素与明知而为之的认识要素之间存在密切关联。一般而言,行为人在不正当动机的意志要素的作用下必然存在明知而为之的认识要素,同样,当行为人具有明知而为之的认识要素时,也通常(但不必然)伴有不正当动机的意志要素,而这也正是理论界与实务界时常将"恶意"与"故意"混为一谈的症结所在。

2."恶意"与"重大过失"的区别

根据过错程度不同,过失可被细分为轻微过失、一般过失与重大过失。在罗马法中,"重大过失"一直被划归于"恶意",其主要原因便是在于重大过失的法律与道德上的可苛责性与恶意相当。重大过失是指,法律上对行为人施以较高的注意义务,行为人却连最基本的一般人合理谨慎注意义务都未达到,也即仅需稍加注意即可避免损害结果的发生。此种极致粗心大意的主观心态可谴责性极高,故被认定为恶意。然而,罗马法时期的恶意概念内涵还仅停留于道德评价的层面,即违反诚信法则便为恶意,当某一行为人的主观可苛责性极大时即可划归恶意。而当下的恶意已经实现了道德的法律正当化过程,恶意的概念内涵与评价要素与现实社会中道德并不等同。在当下法律语境中,重大过失的本质仍属过失,即行为人主观上并不知晓其行为会造成危害结果,而这与恶意中的"明知而仍为之"的主观认识要素截然不同。可见,"恶意"与"重大过失"在主观是否明知层面存在本质差异,当然无法将"重大过失"划归"恶意"。

① 参见崔跃:《论滥用通知行为的法律规制及其完善》,载《电子知识产权》2016 年第 10 期。

3. 恶意的认定要素:明知+不正当动机

2020年最高人民法院出台的《关于审理涉电子商务平台知识产权民事案件的指导意见》第6条中明确规定,伪造权利证明、提交虚假对比鉴定意见等行为可以成为认定错误通知人具有恶意的考量因素。[①] 诚然,此种通过规定部分特定行为以推定主观恶意的司法解释,确实为司法实践认定提供了很好的抓手。然而,列举总是有限的,欲从根本消除恶意认定的模糊性,还是需从本质上厘清"恶意"的认定要素。

基于前文对"恶意"与"故意"的关联分析,不难发现,认定恶意错误通知的主观"恶意"时,在查明通知人已然明知其投诉内容与客观事实不一致的基础上,还应进一步审查其是否具有不正当动机。行为动机的判断可根据具体通知发出情形等多种因素综合判定,如通知发出的时间与数量等。[②] 此种恶意认定方法在司法实践中也已有所体现,在"大创公司诉百勤公司恶意提起知识产权诉讼案"中,人民法院认为,判断当事人是否存在提起知识产权诉讼的恶意,关键在于判断当事人是否明知自己诉请缺乏事实和法律依据,此外,还需判断当事人是否具有侵害对方合法权益的不正当诉讼目的。[③] 由此可见,在"过错"评价体系下,"恶意"的对应区间应当是在"故意"的基础上,根据其是否具有不正当动机进行适当限缩,也即"明知+不正当动机"。

(二)"过错"评价体系下错误通知中"善意"的对应区间

现代法律意义上善意的概念内涵源于罗马法中的"善良家父"标准。该标准并不要求行为人对事物的认识达到近乎严苛的细致周到,但也不允许行为人粗心大意,而是仅需达到一般合理注意义务即可,[④]"任何背

① 最高人民法院《关于审理涉电子商务平台知识产权民事案件的指导意见》第6条规定:"人民法院认定通知人是否具有电子商务法第42条第3款所称的'恶意',可以考量下列因素:提交伪造、变造的权利证明;提交虚假侵权对比的鉴定意见、专家意见;明知权利状态不稳定仍发出通知;明知通知错误仍不及时撤回或者更正;反复提交错误通知等。"

② 参见李超光、林秀芹:《〈电子商务法〉下"恶意错误通知"认定标准研究》,载《大连理工大学学报(社会科学版)》2020年第3期。

③ 参见上海知识产权法院民事判决书,(2015)沪知民初字第682号。

④ 参见尹彦博、刘彦彦:《浅析民法中"善意"与"无重大过失"之关系》,载《内蒙古农业大学学报(社会科学版)》2011年第2期。

弃善良家父处事原则的行为都将受到惩罚"[①],也即符合"善良家父"标准的行为免于处罚。而这也与我国《涉网知识产权侵权批复》第 5 条"善意错误通知免责"的规定相吻合。起先,罗马法中的善意仅是指不违反诚信法则的意识,而"善意家父"标准则是要求行为人在遵循诚信法则的基础上,还需施以合理的注意义务。可见,"善良家父"标准是在罗马法善意(非恶意)的基础上,增设了合理注意义务,扩张了"惩罚"范围。申言之,此前的惩罚范围仅限于不遵循诚信法则的恶意,而"善良家父"标准下的惩罚范围则是将遵循诚信法则但未履行合理注意义务的部分善意(非恶意)也纳入其中。

显然,此种依"善良家父"标准而应受惩罚的善意(非恶意)主观心态,同现代法律意义上"过失"概念的内涵大体相当,即行为人因未履行合理注意义务导致未能预见且并不知晓其行为会产生损害后果的主观心态。故此,徐国栋教授认为,现代法律意义上的善意是行为人对其行为合乎道德与法律的一种内心确信,由于此种确信产生的真实合理,且未有故意和过失,所以法律给予其优待。[②] 简言之,善意即为无过错的主观状态。

然而,根据过错程度的高低,过失可分为重大过失、一般过失与轻微过失。不同于重大过失与一般过失,轻微过失的法律可苛责性远远低于前两者。即在某种具体条件下从事一定业务的特定人没有遵守对他所指出的较高的要求,[③]以致一般人在通常情况下都会犯此过失。据此,在以主观善意作为错误通知的免责条件的情况下,若将一般人通常情况下均会出现的过失排除在善意之外,则显然对通知人所苛求的义务过高,背于"法律并不强人所难"的经典法谚。从功能主义视角来看,将"善意"对应至"过错"评价体系中的"无过失",并不利于"通知—删除"规则的适用。由于"通知—删除"规则本身即是一种对他人产生不利影响的制度设定,错误通知侵权行为中是否存在无过错情形仍有待探讨。但为保障"通

---

① 丁玫:《罗马法契约责任》,中国政法大学出版社 1988 年版,第 157 页。

② 参见徐国栋:《诚实信用原则二题》,载《法学研究》2002 年第 4 期。

③ 参见王利明:《侵权行为法规则原则研究》,中国政法大学出版社 2003 年版,第 257 页。

知—删除”规则的有效适用,避免出现“寒蝉效应”,无论如何均不应对通知人科以过于严苛的注意义务。质言之,只要行为人采取了预防措施并已尽到合理注意义务(虽有轻微过失)就可以成立善意。[①]

综上所述,基于对概念内涵的溯源回归分析,加之出于最大程度上实现规范功能的考虑,在“过错”评价体系下,善意错误通知中主观“善意”的对应区间应当为“无过错”与“轻微过错。”

四、结语

“通知—删除”规则是互联网时代下保护知识产权的一项重要立法设计,免除善意通知人在错误通知中的法律责任是“通知—删除”规则得以顺利发挥效用的关键保障,而对恶意通知人滥用“通知—删除”规则适用惩罚性赔偿则是为防止制度异化的必要措施。诚然,现行法规范针对错误通知行为所需承担的法律责任的一系列制度设计已较为完备,但归责原则不明,“善意”“恶意”内涵不清是该制度落地实施的主要障碍。故此应参透归责原则的基本原理与功能性质,确立错误通知侵权应当适用过错归责原则。在此基础上,明确错误通知中的“恶意”实为具有不正当动机的“故意”,“善意”则应对应“过错”评价体系中的“无过失”与“轻微过失”。

① 参见何炼红:《论算法时代网络著作权侵权中的通知规则》,载《法商研究》2021 年第 4 期。

第四编

个人信息保护

第十九章　个人信息保护请求权诉权行使的前置程序

侍孝祥*　胡纾旻**　王江桥***

【案例索引】

一审案号：杭州互联网法院(2022)浙0192民初4330号

【审判人员】

王江桥(承办人)、潘晓、郭彤

【核心问题】

如何理解个人对于个人信息处理活动中享有的各项权利？个人向法院请求司法救济，是否需以“个人信息处理者拒绝个人行使权利的请求”为前提？

【案情简介】

原告系被告某电商平台的用户。在购物过程中，原告被平台发布的“好友圈好友等你开拼手气红包”字样吸引，遂点击该字样，页面跳出“进圈并邀请好友”的链接，原告受吸引点击进入“好友圈”。随后，原告发现

* 侍孝祥，华东政法大学知识产权学院副教授。

** 胡纾旻，华东政法大学智能法学硕士研究生。

*** 王江桥，杭州市中级人民法院知识产权审判庭(杭州知识产权法庭)庭长，原杭州互联网法院(杭州铁路运输法院)副院长。

其在该平台的购物记录被自动公开并被分享到“好友圈”为其自动设定的第三人视线之下。原告认为,网络购物信息在其不知情情况下由被告某网络公司所经营的电商平台处理,导致原告不愿被他人知晓的个人信息在一定范围内公开,侵犯了原告在个人信息处理活动中的知情权、决定权,造成了原告人格利益受损,故诉至法院。

审理过程中,被告提交了关于行使个人信息权利的申请受理和处理机制路径的相关材料,指出原告在用户注册时,已通过协议约定明确告知用户收集及使用用户个人信息的方式、范围及目的,并获得用户同意,且未收到原告对其个人信息处理活动的查询申请或投诉信息,不存在侵犯个人信息权益的行为。法院最终驳回原告的起诉。

【分歧意见】

第一种意见认为,个人信息保护请求权诉权的行使需要履行诉讼前置程序。个人向法院请求行使信息处理活动中的个人信息权利,应以“个人信息处理者拒绝个人行使权利的请求”为诉讼前置程序,其中,信息处理者未建立申请受理和处理机制或申请受理机制失效等不受诉讼前置程序的约束。《个人信息保护法》规定,个人向信息处理者行使信息处理活动中的程序性、保护性权利前,并未产生个人信息保护请求权的救济基础,实际不产生诉的利益,故应以“信息处理者拒绝”作为司法救济的前置要件。

第二种意见认为,个人信息保护请求权是一种对个人人格权益的保护,行使个人信息保护请求权不需要前置条件。《个人信息保护法》第14条、第44条规定,个人对其个人信息的处理享有知情权、决定权,有权限制或者拒绝他人对其个人信息进行处理,基于个人同意处理个人信息的,该同意应当由个人在充分知情的前提下自愿、明确作出。被告在对原告个人信息处理活动中,未依法保障原告的知情权和决定权,侵犯了原告个人信息权的合法权益,可以直接提起诉讼。

【审判观点】

法院针对本案的核心问题进行如下梳理:

第一，信息处理活动中个人信息权利的法律保护为防御性保护。依据《个人信息保护法》第四章和《民法典》第955条之规定，个人信息保护请求权不以损害赔偿为要件，个人信息权利受到侵害或侵害即将发生，即可请求行为人承担停止侵害、排除妨碍、消除危险等民事责任，在构成要件上无需考虑个人信息处理者的主观过错和造成实际损害之要件。其目的在于保障个人信息权利的行使和排除对个人信息权利的妨害，从而为个人信息权利提供一种防御性的保护，避免侵权行为进一步产生实质化的损害后果，最终达到恢复个人信息权利人对人格利益圆满支配状态，保障个人人格的完整性。

第二，个人信息保护请求权不能成为恶意诉讼人滥用诉权的工具。《个人信息保护法》第50条第2款虽明确规定了个人信息权的请求权基础，但需以"个人信息处理者拒绝个人行使权利的请求"为前置程序，即司法救济至少具备以下三个要件：一是个人依据约定或法律规定申请行使个人信息权利。二是个人按约定或指定方式提出有效的申请。三是信息处理者无正当理由拒绝或不予理睬。同时，个人有证据证明信息处理者未建立申请受理和处理机制或申请受理机制失效等，可直接向法院请求司法救济。

【理论探索】

一、问题的提出

针对个人信息受到侵害的情况日趋增多，如何保障个人权利不受侵害以及个人信息受到侵害后如何保障自己的权利成为法律亟待解决的问题。对此，2017年10月实施的原《民法总则》，通过"个人信息受法律保护"这一概括规定，将个人信息权益纳入民法人格权保护体系，随后被2021年1月起施行的《民法典》所继承；[1]2021年11月，《个人信息保护法》开始施行。为了切实实现对个人信息权益的保护，《个人信息保护

---

① 《民法典》第111条规定："自然人的个人信息受法律保护。任何组织或者个人需要获取他人个人信息的，应当依法取得并确保信息安全，不得非法收集、使用、加工、传输他人个人信息，不得非法买卖、提供或者公开他人个人信息。"

法》第四章赋予了个人在个人信息处理活动中享有包括知情、决定、查阅、复制、转移、更正、删除、规则释明等一系列权利(个人信息主体权利),并在第50条构建了个人信息保护请求权基础,即以个人信息处理者为责任主体的权利实现保障机制和诉讼机制,[①]在第69条规定了侵害个人信息权益造成损害的民事侵权责任和归责原则。[②]

在本案中,原告直接向法院起诉称被告在对用户个人信息处理活动中未依法保障其知情权和决定权,侵犯了个人信息上的合法权益,且已严重违反诚实信用原则,造成了相应精神损失,并在诉讼中明确其系依据《个人信息保护法》第14条关于有效同意之规定和第44条关于个人信息处理活动中的知情权、决定权之规定。然而,《个人信息保护法》第50条第2款规定:"个人信息处理者拒绝个人行使权利的请求的,个人可以依法向人民法院提起诉讼。"那么,个人信息权利保护的诉权行使,是否应以个人向个人信息处理者请求行使权利而受阻为前置条件?另外,本条赋予的个人信息权利请求权与该法第69条规定个人信息权益侵权损害赔偿请求权之间,在法律适用上应如何理解?

二、个人信息法律保护的体系解读

(一)对个人信息权利的理解

个人信息权利(或称权益)究其根本,是为了保护在个人信息上存在的利益。而个人信息上承载的不仅有个人的主体利益,还需要注意到社会的公共利益,甚至国家利益。因此,对个人信息的保护采取的是各类部门法齐头并进的规范模式,综合法律各部门进行调整。仅从民法领域的角度来看,个人信息满足成为民事权利客体的要求。民事权利的核心是为了保障民事主体的特定利益,属于对私益的法律保护。而个人信息作为可以识别特定自然人的信息,如果此类信息被恶意公开或披露等,会直

① 《个人信息保护法》第50条第1款规定:"个人信息处理者应当建立便捷的个人行使权利的申请受理和处理机制。拒绝个人行使权利的请求的,应当说明理由。"第2款规定:"个人信息处理者拒绝个人行使权利的请求的,个人可以依法向人民法院提起诉讼。"

② 《个人信息保护法》第69条第1款规定:"处理个人信息侵害个人信息权益造成损害,个人信息处理者不能证明自己没有过错的,应当承担损害赔偿等侵权责任。"

接影响到特定个人的生活安宁和安全利益，由此我们不难理解个人信息上具有的私人利益。由于个人信息并非有体物，不能进行物理层面上的占有和支配，因此主体对个人信息只存在控制的概念，这种控制只是法律意义上的控制，只能防止他人对个人信息的非法收集和处理行为。

确认个人信息的民事权利属性，便是承认个人信息上的私人利益，能将其与公共利益区分开。对个人信息上私人利益的保护，能保证其他主体甚至是国家公权力都对此予以尊重。同时，我们必须承认确认为权利，才能让个人信息上的利益纳入法律的保护体系当中，才可以进一步设计利益损害的救济途径，因为缺乏可诉性难以实现真正意义上的个人信息保护。因此，可以首先将个人信息纳入民法保护的视野下，再通过其他部门法进行补充与协助，这样能让保护更加及时、有效，让救济更加具有可行性。

个人信息权利作为一项独立的民事权利，其性质在学界主要有两种观点——“人格权说”和“财产权说”。另外，以高富平为代表的学者则持折中的观点，认为个人信息权益是天然内置财产属性的人格权益，即人格权益专属于个人，需要先将财产属性从人格权益中分离出来，使人格权益纳入“不可让与”的严格保护范畴，财产权益纳入“可让与”的自由流通范畴并进行合理有效的配置。①

以王利明为代表的学者认为，人格属性是个人信息的核心特征，个人信息难以离开特定个人的人格单独存在，因为信息具有可识别性，可直接或间接关联个人。并且从另一角度看，主体收集个人信息不仅限于财产利用的目的，也存在基于公共利益或其他非财产考虑的情况。② 因此难以将个人信息权利完全界定为财产权。而法律保护的个人信息本质上维护的是人格尊严，那么此类定义下的个人信息权利，就应当属于人格权的范畴。

也有学者从财产权的视角构建了信息财产权这一理论。此学说所认

---

① 参见高富平：《论个人信息权益的财产属性》，载《南京社会科学》2022 年第 2 期。

② 参见王利明：《论个人信息权在人格权法中的地位》，载《苏州大学学报（哲学社会科学版）》2012 年第 6 期。

同的财产定义为“一切可为主体带来经济利益的对象”①。在财产权的理论中,如若要成为财产权客体,需要满足可控制性、独立性、价值性和稀缺性。比较容易理解的是信息能依附于一定的载体得以固定从而具有可控制性,同时信息具有满足人的生产和生活需要的属性,因此具有价值性,并且这种价值不仅是经济价值,甚至具有精神价值。那么如何看待信息的独立性和稀缺性成为该学说的主要论证角度。学者认为信息财产的独立性主要是指信息与描述对象、认知主体进行分离并独立的特性。信息在哲学上的概念具有客观性,因为信息是人对自身或外部世界的认识的表达,存在并独立于人和外部世界之外。而法律上的独立性则是指一个独立的信息财产之上,存在一个独立的信息财产权。遵循此论证逻辑,可以认定信息具有独立性。信息看似不符合财产权客体的稀缺性特点,实际上信息总是少于人们能自由取用的数量,因为信息财产的稀缺性不是根据人的感知而判定,而是相较于人类的需要而言更为稀缺。需要注意的是,并非一切可以满足人需求的信息便可进入法律领域进行规范。一般的闲言碎语对生活而言有特殊的价值,但不满足法律上的价值要求,也不具有稀缺性。稀缺性的法律意义在于,信息需同时满足价值性与稀缺性才可以认定为信息财产。② 而目前出现最具关键也是最有效的支撑是“大数据”。个人信息是大数据的组成部分,也是大数据中被特殊关注的一类“数据”。③

这两类观点殊途同归,都是为了厘清个人信息权利的性质,再从基本内容出发,在法律角度下设计个人信息权利的具体框架,最终达成实现个人信息权利上的利益保护的立法目的。

(二)域外各国个人信息立法情况

欧盟主要通过统一立法的形式,用成文法对各个领域个人信息的相关行为作出规定。大陆法系个人信息保护立法的典型代表是《德国联邦个人资料保护法》。此部法律基于一般人格权的设计路径,追求的是以保

① 冉昊:《财产含义辨析:从英美私法的角度》,载《金陵法律评论》2005 年第 1 期。

② 参见齐爱民:《论信息财产的法律概念和特征》,载《知识产权》2008 年第 2 期。

③ 参见王玉林、高富平:《大数据的财产属性研究》,载《图书与情报》2016 年第 1 期。

护个人信息上的人格权益为目的,围绕信息主体的权利,对个人信息的相关处理行为进行规范。在此基础上,欧洲为进一步建立"数字单一市场",欧盟颁布了GDPR。GDPR建立的一套具有实际操作价值的个人信息保护规则,确认了信息主体对个人信息的控制,同时还明文规定了个人信息的被遗忘权、便携权等权利。① 欧盟通过强化个人信息权利的法律认可,将个人信息处理过程中的保护规则、风险分担等制度架构具像化,以便于在信息保护的前提下将数据进行流通。

美国模式则是分散立法形式。② 以《美国隐私法》为例,美国通过隐私权的制度设计路径,将个人信息看作一种特殊的隐私进行保护,并在隐私的框架下对个人信息进行界定,由此将个人信息纳入已有的法律体系之中规范。究其原因,是因为美国的隐私权本质上是对抗他人加害行为的消极权利,而不包含积极的支配权,正是因为在普通法的背景下,隐私保护可以向个人信息领域进行延伸。《美国隐私法》的"正当信息准则"(Code of Fair Information Practice),借助于美国在OECD中的影响力,几乎成为了全球个人信息保护的基本准则。时至今日,美国都没有制定统一的个人信息保护法,而是形成"特殊领域立法+一般领域普通法"的个人信息保护模式,在正当信息准则的前提下,寻求数据和信息的自由流通。

(三)我国个人信息保护的规范体系概要

我国《民法典》在总则编强调了个人信息保护的必要性,更重要的是在人格权编对个人信息权利作出了更为具体的规定。其中,第1034条对个人信息以及个人信息中的私密信息进行了定义,③明确提出"自然人的

---

① See Matthew Newman & Mina Andreeva, *Commission Proposes a Comprehensive Reform of Data Protection Rules to Increase Users' Control of Their Data and to Cut Costs for Businesses*, European Commission (Jan. 25, 2012), https://ec. europa. eu/commission/presscorner/detail/en/IP_12_46.

② 参见周汉华:《个人信息保护法(专家建议稿)及立法研究报告》,法律出版社2006年版,第79~80页。

③ 《民法典》第1034条第2款规定:"个人信息是以电子或者其他方式记录的能够单独或者与其他信息结合识别特定自然人的各种信息,包括自然人的姓名、出生日期、身份证件号码、生物识别信息、住址、电话号码、电子邮箱、健康信息、行踪信息等。"

个人信息受法律保护”。此条作为我国个人信息保护的基础,为后续法条提供了底层支撑。另外,第 1037 条赋予了自然人对其个人信息享有的查阅权、复制权、更正权及删除权四种权利。[①]

与之相辅相成的是《个人信息保护法》,其中第 1 条对应了《民法典》第 111 条的原则性规定,明确指出“依据宪法,制定本法”,[②]将使“个人信息权益”上升为一种公民基本权利范畴。高富平教授解释称,该权利的基本含义是“个人信息处理中的个人保护权”,保护的是个人主体权利不因个人信息处理而受到侵害。因此,在宪法层面上的“个人信息权益”不是个人信息受保护,而是在个人信息处理活动中,个人作为主体的权益受保护。[③] 同时,《个人信息保护法》用第四章整整一章来规定个人在个人信息处理活动中的权利。其中,第 44 ~ 48 条明确了个人享有知情权、决定权、查阅复制权、移转权、更正权、删除权、规则释明权等。第 44 条的知情权、决定权是个人享有的一般性权利,是为具体的权利行使奠定基础。而后的查阅、复制、移转权则是为实际控制和利用个人信息提供保障。至于更正权和删除权的规定能落实信息质量原则,将个人信息的误用风险降低。最后的规则释明权给予了个人参与信息处理活动的主动权,并从侧面强调了个人信息处理方的合规义务,体现了法律在个人信息处理过程中对个人权利的有效保护。

三、个人信息主体权利:个人在个人信息处理活动中的权利

从上文可以看出,我国《民法典》和《个人信息保护法》在请求权基础方面均一方面赋予了个人在个人信息处理活动中享有知情权、更正权、删除权等一系列权利,另一方面又规定了个人信息权利侵权的民事责任体系。比较法上,《瑞士民法典》开创了人格权请求权的先河,最早规定人

---

① 《民法典》第 1037 条规定:“自然人可以依法向信息处理者查阅或者复制其个人信息;发现信息有错误的,有权提出异议并请求及时采取更正等必要措施。自然人发现信息处理者违反法律、行政法规的规定或者双方的约定处理其个人信息的,有权请求信息处理者及时删除。”

② 《个人信息保护法》第 1 条规定:“为了保护个人信息权益,规范个人信息处理活动,促进个人信息合理利用,根据宪法,制定本法。”

③ 参见江必新、李占国主编:《中华人民共和国个人信息保护法条文解读与法律适用》,中国法制出版社 2021 年版,第 5 页。

格权一般保护规则,并确定了防御性诉讼与损害赔偿诉讼并列的二元诉讼模式。[①] 基于我国《民法典》与《个人信息保护法》都有规定个人针对个人信息处理者的一些权利,因此学者开始研究这一系列具体权利与个人信息权利的关系问题。其中,比较有代表性的学说有保护性权利说和权能说。

(一)个人信息保护请求权说

保护性权利说,也可以称为"个人信息保护请求权说"。[②] 该学说认为,个人在个人信息处理过程中所享有的权利是基于对个人信息权益的保护所形成的救济性权利。这些权利起到发挥权利功能或者回复权益至不受侵害的圆满状态的作用,因此从这个角度而言,这些权利是救济权,也是请求权,是作为所依附法益的保护手段而存在。而这些权利与传统民法上的请求权有不同。传统民法上的请求权是具有财产性质或人身性质的内容,其依附的是具体的权益。而个人信息上的权利则是为了保护个人对个人信息不受侵扰而设定的程序性权利,当然最终目的是保护个人在个人信息上的人格尊严以及某些宪法上的基本权利。需要着重注意,个人信息保护是保护个人信息主体不因信息处理而受到侵害,是对个人信息处理行为可能给主体带来的侵害进行保护,并不是对个人信息进行保护。因此个人在个人信息处理中的权利主要体现为拒绝处理行为、要求错误信息的更正、要求规则的释明等具体内容,目的是防范个人信息被滥用,法律从未赋予个人对个人信息享有决定权。既然权利设计的目的是限制个人信息处理者的某些处理行为,那么基于这些权利产生的处理者的义务,便是具体处理行为当中能行使的请求权。

(二)个人信息权能说

个人信息权能说认为,个人在个人处理当中的权利并不是指"主观权利",而是指"权能"。权能是权利的非独立的组成部分[③],是权利所赋予

① 参见王利明:《论人格权请求权与侵权损害赔偿请求权的分离》,载《中国法学》2019 年第 1 期。

② 参见张新宝:《论个人信息保护请求权的行使》,载《政法论坛》2023 年第 2 期。

③ 参见申卫星:《论个人信息权的构建及其体系化》,载《比较法研究》2021 年第 5 期。

权利人的意思决定空间。既然权能在原则上是权利的一部分,那么权能就不能单独被转让。以程啸教授为代表的学者认为若要实现尊重和保障人权的根本目标,必须要确保个人真正具有知情和自主决定的权利。知情是有权知道哪些人基于什么目的以何种方式处理了什么范围内的个人信息,这对应的是信息处理者的告知义务,避免了信息处理者隐秘地处理个人信息。而自主决定便是知情之上的权利,对待已经知道信息处理者处理的个人信息,个人可以决定是否被处理,哪些个人信息被处理以及如何被处理。这两个权利是个人信息保护中的核心环节,如果个人对个人信息没有知情和自主决定的能力,那么人格尊严便无从谈起,基本权利将被践踏,人身财产安全将面临风险。我国《宪法》明确规定,国家尊重和保障人权,公民的人格尊严、人身自由不受侵犯。个人对个人信息享有的知情权和自主决定权源于《宪法》,需要《个人信息保护法》进行规范性保障,从而转换作为民事权益的个人信息权益的核心或基础权能。①

从这个角度上理解,《个人信息保护法》中第 44 条规定的知情权和决定权是赋予个人知晓并有权限制或者拒绝他人对个人信息进行处理,属于对个人信息权益内核的描述,是个人实现个人信息权利的前提。而第 44 条中包含的其他权利,如查阅复制权、更正权、删除权、规则释明权等,都是为了实现知情权和决定权所由法律配置的个人信息权益的权能,属于工具性权能。这些权利本质上都是个人信息权利的固有内容和自然延伸,与个人信息权利本身属于依附关系。并且,它们本身设置就是为了实现个人信息权利,并不能看作具体的独立权利,与个人信息权利分离后无独立价值,且无法被单独转让。按照这个逻辑,《个人信息保护法》上所规定的"个人在个人信息处理过程中的权利"都属于个人信息权利的权能。

综上所述,个人信息保护请求权说和个人信息权能说各有千秋,均体现了学界所认同的共识。两学说都承认个人信息上当然地存在个人的主体权益,都是以保护个人的特定权益为立法目的。而我们不难看出个人

① 参见程啸:《论个人信息权益》,载《华东政法大学学报》2023 年第 1 期。

信息上还承载着如社会利益、国家利益等多元利益。个人信息上承载的利益甚至可以追溯到宪法上的基本权益。就是因为利益复合,导致民法上很难将个人信息的权利抽象出来并表达出一种单一利益①,同时,个人的主体权益又在呼唤民法的保障。就在这样的困境中,《个人信息保护法》第1037条选择了一个恰当路径,其直接明确个人信息主体对特定权益享有请求权,而不拘泥于个人信息上的主体权益性质的确定。② 因而在这个立法背景下,无需过多纠结于个人在个人信息上的主体权益的性质是权利还是法益。

两学说达成一致的是权利的功能是防御个人信息处理中个人信息主体的权益受到侵害。可见学界都承认这些具体权利具有"防御性"③,都认同这一系列主体权利不是积极利用的绝对权,而是在信息处理导致权益被侵害时才可以主张的消极权利。这些具体权利是保护个人信息上承载的主体权益的手段④,是个人实现公力救济的法律武器,只有出现侵扰或侵扰之虞时,个人才可以发动请求权。如果个人信息上承载的利益没有遭到侵扰,那么个人信息主体若请求查询、复制、更正、删除等,会缺乏正当性,可以认定为滥用权利。

四、个人信息主体权利的行使条件

既然个人信息主体权利属于请求权,那么此种请求权的行使条件需要明确。在我国的司法实践中,关于个人主张个人信息上的主体权利的问题,已有两种观点。一种观点认为,如果仅是查询、复制、更正、删除,没有权益侵害之虞,便向法院直接提起诉讼,这样法院的负担会很重,会挤占有限的司法资源。但另一种观点则认为,如果严格按照《个人信息保护法》第四章的相关规定,主体权利是个人所当然享有的权利,若对其产生

---

① 参见丁晓东:《个人信息权利的反思与重塑 论个人信息保护的适用前提与法益基础》,载《中外法学》2020年第2期。

② 参见高富平、李群涛:《个人信息主体权利的性质和行使规范——〈民法典〉第1037条的解释论展开》,载《上海政法学院学报(法治论丛)》2020年第6期。

③ 参见姚佳:《个人信息主体的权利体系——基于数字时代个体权利的多维观察》,载《华东政法大学学报》2022年第2期。

④ 参见王锡锌:《个人信息权益的三层构造及保护机制》,载《现代法学》2021年第5期。

限制,便会使立法目的落空,让法条失去它的意义。[①]

那么,对于个人在个人信息处理过程中的权利,个人是否可以依照单方意愿行使并进行诉讼,是个人信息主体权利所必须要面临的司法适用问题。要想解决此问题,需要着眼于《个人信息保护法》第 50 条和第 69 条的规定,探究这两条法律的区别与联系,以便与《民法典》侵权责任编相契合,同时达成《个人信息保护法》最初的立法目的。

(一)人格权请求权和侵权损害赔偿请求权

人格权请求权与侵权损害赔偿请求权的区分,始于《民法典》第 995 条的规定。《民法典》第 995 条规定的是人格权请求权。个人信息上人格权益从属于人格权,遭受到侵害的,信息主体可以依据第 995 条主张停止侵害、排除妨碍、消除危险、赔礼道歉等民事责任,无须考量行为人是否存在过错。这是源于人格权的消极权能效力。而同时《民法典》第 1165 条规定了损害赔偿请求权,适用于民事侵权的一般领域,这是基于侵权领域的部分请求权具有支配的权能,可以对抗第三人,权利人可以主动行使自己的权利将自己的利益恢复至圆满状态。[②] 侵权损害赔偿请求权是针对所有民事权益的救济方法,而人格权请求权是专门针对人格权而设立的。比起民事权益受损而主张侵权损害赔偿请求权,人格权权利主体可以在遭受侵害后选择人格权请求权,以此将人格权益恢复至圆满状态,而不是填补实际损害。这正是因为人格权具有特殊性,所以法律赋予了人格权不同于财产权的救济方式。在实际的人格权损害场景中,单纯的金钱补偿难以挽回精神利益的亏损,更难以解决的是受害人往往无法举证自己的实际损害,导致救济制度的设计目的落空,无法给予个人信息上主体利益的充分保护。

因此,法律上将人格权请求权和侵权损害赔偿请求权区分开来,具体有五点不同。其一,侵权损害赔偿责任的成立需要过错要件,无论是一般过错、过错推定或是无过错,都需要有个过错条件成立在先。而人格权请

---

① 参见程啸:《论个人信息权益的行使与救济机制》,载《中国应用法学》2022 年第 6 期。

② 参见王利明:《论人格权请求权与侵权损害赔偿请求权的分离》,载《中国法学》2019 年第 1 期。

求权则无需行为人有过错,因为人格权请求权的权利目的在于排除妨害行为,只要妨碍事由是客观存在且对权利人带来了实体或精神上的影响,那么该请求权即可成立。从这角度而言,人格权请求权有利于减轻权利人的举证负担。其二,侵权损害赔偿请求权当然地是一种事后救济,是权利受到侵害产生损害后果之后的事后补救。但人格权请求权并不完全是事后的救济手段,也可以事先预防。在某些情形下,行为人的行为妨碍了他人的人格权但还未构成侵权行为,权利人无法主张侵权损害赔偿请求权,但可以主张人格权请求权来请求停止侵害、消除危险等预防性措施。所以从这个角度上而言,人格权的保护更注重"防患于未然"①,其不以损害的实际发生为前提,仅需要人格权受到妨碍或有受到妨碍的可能性。其三,由于人格权受到侵害之后,受害人往往面临对损害举证困难的情况,因此人格权请求权的行使无须证明损害,仅仅需要证明有损害之虞。而由于侵权损害赔偿请求权是需要有受害人实际损害为前提,所以受害人需要自己证明遭受了实际损害,且需要具体的损害数额。其四,侵权损害赔偿请求权的前提是行为人已经侵权,而人格权损害请求权无需以侵权为前提,因此无需权利人证明行为人的侵权责任。其五,侵权损害赔偿可以看作债的关系,适用于诉讼时效制度。而人格权请求权作为一种防御性权利,只要证明侵害和妨碍存在,即可享有人格权请求权,因此无需适用诉讼时效制度。

那么厘清两种请求权关系之后,我们将视野放在《个人信息保护法》第50条和第69条之上。《个人信息保护法》第50条第2款②为请求权基础,该款意味着如果信息处理者违反的是《个人信息保护法》第四章中规定的私法义务,且拒绝信息主体的请求,那么信息主体才享有诉权。这部分规定并没有要求损害的发生,仅是表示处理者拒绝请求这个损害之虞的存在,信息主体便享有诉权,因此不难认定第50条属于人格权请求权。

① 参见王苑:《私法视域下的个人信息权益论》,载《法治研究》2022年第5期。

② 《个人信息保护法》第50条第2款规定:"个人信息处理者拒绝个人行使权利的请求的,个人可以依法向人民法院提起诉讼。"

而《个人信息保护法》第69条第1款[①]明确了损害的存在,只有损害才有赔偿,因此该条明确是侵权损害赔偿请求权。那么针对两者的关系,也不难理解。若信息主体在侵权发生之前或之时,没有产生明显的损害,此时更需要处理者停止侵害行为、将主体权益恢复至损害发生之前,行为人可以行使人格权请求权,依照《个人信息保护法》第50条提起诉讼。若侵权行为发生且造成了严重后果,此时信息主体需要行为人承担侵权责任来弥补自己的实际损失的,可以依照《个人信息保护法》第69条向法院提起诉讼。

(二)主体权利行使受阻为诉讼的前提条件

在行使《个人信息保护法》第四章规定的个人在个人信息处理过程中的权利之时,要注意不能滥用权利。若以《个人信息保护法》第69条为由起诉的,需要证明实际损害,此情形无需过多讨论。需要重点关注的是若依据《个人信息保护法》第50条进行起诉的,法条中涉及的"个人信息处理者拒绝个人行使权利的请求"是否为前置条件。以本案为例,目前司法实践中已明确,向个人信息处理者行使权利的请求受阻是提起诉讼的前置条件。

首先,单从文义角度分析,《个人信息保护法》第50条提出了个人行使主体权利之时有两条途径,一是向信息处理者请求,二是在信息处理者拒绝请求后向法院提起诉讼。若个人未向信息处理者请求或者向信息处理者请求后还未收到明确回复,应当认定个人信息主体权利还未行使,尚未产生纠纷,此时若直接起诉并不符合法学理论的精神。

其次,从主体权利的性质分析,《个人信息保护法》第50条是人格权请求权,其行使条件是其权益受到侵害或者有侵害的可能。若个人并未收到信息处理者的拒绝,此时无法认定为个人权益受到侵害或有侵害的可能。个人信息上的主体权利主要是防御性的权利,保护的是个人信息

① 《个人信息保护法》第69条第1款规定:"处理个人信息侵害个人信息权益造成损害,个人信息处理者不能证明自己没有过错的,应当承担损害赔偿等侵权责任。"

上的权益不受侵害,而不是保护个人信息本身。[①] 若允许个人跳过与信息处理者协商的阶段直接起诉,不符合主体权利的性质。再从制度架构的层面上考量,个人信息上主体权利的规定解决的是,在个人信息处理过程当中处理者与信息主体之间的关系。在这个关系中,不可忽略的是双方的利益平衡,还需考虑公共利益等第三方的平衡。制度是为了平衡个人信息上的多元利益[②],因此不可偏向个人。权利的设置既要保证个人信息的主体权利受到保障,也要留给个人信息处理者一定的自由进行合法的信息处理活动。

从司法实践的角度来看,若不对个人信息的主体权利加以限制,此类的请求数量将指数型增长,而可能真正需要公权力进行救济的情况占比会非常少。而信息处理者这边,从前可能只需要几个工作日反馈的信息处理请求,可能会变成长期的应诉工作。而信息处理者为了不影响到商业形象,会花费更多的精力逃避法律责任,至此个人信息相关的服务质量肯定会大幅减少。这些一旦反作用于个人,会带来更高风险的个人信息安全问题。

最后,回归立法体系解读来看,考虑个人信息保护的目的是在保护个人信息上权益的前提下实现个人信息的高效、安全的流通。[③] 反观《个人信息保护法》第 50 条的规定,其中强调了个人信息处理者的责任主体地位,鼓励个人信息处理者在信息主体行使权利时发挥核心功能——个人信息处理者需要主动建立制度来方便个人信息主体行使自己的主体权利。此种核心功能与我们数字时代的制度架构是一脉相承的。在数字经济环境下,社会秩序要求社会主体之间的协同治理,包括但不限于信息处理者。与党的二十大报告中所述一致,"加强个人信息保护,完善社会治理体系,健全共建共治共享的社会治理制度",个人信息权利的行使明确前置条件就是在立法司法层面对个人信息保护与治理进行明确回复。

---

① 参见高富平:《论个人信息处理中的个人权益保护——"个保法"立法定位》,载《学术月刊》2021 年第 2 期。

② 参见张新宝:《论个人信息权益的构造》,载《中外法学》2021 年第 5 期。

③ 参见高富平:《基于规范目的的个人信息治理规则》,载《中国应用法学》2022 年第 6 期。

五、结语

个人信息作为多种利益的复合体,其形成的权利具有特殊性。我国《民法典》和《个人信息保护法》都已对个人信息权利进行规范。在理论层面,现有法律都重视对个人信息处理过程中具体权利的规定,并且都明确了这类主体权利的防御属性,为权利的消极行使奠定了基调。而在实践层面,厘清《个人信息保护法》第 50 条和第 69 条两种请求权的区别与联系,是明确个人信息主体权利行使条件的前提。通过对《个人信息保护法》的深入分析,可以明确主体权利行使受阻为诉讼的前提条件。

第二十章　儿童个人信息的司法保护

夏　燕[*]　肖　芃[**]

【案例索引】

一审案号：杭州互联网法院(2020)浙0192民初10993号

【审判人员】

杜前、官家辉、肖芃(承办人)、马菁、盛放、吴权、金广栋

【核心问题】

儿童作为个人信息的主体是否具备特殊性？其权利应当由谁行使？网络运营者(非平台)对儿童个人信息合法使用的标准是什么？且是否需要主动履行注意义务，以及主动履行注意义务的情形？算法自动化决策能否用于儿童个人信息的处理？

【案情简介】

原告系某公益诉讼主体，被告系某科技公司。原告在办理某猥亵儿童刑事案件时，发现被告运营的某短视频APP存在侵害众多不特定儿童个人信息的侵权行为，具体包括：1. 未以显著、清晰的方式告知并征得儿童监护人有效明示同意的情况下，允许注册儿童账户，并收集、存储儿童网络账号、地理位置、联系方式以及儿童面部识别特征、声音识别特征等

---

* 夏燕，重庆邮电大学教授。
** 肖芃，杭州互联网法院(杭州铁路运输法院)跨境贸易法庭庭长。

个人敏感信息。2. 未再次征得儿童监护人有效明示同意的情况下,运用后台算法,向具有浏览儿童内容视频喜好的用户直接推送含有儿童个人信息的短视频。3. 未对儿童用户采取区分管理措施,默认用户点击“关注”后即可与儿童账户私信联系,并能获取其地理位置、面部特征等个人信息。原告认为,被告前述行为侵害了社会公共利益,遂提起民事公益诉讼。

最终,法院进行民事调解,被告立即停止侵权,同时按照合规方案进行整改。

【分歧意见】

第一种观点认为,根据《民法典》《未成年人保护法》《网络安全法》《儿童个人信息网络保护规定》等法律法规,儿童作为个人信息的主体具备特殊性,其权利应当由儿童监护人行使。信息处理者处理儿童个人信息,应当征得监护人有效明示同意。未获监护人同意,默认开启儿童用户私信功能、运用算法自动化决策采集儿童个人信息的,应属违法处理儿童个人信息。

第二种观点认为,某短视频 APP 在初始化注册时,已单独显示隐私政策和用户协议,告知注册用户关于个人信息收集、使用的方式、范围及目的等情况,并要求用户勾选“同意”。用户勾选“同意”并注册成功,即可视为用户同意将其个人信息授权给 APP 收集、使用。因此,被告不存在侵犯社会公共利益的情形。

【审判观点】

法院针对儿童个人信息的核心争议进行如下梳理:

第一,面向儿童用户提供网络服务的互联网平台(信息处理者)在缺乏单独的《儿童个人信息/隐私保护政策》和《儿童个人用户协议》,未采取合理措施通知监护人并征得监护人有效明示同意的情况下,处理儿童用户地理定位、联系方式、面部、肢体、声音等个人信息的,应认定为违法处理用户个人信息。

第二,儿童个人信息属敏感个人信息,信息处理者未对儿童个人信息建立专门保护池,采取加密存储措施,应认定为违规存储儿童个人信息。

第三，信息处理者在未获得儿童监护人专门授权同意的情况下，基于算法的自动化决策将含有儿童用户个人信息的短视频向其他用户进行推送，应认定为违法处理儿童个人信息。信息处理者对儿童用户进行画像，未获监护人同意默认开启个性化推荐，运用算法进行内容推送，应认定为违法处理儿童个人信息。

第四，信息处理者在征得监护人同意前，对儿童用户未强制开启陌生人关注限制功能、未强制隐藏儿童用户位置、未强制开启儿童用户私信限制、未强制关闭儿童用户通讯录推荐、未强制关闭通过手机号搜索儿童用户功能、未强制关闭儿童“熟人圈”功能、未强制关闭儿童动态展示功能、未强制关闭推荐儿童给可能感兴趣的人、未强制开启儿童作品在同城不显示等功能，应认定为未履行对儿童用户的隐私安全保护义务。信息处理者侵害平台内不特定儿童用户个人信息权益，应认定为侵害社会不特定未成年人群体的社会公共利益。

【理论探索】

一、问题的提出

现代儿童是网络时代的“原住民”，他们诞生之时就与已经渗透社会生活方方面面的互联网紧密连接。在科技发展与数据利用的时代洪流中，儿童个人信息泄露、信息交易和信息滥用成为数字时代主要的安全风险。[①] 对数字世界儿童安全风险追根溯源发现，相关网络平台秉持经济利益优先理念、忽视儿童个人信息保护，存在非法侵害儿童个人信息的行为，成为儿童权益受损的“帮凶”。

本章聚焦杭州市余杭区人民检察院诉某短视频平台未成年人保护民事公益诉讼案[②]展开分析。该案件源于原告在办理某猥亵儿童刑事案件时发现被告运营的某短视频 APP 存在侵害众多不特定儿童个人信息的侵权行为，从而提起民事公益诉讼。文章探析阐释案件审理涉及的核心

---

① 参见张旭、朱笑延：《“全民触网”时代儿童个人信息安全的保护路径》，载《青少年犯罪问题》2020 年第 1 期。

② 杭州互联网法院民事判决书，(2020)浙 0192 民初 10993 号。

问题,即对儿童作为个人信息主体特殊性的认定、在不同场景下儿童权利应当由谁来行使?网络运营者处理儿童信息合法使用的标准为何?儿童个人信息处理自动化决策法律如何认定?通过对以上问题的阐释,以期能对中国儿童个人信息保护法律研究有所裨益。

二、儿童作为个人信息主体特殊性的认定

(一)儿童作为个人信息主体需要特殊保护

第一,儿童应当受到特别保护已是国际国内共识的社会理念,儿童作为个人信息主体需要特殊保护与该理念一脉相承。在国际上,1948 年通过的《世界人权宣言》第 25 条规定:儿童有权享受特别照料和帮助。这意味着,儿童在成长与发展的过程中被视为特殊主体,无论是国家、社会还是家庭,都应当在儿童生长的过程中给予必要的保护和帮助。1989 年通过的《联合国儿童权利公约》序言明确规定:儿童因身心尚未成熟,在其出生以前和以后均需特殊的保护和照料,包括法律上适当的保护。在中国,少年儿童是祖国的未来,是中华民族的希望。习近平总书记曾殷殷嘱托:"全社会都要关心少年儿童成长,支持少年儿童工作,对损害少年儿童权益,破坏少年儿童身心健康的言行,要坚决防止和依法打击。"①儿童应当受到特别保护的社会理念深入人心,奠定了儿童作为个人信息主体需要特殊保护的基石。

第二,儿童作为个人信息主体需要特殊保护有坚实的规范基础与标准支持。根据《儿童个人信息网络保护规定》第 2 条,作为个人信息主体的"儿童"界定为不满 14 周岁的未成年人。2020 年修订的《未成年人保护法》第 72 条明确规定,处理不满十四周岁未成年人个人信息的,应当征得同意未成年人的父母或者其他监护人的同意,但法律、行政法规另有规定的除外。2019 年 10 月 1 日施行的《儿童个人信息网络保护规定》,侧重从设定网络运营者保护义务与责任的角度加强了对儿童个人信息的特殊保护。《个人信息保护法》通过列举式定义的方法将不满 14 周岁未成年人的个人信息纳入敏感个人信息的范畴,这意味着对儿童个人信息贴上需要特殊保护的标签:一旦泄露或者非法使用,容易导致儿童人身财产安全受到

① 倪光辉:《让孩子们成长得更好》,载《人民日报》2013 年 5 月 31 日,第 1 版。

危害,甚至人格尊严受到贬损。法律规定进一步规定处理儿童信息应当具有特定的目的、充分的必要性以及采取严格保护措施的三重条件,应当取得儿童父母或者其他监护人的同意,并制定专门的个人信息处理规则。除此之外,国家标准《信息安全技术 个人信息安全规范》(GB/T 35273—2020)也将14岁以下(含)儿童个人信息界定为敏感个人信息并对其实施严格保护。这充分说明,儿童作为个人信息主体需要特殊保护具有法律规范上的正当性,也获得在实践运行中普遍适用国家标准的支持。

第三,儿童作为个人信息主体需要特殊保护与个人同意能力认定密切相关。个人同意能力必须结合个人信息保护中知情同意原则才能有效理解。作为个人信息保护的"基石"原则,知情同意原则规定除非有法律、行政法规的规定,当事人充分知情后的同意是个人信息处理者处理个人信息的前提。有效同意的作出建立在作出同意的个人具有同意能力的基础上。"同意能力不同于民事行为能力,它是指自然人对其决定的性质程度以及可能产生后果的理解能力。"[①]有学者认为"个人信息处理中的同意能力对于未成年人来说具有消极与积极之双重功能"[②]。同意能力的消极功能表现为限制未成年人独立作出意思表示而积极功能则保障未成年人的信息自决权。鉴于本章讨论的个人信息主体锁定为"儿童"而尚未包括14~18周岁的未成年人,同意能力的消极功能的适用可能更为适宜。

作为伴随互联网成长的"网生代",儿童可能在实际的网络操作中表现得比成年人更为熟稔。但是,不能否认的是基于心智发育的不成熟,儿童的理解与认知都还处于低龄化的水平,对个人信息如何处理缺乏理解,无法识别个人信息泄露等可能带来的种种风险。对自己拥有的个人信息处理方面的权利知之甚少,更谈不上如何去行使。相反,由于互联网惯于营造吸引儿童沉迷的有趣氛围,儿童往往在用个人信息换取互联网便利或者奖励时候认为理所当然,难以拒绝。可见,同意能力的消极功能在此发挥作用,儿童作为个体无法理解与承担同意所产生的系列后果,只能通

---

① 程啸:《个人信息保护法理解与适用》,中国法制出版社2021年版,第277页。

② 李永军、张兰兰:《未成年人信息同意能力的双重功能及其法律实现》,载《南京社会科学》2022年第4期。

过限制儿童作出独立意思表示从而实现有效的儿童保护。因此,凸显儿童作为个人信息主体的特殊性,将其与成年人以及已满14周岁的未成年人区别开来,给予其特殊保护是当前法律规定的应有之义。

(二)儿童个人信息主体权利行使的二元分野

儿童个人信息主体权利行使的二元分野是儿童作为个人信息主体具备特殊性的重要表现,也是判断儿童个人信息主体权利应当由谁来行使的前提依据。二元分野源于两种不同的范式,即儿童个人信息主体同意能力与儿童民事行为能力认定存在差异。简言之,儿童在个人信息保护中被认定为不具备同意能力,需要引入监护人替代儿童作出决定实现同意(以下简称“替代”模式),因而在信息主体同意环节呈现儿童“缺席”的态势。而在儿童作为个人信息主体行使其他权利例如信息更正权、删除权等,应当考量儿童是否具有从事与其年龄、智力相适应的民事行为能力,再来判断是采用监护人“协助决定”模式还是儿童自主决定模式,因而在该权利行使环节呈现儿童“在场”的态势。

1.“替代”模式的正当性证成。《儿童个人信息网络保护规定》第9条规定,网络运营者收集、使用、转移、披露儿童个人信息的,应当以显著、清晰的方式告知儿童监护人,并应当征得儿童监护人的同意。这意味着在儿童个人信息保护的关口环节,面对儿童信息收集、使用、转移和披露等可能对儿童产生重大影响的行为,法规采用“替代”模式,将儿童权利行使的主体直接对标为儿童监护人。“未成年个人信息的保护是根植于信息自决基础上的权利保护,并由父母或其监护人替代决定的一种法律范式。”①

儿童监护人替代儿童决定诸如同意等事项具有正当性基础。首先,“替代”模式符合儿童最大利益原则。“儿童信息权利保护的原则包括最大利益原则、平等原则、尊重儿童原则以及多重责任原则。”②“儿童最大利益成为儿童保护领域最权威的话语。”③《联合国儿童权利公约》第3条

① 蔡一博、吴涛:《未成年人个人信息保护的困境与制度应对——以“替代决定”的监护人同意机制完善为视角》,载《中国青年社会科学》2021年第2期。

② 雷军:《儿童信息权利研究》,黑龙江大学2012级硕士研究生论文,第29页。

③ 王雪梅:《权利冲突视域下儿童最大利益原则的理解与适用》,载《政法论坛》2022年第6期。

第 1 款规定关于儿童的一切行为无论由公司、社会福利机构、法院行政当局或立法机构执行,均应以儿童的最大利益为首要考虑。我国《未成年人保护法》第 4 条确立了最有利于未成年人原则。儿童监护人与儿童学习生活紧密相连,不仅是理解该儿童个人信息价值的最佳主体,亦能充分识别儿童最大利益,还能根据儿童具体需求动态调整主体权利行使以最大限度契合儿童利益。其次,"替代"模式能达成儿童利益与自身利益的双重吻合,也是监护人职责所在。儿童个人信息承载整个家庭利益,是子女本身利益和父母(其他监护人)利益的双重结合体。以儿童监护人中最常见主体——父母为例,确保子女人身与财产处于"无危无损",不仅符合儿童利益(唯有立足安全才能实现儿童发展),也更易实现使父母或者家庭处于安定状态的"亲权利益"。最后,"替代"模式确立监护人职责和义务有坚实的法律规范基础。我国《未成年人保护法》第 7 条、第 71 条与第 72 条,《民法典》第 1035 条,《个人信息保护法》第 31 条以及《儿童个人信息网络保护规定》第 5 条与第 9 条对监护人职责作了相关规定,遵循"未成年人父母或者其他监护人依法对未成年人承担监护职责→处理不满十四周岁未成年人个人信息,应征得其监护人同意→处理儿童个人信息应当取得未成年的父母和其他监护人的同意→儿童监护人应当正确履行监护职责保护儿童个人信息安全"的规范演进路径,夯实了"替代"模式的规范基础。国外法律实践亦表明,儿童监护人的"替代"同意是合法开展儿童个人信息收集的前提条件。2019 年 2 月,FTC 发布针对 Musical. ly 公司(后被字节跳动公司收购,合并至抖音国际版 TikTok)的处罚,FTC 指出,Musical. ly 公司在未经过父母同意的情况下,违规收集 13 岁以下儿童的姓名、电子邮件以及其他个人信息,为此 TikTok 支付了 570 万美元的罚金并承诺严格遵守《儿童在线隐私保护法案》。①

对于"替代"模式中儿童的缺场,理论界有质疑的声音,"监护人替代模式会一定程度限制八周岁以上不满十四周岁未成年人的信息

① See Fortnite Video Game Maker Epic Games to Pay More Than Half a Billion Dollars over FTC Allegations of Privacy Violations and Unwanted Charges, Federal Trade Commission (Dec. 19, 2022), https://www. ftc. gov/news-events/news/press-releases/2022/12/fortnite-video-game-maker-epic-games-pay-more-half-billion-dollars-over-ftc-allegations.

自决权”。[①] 然而,相比儿童因同意能力不足而导致信息自决权无法自洽,监护人“替代”模式更能保障儿童的信息自决利益。事实上,《个人信息保护法》与《未成年人保护法》的规定显示处理儿童个人信息采用了“单同意”的立法思路,即只需要取得儿童监护人的同意即可。[②] 曾经在《未成年人保护法》修订草案一审稿中出现的需要未成年人和监护人“双重同意”因在实施中困难重重而未被采纳。

2. 监护人“协助决定”与儿童自主决定并存。立足个人信息主体权利的角度,除知情同意权外,“个人对信息至少享有获取权、更正权、拒绝权、删除权等权利”。[③] 在儿童个人信息保护领域,除监护人以“替代”模式弥补儿童同意能力不足解决知情权与决定权之外,儿童作为个人信息主体还拥《儿童个人信息网络保护规定》第 19 条、第 20 条规定的权利:既儿童发现网络运营者收集、存储、使用、披露的儿童个人信息有错误的,有权要求网络运营者予以更正;儿童有权要求网络运营者删除其收集、存储、使用、披露的儿童个人信息。当儿童作为个人信息主体行使个人信息更正权、删除权时,监护人“协助决定”与儿童自主决定都成为可能。

自《联合国儿童权利公约》颁行以来,儿童保护观念发生重大变迁。“儿童不仅仅是关怀和照顾的目标。相反,它是基本权利和基本自由的主体。”[④]在个人信息保护中,赋予儿童自治地位或自治权随着观念演变与时代发展成为可能。如果说,在儿童个人信息处理同意环节,因儿童同意能力不足将儿童作为个人信息主体的权利交由监护人行使有其正当性。那么在儿童行使信息更正权与删除权时,我们应当引入《民法典》第 19 条的规定区分情况加以讨论。一方面,在儿童不满 8 周岁的情况下,因其为无民事行为能力人,当然也不具备个人信息同意能力,儿童个人信息的

---

① 李永军、张兰兰:《未成年人信息同意能力的双重功能及其法律实现》,载《南京社会科学》2022 年第 4 期。

② 参见郭林茂主编:《中华人民共和国未成年人保护法释义》,法律出版社 2021 年版,第 223 页。

③ 林琳:《儿童个人信息网络保护的司法路径——以公益诉讼为视角》,载《法律适用》2022 年第 4 期。

④ 朱广新:《民事行为能力制度的体系性解读》,载《中外法学》2017 年第 3 期。

更正权与删除权应当由儿童监护人行使；另一方面，在儿童处于 8 ~ 14 周岁的情形下，尽管儿童不具备个人信息的同意能力，但能否行使个人信息更正权与删除权，取决于行使该权利时的年龄与智力认识水平。就结果而言，又分成两种情况：8 ~ 14 周岁的阶段，可以是儿童监护人"协助决定"儿童个人信息中的更正权与删除权，也可以是具备相应认知能力的儿童自主决定，从而出现"儿童在场"的权利行使场景。

三、网络运营者处理儿童个人信息的合规性

随着越来越多的儿童涌入网络空间，网络运营者涉及处理儿童个人信息的情况愈加普遍，儿童个人信息的网络安全合规重要性日益凸显。网络安全合规是指网络运营者应当遵守网络安全与个人信息保护等法律法规、国家标准以及文本规范，避免受到法律制裁或监管处罚。在儿童个人信息处理网络安全合规中，网络运营者处理儿童个人信息的标准为何？应当主动履行的义务有什么？由于我国儿童个人信息保护制度构建还处于初始阶段，实践中儿童个人信息处理的安全存在众多疑问亟待一一厘清，理论研究尝试对此作出回应。

（一）网络运营者处理儿童个人信息的合规要求

儿童个人信息保护与网络安全、数据安全以及未成年人保护息息相关。我国《网络安全法》第 13 条从"总体"视角规定为未成年人提供安全、健康的网络环境，第 22 条、第 40 条、第 41 条、第 42 条、第 43 条以健全用户信息保护制度为主线，对个人信息的收集、使用、提供等作出规定，但尚未有涉及儿童保护的单独规定。《数据安全法》第 21 条规定，根据对国家、公共利益或者个人、组织合法权益可能造成的危害程度，对数据实行分类分级保护，儿童个人信息也在分类分级保护范围之内。《未成年人保护法》2021 年修订后设置网络保护专章，保障未成年人在网络空间的合法权益，并明确规定处理儿童个人信息的，应当征得儿童监护人同意，但法律、行政法规另有规定的除外。《个人信息保护法》第 28 ~ 31 条将儿童的个人信息纳入敏感个人信息，并规定儿童个人信息的处理规则。《儿童个人信息网络保护规定》是国内第一部聚焦儿童信息保护的法律规章，它秉持确保儿童个人信息安全的理念，通过规范与强化网络运营者

处理儿童个人信息责任的方式,促进儿童健康成长。除法律法规之外,国家标准《信息安全技术 个人信息安全规范》(GB/T 35273—2020)中第5.4d条也强调收集儿童个人信息的,应征得其监护人的明示同意。

梳理现有法律法规以及国家标准,以收集、存储、使用、委托、转移、披露、删除为信息全生命周期总结网络运营者处理儿童个人信息的合规要求(见表1)。①

表1 网络运营者处理儿童个人信息合规要求

<table>
<tr><th>周期阶段</th><th>合规通用要求</th><th>合规阶段要求</th><th>来源依据</th></tr>
<tr><td>1. 收集</td><td rowspan="7">遵循正当必要、知情同意、目的明确、安全保障、依法利用的原则;设置专门儿童个人信息保护规则和用户协议,专人负责儿童个人信息保护;对工作人员做最小授权原则,控制儿童个人信息知悉范围</td><td>以显著、清晰的方式告知儿童监护人并获得儿童监护人的同意(明确7类事项)</td><td rowspan="7">《网络安全法》
《数据安全法》
《个人信息保护法》
《未成年人保护法》
《儿童个人信息网络保护规定》
《互联网信息服务算法推荐管理规定》
《信息安全技术 个人信息安全规范》(GB/T 35273—2020)</td></tr>
<tr><td>2. 存储</td><td>分类分级存储;存储不超过使用目的所必需的期限;加密存储</td></tr>
<tr><td>3. 使用</td><td>不能违反法律规定和双方约定的目的和范围,超出约定的,应当再次取得同意</td></tr>
<tr><td>4. 委托</td><td>对委托方进行安全评估;签署委托协议,明确双方责任、处理事项、处理期限、处理性质和目的等,不得超出授权委托</td></tr>
<tr><td>5. 转移</td><td>应当自行或者委托第三方机构进行安全评估。向个人信息主体告知涉及的个人敏感信息类型、数据接收方的身份和数据安全能力等</td></tr>
<tr><td>6. 披露</td><td>不得披露儿童个人信息,但法律、行政法规规定应当披露或者根据与儿童监护人的约定可以披露的除外</td></tr>
<tr><td>7. 删除</td><td>停止运营产品或者服务的应当立即停止收集儿童个人信息的活动,删除其持有的儿童个人信息,并将停止运营的通知及时告知儿童监护人</td></tr>
</table>

① 我国《民法典》规定个人信息的处理包括个人信息的收集、存储、使用、加工、传输、提供、公开等处理方式。我国《个人信息保护法》在此基础上增加了删除的处理方式。本章所设定的儿童个人信息全生命周期依据为《儿童个人信息网络保护规定》第3条、第4条、第16条、第20条。

(二)网络运营者应主动履行的注意义务

儿童作为个人信息主体保护具有特殊性,儿童个人信息属于敏感个人信息,网络运营者在处理儿童信息时担负相比一般个人信息更为严格的注意义务,具体说来,体现为两个方面:

一方面,网络运营者应当建立与完善儿童个人信息保护制度,切实承担各类风险防控责任。以儿童内容和产品为主的网络运营者依据《个人信息保护法》的规定应当制定专门的儿童个人信息处理规则。专门的儿童个人信息处理规则不仅能有效确定儿童监护人的权利和行使权利的程序,也能重点提示个人信息处理者所负有的重要的专门责任,以便更好地保护儿童权益。来自实践一线的研究者认为,秉持预先设计、产品各环节嵌入儿童信息保护功能以及完整数据生命周期保护等要求[①]应当落实到保护儿童个人信息的各项措施中,压实网络经营者承担风险防控责任。在国外最新法律实践中,2022 年 12 月视频游戏制造商 Epic Games 因违反《儿童在线隐私保护法》,在未事先获得父母可证实同意的情况下收集儿童个人数据,通过更改默认隐私设置为儿童启用实时语音和文本聊天通信,损害儿童权益。Epic Games 为此遭受 FTC 指控的 2. 75 亿美元罚款。[②] 这充分说明,法律是压实网络经营者"主动履行"儿童个人信息保护责任的利器,中外概莫能外。在本案中,法院要求网络运营商采取制定未成年人数据分级分类管理机制、建立专门的儿童信息保护池、强化儿童用户隐私保护模式等更积极、主动和有效的措施,同样是司法对网络运营者"应当履行"义务的必然要求。对于仅涉及但并非以儿童内容和产品为主的网络运营者,笔者认为至少设置"青少年模式"积极履行儿童信息处理的注意义务。

另一方面,积极跨越实践中如何取得监护人实际同意等的难题。事

① 参见肖芃:《大型互联网平台侵害儿童个人信息权益的认定——兼评某短视频平台侵害未成年人个人信息民事公益诉讼案》,载《法律适用》2022 年第 6 期。

② See Fortnite Video Game Maker Epic Games to Pay More Than Half a Billion Dollars over FTC Allegations of Privacy Violations and Unwanted Charges, Federal Trade Commission (Dec. 19, 2022), https://www. ftc. gov/news-events/news/press-releases/2022/12/fortnite-video-game-maker-epic-games-pay-more-half-billion-dollars-over-ftc-allegations.

实上,网络运营者应当承担“双重验证义务”,一重是验证是否为儿童,二重是验证是否为儿童的监护人,双重验证都存在不小的难度。网络运营者应当采取多重措施,例如,制定儿童个人信息处理规则时重点关注政策文本与现实操作的关联性,充分利用现有的技术,作出合理努力证明在此种情况下已经获得监护人的同意。美国2013年修订的《儿童网络隐私保护法》列举了六种满足“可证实的父母同意”的典型情形,分别为:(1)家长签名并通过邮寄传真或电子扫描件返回的同意书。(2)父母向主要账户持有人提供每笔分散交易的通知。(3)家长拨打专业人员的电话。(4)家长通过视频会议取得联系。(5)数据库检查政府签发的身份证明验证父母。(6)使用电子邮件或其他步骤来保证提供同意的人是父母。①这些措施都取得了良好的效果,值得国内实务借鉴。

四、儿童个人信息处理自动化决策的法律认定

我国《个人信息保护法》第24条第3款赋予个人免受自动化决策的权利,②其前提条件为对个人权益有重大影响的决定。儿童个人信息为敏感个人信息,对其信息的处理将会对儿童权益产生重大的影响。我们可以推导,对儿童实行自动化决策应当受到比成人更为严格的限制,即儿童享有比成人更加广泛的免受自动化决策的权利。当自动化决策没有经过监护人的同意,没有达到儿童信息安全标准时,应当判定儿童个人信息自动化决策的应用行为违法,对其采取严格限制模式。本章从用户画像与个性化推荐和针对儿童的自动化决策算法两个方面加以分析。

(一)针对儿童的用户画像与个性化推荐

用户画像,指为了评估自然人的某些条件而对个人数据进行自动化处理的活动,包括为了评估自然人的工作表现、经济状况、健康状况、个人偏好、兴趣、可靠性、行为方式、位置、行踪等进行的自动化处理。针对儿童的用户画像将儿童每一次游戏点击,每一类视频播放都融进儿童的信

① 参见程啸:《个人信息保护法理解与适用》,中国法制出版社2021年版,第279页。

② 我国《个人信息保护法》第24条第3款规定,通过自动化决策方式作出对个人权益有重大影响的决定,个人有权要求个人信息处理者予以说明,并有权拒绝个人信息处理者仅通过自动化决策的方式作出决定。

息标签,将儿童个人信息作了更大尺度的“解析”,迫使儿童成为网络“透明人”,在此种意义上,网络比监护人还了解儿童并非一个笑话。

对儿童基于用户画像进行个性化推荐,容易导致人生观价值观尚未定性的儿童陷于网络肤浅、低俗、暴力与色情。如曾经毒害儿童的“邪典”事件①、一度流行的“儿童表情包”②都说明,找准儿童不明是非的兴趣点,就会把儿童引导至更加的不明是非。要培养风清气正的网络空间,就必须从儿童个人信息保护根源抓起。在我国地方性数据立法创新中,《深圳经济特区数据条例》第30条作了禁止基于用户画像向儿童推荐个性化产品的规定③,只有在满足维护儿童合法权益并经过监护人同意的双重条件之下,才能允许基于用户画像的个性化产品推荐。

(二)针对儿童的自动化决策算法

自动化决策最容易导致信任危机的原因在于“算法”黑箱,为此法律赋予主体知情同意权以及免除自动化决策权以对抗算法不透明。在儿童个人信息保护中,算法推荐服务者应当承担更多的责任。与《深圳经济特区数据条例》用户画像“禁令”不同,《互联网信息服务算法推荐管理规定》设计了另一种思路,即开发符合儿童特点与思维的个性化算法推荐。《互联网信息服务算法推荐管理规定》第18条明确算法推荐服务提供者向未成年人提供服务的,应当依法履行未成年人网络保护义务,并通过开发适合未成年人使用的模式,提供适合未成年人特点的服务等方式,建议未成年人获取有益身心健康的信息。算法推荐服务者不得向未成年人推送可能引起未成年人模仿不安全行为和违反社会公德行为,诱导未成年人不良嗜好等,可能影响未成年人身心健康的信息,不得利用算法推导服务诱导未成年人沉迷网络。

在本案中,法院主持调解,确认未获监护人同意,基于算法自动化决

① 参见刘声:《扫除文化垃圾　护航青少年成长》,载《中国青年报》2019年1月8日,第3版。

② 参见陈垠杉:《儿童软色情表情包套路深》,载《中国青年报》2021年1月8日,第8版。

③ 《深圳经济特区数据条例》第30条规定:“数据处理者不得基于用户画像向未满十四周岁的未成年人推荐个性化产品或者服务。但是,为了维护其合法权益并征得其监护人明示同意的除外。”

策将含有儿童用户个人信息的短视频向其他用户进行推送、默认开启个性化推荐为违法处理儿童个人信息。法院严格限制APP平台对儿童用户的自动化决策和个性化推荐,并提出了儿童用户算法推荐的整改方案:除非经过监护人的开启,儿童用户的个性化推荐默认关闭;创建向儿童用户个性化推荐的独立算法并在实践中不断完善;切实保障儿童用户推送内容的安全性,强化儿童用户特殊群体的专门保护。

五、结语

数字时代,儿童个人信息保护成为个人信息保护中最敏感与最复杂的一环。儿童作为个人信息主体的特殊性不仅基于儿童本是需要特殊照顾的主体,也源于儿童个人信息主体权利行使的二元分野。儿童在数字世界更容易受到侵害,这决定了网络运营者必须担负起严格的儿童个人信息安全保护责任,建立完善儿童个人信息处理规则,充分采用新兴信息技术手段,有效应对"双重"验证等实践难题。诚然,我国关于儿童个人信息的立法与研究都还处于起步阶段,司法参与儿童信息安全治理也才刚刚开始,期待通过该案的理论探索以及衍生的种种努力,能带领儿童走进一个更加安全的数字时代。

第二十一章　手机APP收集、使用用户个人信息的限度

张新宇*　肖　芃**

【案例索引】

一审案号:杭州互联网法院(2020)浙0192民初4252号

【审判人员】

官家辉、肖芃(承办人)、曾宪未

【核心问题】

人民检察院能否作为侵犯公民个人信息的诉讼主体?其请求权基础和构成要件是什么?公民个人信息被大规模收集应当遵循哪些原则?

【案情简介】

案涉APP是被告某网络科技有限公司开发、运营的一款音乐视频教学类手机应用程序,主要功能为在线音乐教育,通过直播教学,提供热门乐器线上教学视频。该APP应用程序在安装、使用过程中存在以下涉及用户个人信息的违法、违规现象:(1)该APP在下载安装及使用过程中未显示隐私政策条款,未通过弹窗等明显方式提示用户阅读隐私政策等个

* 张新宇,北京工商大学法学院副教授。

** 肖芃,杭州互联网法院(杭州铁路运输法院)跨境贸易法庭庭长。

人信息收集使用规则,且没有具体隐私政策的内容。(2)该 APP 因用户不同意收集非必要个人信息或打开非必要权限,而拒绝提供业务功能。(3)该 APP 在申请打开可收集用户行踪轨迹等个人敏感信息时,未同步告知用户其目的、方式和范围。原告为检察院类公益诉讼主体,发现被告该行为后依法向法院提起民事公益诉讼。

经调解,被告自愿对 APP 进行全面整改,删除非法收集存储的全部用户个人信息,公开赔礼道歉,并承诺不再侵害用户个人信息。对该 APP 后续整改情况,检察机关引入第三方评估,通过合规检测后才允许其重新上架。

【分歧意见】

第一种意见认为,人民检察院不是该案件的适格主体,《民事诉讼法》第 58 条规定:“对污染环境、侵害众多消费者合法权益等损害社会公共利益的行为,法律规定的机关和有关组织可以向人民法院提起诉讼。人民检察院在履行职责过程中发现破坏生态环境和资源保护、食品药品安全领域侵害众多消费者合法权益等损害社会公共利益的行为,在没有前款规定的机关和组织或者前款规定的机关和组织不提起诉讼的情况下,可以向人民法院提起诉讼。前款规定的机关或者组织提起诉讼的,人民检察院可以支持起诉。”该案件发生时《个人信息保护法》并未颁布,没有法律明确将个人信息保护纳入检察公益诉讼法定领域,所以本案的原告不应该是人民检察院,而是个人信息遭受侵害的个人。

第二种意见认为,个人信息是私益与公益价值的集合体。随着信息时代的发展,个人信息不仅具有私益属性,更承载了社会、国家等公益属性。个人信息保护如果仅采用私益诉讼,会面临主体认知能力不足、举证困难、诉讼动力受限等现实困境。我国《民事诉讼法》第 58 条对公益诉讼的适用范围采取了不完全列举的立法模式,在明文列举公益诉讼典型领域后以“等”字作开放式规定,并辅之以“损害社会公共利益的行为”作兜底式的概括补充,以上规定为民事公益诉讼适用范围的合理拓展提供了实定法上的依据。所以,本案中人民检察院是适格的诉讼主体。

【审判观点】

法院针对案件的核心问题进行如下梳理：

首先，人民检察院可以作为侵犯公民个人信息案件的适格主体。因被告违法违规收集用户个人信息的行为涉及不特定主体信息安全问题，侵犯了公民个人信息受保护的权利，使公民个人信息面临被违法使用、泄露的风险，给用户人身和财产安全带来隐患，致使社会公共利益受到侵害。在履行诉前公告程序并在公告期满后，无适格主体提起诉讼的情况下，可根据《民事诉讼法》第 55 条第 2 款、《最高人民法院、最高人民检察院关于检察公益诉讼案件适用法律若干问题的解释》第 13 条第 2 款的规定，由人民检察院依法提起民事公益诉讼。

其次，被告收集公民个人信息的行为涉及不特定主体，且未经权利人同意，不具备正当性、合法性和必要性。(1)被告未公开收集使用规则、未明示收集使用个人信息的目的、方式和范围、未经用户同意收集使用个人信息、违反必要原则收集与其提供的服务无关的个人信息、未按法律规定提供、删除或更正个人信息功能或未公布投诉、举报方式等信息的情形，违反了原《民法总则》第 111 条、《网络安全法》第 41 条、《消费者权益保护法》第 29 条第 1 款和《电子商务法》第 23 条之规定。(2)公民个人信息被网络信息服务提供商大规模违法收集、使用，严重侵扰公民个人生活安宁，破坏社会秩序。在侵犯众多消费者个人信息行为损害社会公共利益的情况下，检察机关在消费领域提起个人信息保护民事公益诉讼具有可行性与必要性。

【理论探索】

一、问题的提出

《个人信息保护法》第 6 条第 2 款规定："收集个人信息，应当限于实现处理目的的最小范围，不得过度收集个人信息。"通常认为，该款规定将最小必要确立为个人信息收集过程中的基本原则。确立最小必要原则的理由在于，收集是个人信息处理的开端，在此时就要求仅能在最小范围内收集个人信息,可以有效降低个人信息被非法买卖或泄露的风险,而且,如果能切实落实最小必要原则,即使后续发生滥用或泄露个人信息的情况,也可以将危害后果限制在一定程度之内。

除最小必要原则,《个人信息保护法》也规定了必要原则。该法第5条规定:“处理个人信息应当遵循合法、正当、必要和诚信原则,不得通过误导、欺诈、胁迫等方式处理个人信息。”事实上,在《个人信息保护法》正式出台以前,在《民法典》《消费者权益保护法》等其他法律当中,已经存在类似的规定。[①] 无论是《个人信息保护法》确立的最小必要原则,还是在多部法律中被反复提及的必要原则,二者实质上均强调不得对个人信息进行过度处理。因此,也有学者认为,最小必要原则实际上和必要原则并无实质区别,二者均要求个人信息处理者只能收集和处理与提供服务和收集目的直接相关的个人信息,即个人信息处理者必须遵循《个人信息保护法》的要求,不能收集、使用、传输非必要个人信息。[②] 当然,除了将最小必要原则和必要原则等同,也可以对二者进行一定的区分。《个人信息保护法》规定,必要原则是对收集、存储、使用、加工等全处理过程的要求,而最小必要原则仅是对个人信息收集过程中的要求。所以,也可以认为,最小必要原则是必要原则在个人信息收集过程中的具体要求。对于最小必要原则的意涵,《信息安全技术 个人信息安全规范》从三个方面进行了解读,认为收集个人信息的最小必要对个人信息控制者的要求包括:(1)收集的个人信息的类型应与实现产品或服务的业务功能有直接关联;直接关联是指没有上述个人信息的参与,产品或服务的功能无法实现。(2)自动采集个人信息的频率应是实现产品或服务的业务功能所必需的最低频率。(3)间接获取个人信息的数量应是实现产品或服务的业务功能所必需的最少数量。可以看出,《信息安全技术 个人信息安全规

---

① 《消费者权益保护法》第29条规定:“经营者收集、使用消费者个人信息,应当遵循合法、正当、必要的原则。”《民法典》第1035条规定:“处理个人信息的,应当遵循合法、正当、必要原则,不得过度处理。”

② 参见卢家银:《网络个人信息处理中必要原则的涵义、法理与适用》,载《南京社会科学》2021年第12期。

范》也将最小必要原则限定在个人信息收集过程之中。由此,最小必要原则的适用范围已经基本清晰。

但是,在此基础上仍有两个问题需要回答。第一,虽然《个人信息保护法》第 70 条规定,检察机关可以提起个人信息保护公益诉讼,检察机关作为提起个人信息保护公益诉讼的主体已经不存在疑问。但是,提起公益诉讼是否具有前提条件,检察机关又能否针对违反最小必要原则收集个人信息这一具体情况提起公益诉讼?第二,即使明确了最小必要原则的适用范围,何谓"最小""必要"并没有清晰明确的答案,仍然需要对这一原则进行进一步阐述,明确法律允许哪些个人信息收集行为,划定个人信息收集的合法限度,建立判断个人信息收集行为合法性的司法审查方法。

二、检察机关提起个人信息保护公益诉讼的前提条件

由于《民事诉讼法》第 58 条第 2 款并未明确将个人信息保护纳入公益诉讼的范围当中,[①]因此,在《个人信息保护法》颁布实施之前,对于检察机关能否作为适格主体提起个人信息保护公益诉讼,确实存在一定的争议。如果从严解释《民事诉讼法》第 58 条第 2 款,由于《民事诉讼法》并未明确将个人信息保护列举为可以提起公益诉讼的领域之一,检察机关并非提起个人信息保护公益诉讼的适格主体。但是,多数人认为,个人信息保护兼具私益属性和公益属性,而"等"字乃是一种"等外等"。亦即《民事诉讼法》仅是对公益诉讼的范围进行了一种不完整的列举,在污染环境、侵害众多消费者合法权益这两种典型的公益诉讼类型以外,"等"字亦包含其他侵害公共利益的情形,这为公益诉讼范围的扩大预留了制度空间。[②] 除了来自解释论的支持外,也应当承认,单纯依靠传统民事诉讼途径或者行政监管途径,都未必能解决个人信息保护的现实难题。通

① 《民事诉讼法》第 58 条第 2 款规定:"人民检察院在履行职责中发现破坏生态环境和资源保护、食品药品安全领域侵害众多消费者合法权益等损害社会公共利益的行为,在没有前款规定的机关和组织或者前款规定的机关和组织不提起诉讼的情况下,可以向人民法院提起诉讼。前款规定的机关或者组织提起诉讼的,人民检察院可以支持起诉。"

② 参见张新宝、赖成宇:《个人信息保护公益诉讼制度的理解与适用》,载《国家检察官学院学报》2021 年第 5 期。

过隐私政策的包装和算法技术的引入,侵害个人信息权的方式往往非常隐蔽,个人经常处于难以察觉的状态,即使察觉到自身权利受损,个人信息处理者相较于个人也处于明显的优势地位。个人直接提起民事诉讼可能会耗费大量的时间和人力成本,而结果未必能达到预期。通过行政监管来保护个人信息权的问题则在于,个人信息已经散落在大量的个人信息处理者手中,而行政监管能力也非常有限,对少数大平台进行监管或许可行,但寄希望于通过行政监管解决所有个人信息保护的问题并不现实。因此,由检察机关提起公益诉讼无疑是对传统民事诉讼和行政监管的有益补充。

《个人信息保护法》正式实施后,由于第 70 条明确规定:个人信息处理者违反本法规定处理个人信息,侵害众多个人的权益的,人民检察院、法律规定的消费者组织和由国家网信部门确定的组织可以依法向人民法院提起诉讼。关于检察机关能否提起个人信息保护公益诉讼的争论已经有了明确的答案,但需要进一步回答的问题是,检察机关在什么情况下才可以提起公益诉讼。以《个人信息保护法》第 70 条为依据,满足如下条件,检察机关方能提起公益诉讼。

(一)个人信息处理行为违反《个人信息保护法》的规定

虽然对于个人信息权究竟是一种民事权利,还是一种利益,在理论上仍然存在争议。[①] 但是,由于《民法典》第 990 条第 2 款明确规定,自然人享有基于人身自由、人格尊严产生的其他人格权益。一般认为,法律对自然人个人信息的保护,本质上是保护其人格利益,包括人的尊严和自由。[②] 所以,这并不影响通过人格权制度对个人信息进行保护。民事公益诉讼固然与民事私益诉讼存在区别,但二者均将个人信息权受到损害作为起诉的前提条件。

根据《个人信息保护法》第 70 条的表述,必须是违反《个人信息保护

---

① 参见王利明:《论个人信息权的法律保护——以个人信息权和隐私权的界分为中心》,载《现代法学》2013 年第 4 期;丁晓东《个人信息私法保护的困境与出路》,载《法学研究》2018 年第 6 期等。

② 参见张新宝:《民法总则个人信息保护条文研究》,载《中外法学》2019 年第 1 期。

法》的行为方能由检察机关提起公益诉讼。事实上,其他诸如《网络安全法》《电子商务法》等法律当中也针对个人信息保护问题作出过相应规定。但是,《个人信息保护法》对个人信息处理者违法处理个人信息的行为进行了全面列举,覆盖了事前、事中、事后三个环节的个人信息处理行为。[①] 因此,《个人信息保护法》正式颁布并实施后,其他法律当中规定的侵犯个人信息权的行为已经被吸收,将违反《个人信息保护法》作为提起公益诉讼的条件不会遗漏其他违法行为。违反最小必要原则的个人信息收集行为即属事中过程中的违法处理行为,自然也符合提起公益诉讼的基本条件。

(二)受侵害人数众多

事实上,受侵害人数众多并不必然造成公共利益的损害。公益概念最主要及最复杂的特征,就在其对象的不确定性。[②] 如果受害人数是确定的,即使人数众多,仍然只是私益受损。例如,某人驾驶汽车与公交车相撞,也可能造成多人受伤,但此时受侵害的人在一个确定的范围内,如果不构成刑事犯罪,也只是侵害了较多人的私益。违法的个人信息处理,可能造成大量个体权利受损,由于个人信息处理者随时可能对新用户的个人信息进行处理,其侵权对象并不确定,符合公共利益的特征。因此,如果符合人数众多的条件,违法的个人信息处理行为侵害的并非私益,而是公益。

当然,这就引发了新的问题,究竟多少人才能算作人数“众多”?《个人信息保护法》并未对这一问题作出明确规定。而《最高人民法院关于适用〈中华人民共和国民事诉讼法〉的解释》也未对公益诉讼中的人数众多提出具体数量方面的明确要求。所以,对于具体的人数要求,可能只能由法院在实践中运用法律解释方法在个案中加以具体化。[③] 当然,除了

① 参见张新宝、赖成宇:《个人信息保护公益诉讼制度的理解与适用》,载《国家检察官学院学报》2021 年第 5 期。

② 参见陈新民:《德国公法学基础理论》(增订新版 · 上卷),法律出版社 2010 年版,第 231 页。

③ 参见杜乐其:《消费公益诉讼制度的局限及其矫正——〈中华人民共和国消费者权益保护法〉第 47 条之评析》,载《理论月刊》2014 年第 10 期。

人数标准,不同种类的个人信息被违法处理所带来的风险也并不等同,《个人信息保护法》也针对敏感个人信息的处理提出了更高要求。对此,最高人民检察院下发的《关于贯彻执行个人信息保护法推进个人信息保护公益诉讼检察工作的通知》也指出,需要对敏感个人信息、特殊群体个人信息和重点领域个人信息等进行严格保护。[①] 所以,如果是违法处理敏感个人信息或特殊群体信息等,可以适当放宽人数要求。

(三)不以其他组织不起诉为前提

前文已述,《民事诉讼法》第 58 条第 2 款规定,纵使存在侵害社会公共利益的行为,检察机关也并不必然具有提起公益诉讼的主体资格,只有在不存在其他机关或组织可以提起公益诉讼,或者是其他机关或组织不提起公益诉讼的情况下,检察机关才具有提起公益诉讼的主体资格。但是,《个人信息保护法》并未将其他组织不起诉作为检察机关提起公益诉讼的前提,从《个人信息保护法》第 70 条的表述来看,检察机关反而被作为提起个人信息保护公益诉讼的首选。因此,在个人信息保护公益诉讼中,必须解决《民事诉讼法》和《个人信息保护法》的协调问题。从法律适用的角度,根据新法优于旧法、特别法优于一般法的原则,《个人信息保护法》第 70 条优先于《民事诉讼法》第 58 条适用。[②] 当然,检察机关也并非唯一可以提起个人信息保护公益诉讼的适格主体,法律也规定了其他组织可以提起个人信息保护公益诉讼。为了避免可能出现的滥诉,对提起个人信息保护公益诉讼的组织提出一些资格性的要求属于常见做法。[③]

---

① 最高人民检察院《关于贯彻执行个人信息保护法推进个人信息保护公益诉讼检察工作的通知》指出,“各级检察机关在履行公益诉讼检察职责时应当突出重点、从严把握以下方面:生物识别、宗教信仰、特殊身份、医疗健康、金融账号、行踪轨迹等敏感个人信息应当严格保护;儿童、妇女、残疾人、老年人、军人等特殊群体的个人信息需要特别保护;教育、医疗、就业、养老、消费等重点领域处理的个人信息,以及处理 100 万人以上的大规模个人信息应当重点保护;对因时间、空间等联结形成的特定对象的个人信息加强精准保护”。

② 参见张陈果:《个人信息保护民事公益诉讼的程序逻辑与规范解释——兼论个人信息保护的“消费者化”》,载《国家检察官学院学报》2021 年第 6 期。

③ 如 GDPR 第 80 条第 1 款规定:“对按照成员国国内法依法设立、以公共利益为法定目标并且活跃于保护数据主体权利与自由领域的非营利性机构、组织或协会,数据主体有权委托其代表自己提出投诉。”

我国《个人信息保护法》第 70 条也采取类似规定，法律规定的消费者组织和由国家网信部门确定的组织才可以提起公益诉讼。但是，消费者组织未必能参与到所有类型的个人信息公益诉讼当中，而目前网信部门也并未出台具体方案确定哪些组织可以参与其中。所以，从现实角度出发，目前也只能由检察机关来承担个人信息保护公益诉讼的职责，这也构成了个人信息保护公益诉讼不以其他组织不起诉作为前提条件的一大原因。

三、个人信息收集行为的合法限度

在适用最小必要原则的过程中，核心问题就是如何对个人信息处理者的收集限度进行划定，也就是在不同场景下“最小范围”如何确定的问题。对此，需要在总结现行审查标准的基础上，结合不同目的的个人信息收集行为进行分别讨论。

（一）现行审查标准——严格适用最小必要原则

网络平台普遍通过 APP 收集个人信息，而在此过程中，双方也频繁发生纠纷。有学者指出，对于个人信息收集过程中的纠纷，执法机关、司法机关在实践中大多采取严格适用最小必要原则的立场。[①]

所谓严格适用最小必要原则的立场，即只从个人信息与具体业务的关联性角度出发，来判断个人信息的收集行为是否合法、必要。如果收集的个人信息是实现个人业务所必需，例如，在网购过程中，购物者的名称、地址、电话等均属必要信息，因为缺失了这些信息，正常的网购流程很难完成，网购商品无法派送到购物者手中。所以，虽然购物者的名称、地址、电话等信息属于个人信息，但收集上述信息符合最小必要原则，具有合法性。但是，如果在必要信息之外，要求购物者必须提供实时位置信息等，由于实时位置信息并非网购业务中的必要信息，这一收集行为的合法性则存在疑问。国家互联网信息办公室、工业和信息化部、公安部、市场监管总局等四部门联合制定的《APP 违法违规收集使用个人信息行为认定

① 参见武腾：《最小必要原则在平台处理个人信息实践中的适用》，载《法学研究》2021 年第 6 期。

方法》也采取这种标准,其第 4 条规定,收集的个人信息类型或打开的可收集个人信息权限与现有业务功能无关,或者仅以改善服务质量、提升用户体验、定向推送信息、研发新产品等为由,强制要求用户同意收集个人信息,均属违反必要原则。

在司法实践中,也有法院采取这一标准来对个人信息收集行为的合法性进行判定。比如,在俞某某与浙江天猫网络有限公司等网络侵权责任纠纷案中,支付宝与淘宝和天猫共享消费者的线下交易信息,法院认为,从《阿里巴巴智慧门店产品服务协议》的相关约定来看,智慧门店设立目的是为现实智慧门店产品服务,支付宝公司将线下门店交易信息传输给淘宝公司,并通过淘宝公司获得用户在线上店处享受的优惠权益,以便线上线下门店实现线下门店引流等目的。该使用目的并非基于用户的"必要",而是网络公司的商业考量。① 法院因此判令各被告共同向原告承担赔偿责任。可以看出,虽然线上线下相互引流也是各平台经常采取的商业行为,但这一行为仅是基于平台的商业考量,其与向用户提供的服务并无直接关联,并不符合最小必要原则的要求。最小必要原则中的"必要",是基于用户的"必要",而不是个人信息处理者的"必要",所以,一旦个人信息与平台客户所需要的具体业务没有直接关联,个人信息处理者的收集行为就可能被认定为违反最小必要原则。针对各类不同具体业务与哪些个人信息存在直接关联,《常见类型移动互联网应用程序必要个人信息范围规定》列举了 39 类常见类型 APP 的必要个人信息范围。例如,求职招聘类的必要个人信息包括:(1)注册用户移动电话号码;(2)求职者提供的简历。房屋租售类的必要个人信息包括:(1)注册用户移动电话号码;(2)房源基本信息:房屋地址、面积/户型、期望售价或租金。

严格适用最小必要原则的优势在于,仅以用户所获得的具体业务来界定"必要"的关联性。采取这种判断标准确实可以在个人信息收集阶段对个人信息处理者施加限制,从而降低后续个人信息被不当处理乃至非法泄露的风险。但是,客观而言,现阶段互联网平台往往同时提供多种

① 参见北京市海淀区人民法院民事判决书,(2018)京 0108 民初 13661 号。

类的服务内容,要求平台只能在具体业务当中获取必要的个人信息,对平台而言并不友好。特别是,平台所提供的精准推送或其他服务内容,也未必构成对用户权益的损害。因此,平台在具体业务以外进行个人信息收集是否合法也是需要进一步探讨的话题。

(二)具体业务以外的个人信息收集行为是否合法

前文已述,实践中往往严格适用最小必要原则,以个人信息收集行为与具体业务是否直接相关作为收集是否合法的判断标准。从用户的角度来界定"必要"确实有利于保护用户的权益。但是,对平台而言,其往往并不局限于某一单一的业务形式。比如,网购平台并非仅是撮合交易的互联网中介,其可能在撮合交易的同时也经营自营业务,也可能在撮合交易过程中提供基于用户画像分析的付费营销服务。在此过程中,获取具体业务以外的个人信息,对准确绘制用户画像,进行精准营销显然具有重要意义。一方面,营销服务也是平台的重要收入来源;另一方面,《个人信息保护法》第 24 条只是规定自动化决策应当公正、透明,可以拒绝,一概将具体业务以外的个人信息收集行为认定为违反最小必要原则,无异于彻底禁止自动化决策,这显然既对平台不利,也与立法原意相冲突。当然,也有人指出,严格适用最小必要原则,可能不利于网络平台发展大数据分析相关技术。[①] 这也构成了反对严格适用最小必要原则的一个理由。

上述理由当然均具有一定的道理,但笔者认为,不能过于严格适用最小必要原则的重要理由在于,平台在具体业务以外的个人信息收集行为对用户并非毫无益处。以基于个人信息的用户画像为例,平台描绘用户画像的主要动力在于,基于用户画像可以为用户提供更受欢迎的商品或服务。虽然在某些场景下,这种自动化决策确实可能让用户陷入"信息茧房",丧失自我决断的能力。但至少在平台基于自动化决策提供具体商品的过程中,用户的权益并不会受到多大的侵害或影响,反而可能更加方

① 参见武腾:《最小必要原则在平台处理个人信息实践中的适用》,载《法学研究》2021 年第 6 期。

便、快捷地获取其所需要的商品信息。所以,基于个人信息进行用户画像,虽然并非用户直接所需的具体业务,但其对平台而言自然意味着更大的利润,用户可能同样对此喜闻乐见。

最小必要原则要求仅能在最小范围内收集个人信息,实际上是要求个人信息收集行为应当将损害限定在最小范围内,这与行政法上的比例原则类似。如果将最小必要原则比照行政法上的比例原则,可以发现平台基于具体业务以外的个人信息收集行为并不必然违法。虽然也有学者认为比例原则同样可以适用于授益性行政行为,行政机关在行使给付行政等授益性行政行为时,如有几种程度不等的行为可以选择,行政机关应在法律和其他相关条件许可的范围内选择对人民授益最大的行政行为而为之。[①] 但“最小侵害”的严格标准和“法益均衡”目标追求,决定了其主要用于规制常态意义下的行政权力行使。[②] 因此,在行政行为未对行政相对人的权益造成侵害的情况下,一般很难认定该行为违反比例原则。与比例原则相类似,基于用户画像的自动化决策未必对用户的权益造成影响,只要收集个人信息的目的正当、合法,平台的收集行为也并不必然违反最小必要原则。

当然,以上论述只能证明,并不能一概禁止网络平台基于具体业务以外的原因进行个人信息收集。但不能一概禁止,也不代表因此而进行的个人信息收集行为均属合法。具体而言,仍需考虑以下几方面的问题:

首先,收集个人信息的目的应当合法、正当。虽然具体业务以外的个人信息处理行为有可能会带来更好的用户体验,但将个人信息的处理范围扩大显然也会增加相应的风险。因此,收集个人信息具有合法、正当的目的,属于前提性的条件。根据我国《个人信息保护法》,合法原则和正当原则也构成其基本原则。合法原则要求,个人信息处理的全过程中,都必须严格遵守法律规定。据此显然也可以推导出,收集个人信息的目的也需要符合法律规定。而正当原则更是明确包含目的正当性,不能

① 参见黄学贤:《行政法中的比例原则研究》,载《法律科学》2001年第1期。
② 参见梅杨:《比例原则的适用范围与限度》,载《法学研究》2020年第2期。

基于不正当的目的处理个人信息。当然，私法主体收集、使用目的是否正当，法律不过多干涉，只要该目的在社会的惯例和人们认识中合理即可。[①]

其次，基于精准推送等具体业务以外的原因进行个人信息收集，必须基于明确的告知同意。正如《APP违法违规收集使用个人信息行为认定方法》第4条所规定的一样，仅以改善服务质量、提升用户体验、定向推送信息、研发新产品等为由，强制要求用户同意收集个人信息，仍属违反最小必要原则。一是因为具体业务以外的个人信息收集行为可能会提升用户体验、改善服务质量，但是否愿意获得基本业务以外的进阶服务应当由用户进行最终的决定，而不能基于平台的单方意愿而强制提供。二是因为服务质量的改善和用户体验的提升也需要以用户提供其个人信息为前提，因而，对于平台而言，为精准推送等进行个人信息的收集与处理对平台有益而无害，但从用户角度而言，这却并非纯授益的行为，同时也伴随着个人信息泄露的风险，是否愿意为获得改善和提升而承担风险，也应当由用户进行决断。所以，只能在进行告知，并获得用户同意的基础上，才能进行具体业务以外的个人信息收集。当然，笔者也承认，告知必要原则确实并不完美。企业可能出于逐利动机，通过信息混杂、行文冗长等方式隐藏重要信息，使个人不易发现。而个人既可能因为难以理解，也可能由于疲于应对才作出同意。[②] 但是，在没有更好替代方法之前，还是应当尽可能地发挥告知同意原则的作用，通过不断规范隐私政策等方式，促使用户作出真实的“同意”。

最后，在进行精准推送等具体业务以外的活动过程中，平台仍须遵循最小必要原则来进行个人信息的收集与处理。前文已述，最小必要原则是个人信息收集过程中的原则性要求，所以，任何个人信息收集行为都要受到最小必要原则的约束。即使基于合法、正当的目的，且在明确告知的基础上，已经得到了用户的同意。但是，后续的个人信息收集也应当符合

① 参见江必新、郭锋主编：《〈中华人民共和国个人信息保护法〉条文理解与适用》，人民法院出版社2021年版，第49～50页。

② 参见吕炳斌：《个人信息保护的“同意”困境及其出路》，载《法商研究》2021年第2期。

"最小范围"的要求。即只能收集用于进行精准推送或者是提升服务质量的必要信息。例如,若用户同意平台对其进行精准推送,此时,平台可以收集用户的购物订单信息以及搜索、浏览痕迹等信息。但是,平台收集信息应以本平台内信息为限,不应将收集的信息范围扩大至其他平台,也不能获取通讯录信息等与精准推送无直接关联的信息。否则,相应的个人信息收集行为仍属违法。

第二十二章　电子公交卡场景下的个人信息权益保护与利用

项定宜[*]　沈　堃[**]

【案例索引】

一审案号:杭州互联网法院(2021)浙 0192 民初 8058 号

【审判人员】

肖芃、沈堃(承办人)、金广栋

【核心问题】

电子公交卡先享后付的行为机理是什么?该服务提供者是否因提供该服务而享有收集个人征信信息的权利?如何控制此类服务提供者对个人信息处理的边界?

【案情简介】

原告通过第三方应用在线开通电子公交卡,勾选同意但未点击阅读应用主动提供的协议内容。后原告发现自己在被告运营的信用评价应用中被同时开通了信用账户,原告当即要求被告关闭信用账户及删除应用留存的个人信息。此后,原告因异地多次开通电子公交卡,其信用账户被

* 项定宜,东北林业大学副教授。
** 沈堃,杭州互联网法院(杭州铁路运输法院)互联网审判第一庭法官。

多次开通,原告均主动注销该信用账户。原告以被告误导其签订服务协议并强迫其开通被告应用中的信用账户,未经许可收集、使用个人信息为由,将被告诉至法院。

被告辩称涉案协议足以引起普通用户的正常注意,并强调开通信用服务是履行协议的必要条件之一。被告已征得原告同意,开通信用服务并无强迫之意,已充分保障用户的自主决定权,未违反相关法律规定。法院最终判决驳回原告全部诉讼请求。

【分歧意见】

第一种意见认为,服务提供者未经明确同意无权收集个人征信信息。《民法典》第1035条第1款对个人信息处理行为的合法性基础、个人信息处理规则作出了原则性的规定,明确“知情同意”规则是判断个人信息处理行为是否合法的基本规则,信息处理者原则上必须依法告知并取得信息主体的同意后,才能从事包括收集、存储、使用、加工、传输、提供和公开在内的个人信息处理活动,否则属于违法处理个人信息行为。

第二种意见则认为,服务提供者在特定条件下有权收集个人征信信息。首先,个人征信信息的收集行为具有正当性。在提供服务时服务提供者已显著提示涉及个人信息征信的处理,并提醒用户查阅相关条款,此时用户的开通行为即可视为默示同意其征信信息的处理。其次,在先享后付的服务模式中,个人征信的收集行为具有必要性。鉴于先享后付的服务涉及多方权利义务平衡,通过引入信用评价体系是以最小代价保障合同的有效履行所必须。最后,个人征信的收集行为具有合法性。无论是服务和信息收集行为,均以服务协议的方式呈现,用户有权查阅协议内容并自主选择是否接受服务,不存在强迫用户的情形,因此并未违反相关的法律法规规定。基于以上理由,服务提供者在遵循法律规定的情况下,有权收集个人征信信息。

【审判观点】

针对电子公交卡先享后付的核心问题,本案梳理审判观点如下:

首先,先享后付功能具有正当性。在使用乘车码及先享后付功能的场景应用下,用户提供乘车码,公交车读卡设备读取乘车码、交易数据传输及存储在公交服务公司的服务器中,后由服务器向第三方平台推送扣款指令,第三方平台将查询账户是否有足够的资金扣付车费,如扣费成功则结算给公交服务公司,如扣款失败则由第三方垫资,同样结算给公交服务公司。相较以往的乘车结算模式,先享后付功能对用户、公交服务公司、第三方平台而言,从用户利益看,成为先享后付功能的用户相比仅享有乘车码服务的用户,其只需要提供乘车码刷码即可,而无须担心网络信号迟缓抑或账户资金是否充足等问题。从公交服务公司利益看,提供先享后付功能会解决资损问题及可能的纠纷。从第三方平台利益看,会有更多的用户使用第三方平台应用,产生用户黏性,扩宽应用软件的市场使用率。

其次,服务提供者是否因其提供的服务而享有个人征信信息的收集权利。(1)开通信用服务符合正当原则。开通信用服务后,即可实现先享后付功能,能有效避免因机器故障等情形引发的弊端,不仅能够保障用户履约能力,及时告知用户乘车信息和付款状态,还能抵御用户信用风险,从而加强三方正常诚信合作。(2)开通信用服务符合合法原则。信用服务的开通基于用户自主选择权,符合合法原则。基于相关协议,信用服务的开通已向用户明示,征得用户同意的真实意思表示,并无强迫之意,已充分保障用户自主选择的权利,未违反相关法律规定。(3)开通信用服务符合必要原则。该信用服务通过对用户进行事先信誉评估,以最小代价弥补了先享后付功能的“短板”,为信息处理者履行合同所必需,满足《个人信息保护法》第6条之规定,即处理个人信息应当限于实现处理目的的最小范围,不得过度收集个人信息。

【理论探索】

一、电子公交卡先享后付的行为机理

自2017年以来,各大城市都推出电子公交卡先享后付功能,极大提升了用户的乘车体验,提高了公交公司的运营效率。与此同时,车费能否

及时到账便成为公交公司最为关注的问题。先享后付模式即公交公司允许乘客“先乘车,后付款”,其实质是允许乘客超前消费,而超前消费必然会涉及信用评价的问题。具体而言,公交公司必须预先评估每一位乘客的个人信息,如果乘客不具备相当资质,或信用能力不达标,公交公司将因此承受用户乘车后未给付车费的风险,显然该种风险是公交公司所不愿承受的。因此,各地公交公司通常会与各类信用公司合作,公交公司将用户的姓名、手机号、身份证信息关联到信用公司,由信用公司反馈在其信用评价体系下评估得出的用户信用能力和风险状况,从而达到对用户事先信用评估的实际效果。因此,先享后付模式的行为机理主要可归结为如下两方面:一方面,借助用户同意在信用公司开通信用账户,凭借用户良好的信用,满足其先乘车后付款的超前消费需求;另一方面,一旦用户乘车后未付款,将会影响信用公司对用户的个人信用评价,进而影响用户后续的乘车出行,以此督促用户乘车后按时支付乘车款。

对于公交公司通过关联信用账户而规避乘车后未付款的风险这一行为,大多数人表示能理解并接受,但是本案用户没有认真阅读《乘车码服务协议》《用户授权协议》即开通信用账户,使用过程中认为信用公司不享有个人征信的收集权利,因多次注销信用账户而影响其使用电子公交卡,故诉至人民法院,主张信用公司开通信用账户的行为违法。那么,信用公司处理个人信息的行为是否具有合法基础?信用公司是否因提供信用服务而有权收集个人征信信息?

二、信用公司收集个人信息的合法性基础

(一)遵循告知同意规则

个人信息处理必须遵循知情同意规则,用户对个人信息处理知情且同意是信息处理合法的主要基础。《个人信息保护法》第 13 条规定:“符合下列情形之一的,个人信息处理者方可处理个人信息:(一)取得个人的同意;(二)为订立、履行个人作为一方当事人的合同所必需,或者按照依法制定的劳动规章制度和依法签订的集体合同实施人力资源管理所必需……”我国《征信业管理条例》第 13 条规定采集个人信息应当征得信息主体同意,第 18 条规定他人查询个人信息应当征得信息主体本人书面

同意并约定用途。[①]《消费者权益保护法》《全国人大常委会关于加强网络信息保护的决定》等规范性法律文件都有同意要件的规定。[②] 此处的“同意”应当是事前同意，即收集前征得信息主体的同意，能够对其他环节防患于未然。反之，如果收集时未征得信息主体同意，信息主体对后续的处理、利用、交易环节更加无法操控，其信息控制权即无意义。知情同意是个人信息处理的一般规则要求，是用户行使知情同意权的表现。信息主体有权从信息利用者处获得相关信息，信息处理者应当尽到充分告知义务，向信息主体告知收集个人信息的范围以及将作何种程度和范围的使用、信息使用给信息主体带来的不利后果。信息处理者公开收集、使用的内容不能过分迟延或需要过分的费用，应当以信息主体可理解的形式呈现。信息处理者公开相关信息，是信息主体行使其他权利的前提。信息主体被告知上述信息后，可以自愿作出同意或拒绝的意思表示。本案中，由于信用公司提供的信用服务是使用电子公交卡先享后付功能的前提，提供信用服务的处理目的已经提前告知公交卡用户，不违反知情同意规则，此时信用公司具有处理用户个人信息的合法性基础。

本案用户注销信用账户，即撤回之前的同意，符合《个人信息保护法》第 15 条个人撤回同意的规定。当信息主体被告知其个人信息被收集、利用时，信息主体可能未考虑周全而直接回复“同意”。基于个人信息自决权的考虑，应当赋予信息主体撤回权。此处所指的撤回权，仅仅是信息主体单方面的“反悔”。《消费者权益保护法》第 25 条规定，网购中

---

① 《征信业管理条例》第 13 条规定：“采集个人信息应当经信息主体本人同意，未经本人同意不得采集。但是，依照法律、行政法规规定公开的信息除外。企业的董事、监事、高级管理人员与其履行职务相关的信息，不作为个人信息。”第 18 条规定：“向征信机构查询个人信息的，应当取得信息主体本人的书面同意并约定用途。但是，法律规定可以不经同意查询的除外。征信机构不得违反前款规定提供个人信息。”

② 《消费者权益保护法》第 29 条规定：“经营者收集、使用消费者个人信息，应当遵循合法、正当、必要的原则，明示收集、使用信息的目的、方式和范围，并经消费者同意……”《全国人大常委会关于加强网络信息保护的决定》第 2 条规定：“网络服务提供者和其他企业事业单位在业务活动中收集、使用公民个人电子信息，应当遵循合法、正当、必要的原则，明示收集、使用信息的目的、方式和范围，并经被收集者同意，不得违反法律、法规的规定和双方的约定收集、使用信息……”

消费者处于弱势地位,法律为保护消费者特别赋予消费者无理由退货权。[①] 同理,信息主体在信息处理中处于信息不对称的弱势地位,而且个人信息关涉信息主体的人格尊严,为保护信息主体的信息自决权,法律应赋予信息主体撤回权。为尊重信息主体的人格自治利益,适当照顾交易安全,在信息处理者不尊重信息主体人格利益时,应当允许信息主体行使撤回权。信息处理者应当事先告知信息主体撤回权,并保障撤回权行使的便利性。为了维护交易安全,同意的撤回不具有溯及力,信息主体撤回同意之前所作的信息处理行为有法律效力。而且,如果信息主体撤回同意导致信息处理者的合法利益受到损害时,信息主体应当承担违约损害赔偿责任。欧盟2016年《一般数据保护条例》第7条第3款规定,"数据主体有权随时撤回他或她的同意。同意的撤回不应影响在撤回前基于同意作出的合法的数据处理。在作出同意前,数据主体应被告知上述权利。撤回同意应与作出同意同样容易"。该条例规定,同意的撤回不具有溯及力,信息利用者在撤回之前基于许可而作的个人信息利用行为不受撤回影响。[②]

(二)为履行合同所必须

值得思考的是,用户撤回同意后,信用公司是否仍然享有个人信息处理的合法性基础?对此,《个人信息保护法》第13条第1款将"取得个人的同意"与"为履行法定职责或者法定义务所必需"等七大类可以合法处理个人信息的情形并列加以规定,个人信息处理者当然有可能系基于多重、不同的复合型合法基础处理个人信息。正如欧盟第29条工作组在《对第2016/679号条例下同意的解释指南》中主张的,如果控制者选择将

---

① 《消费者权益保护法》第25条规定:"经营者采用网络、电视、电话、邮购等方式销售商品,消费者有权自收到商品之日起七日内退货,且无需说明理由,但下列商品除外:(一)消费者定作的;(二)鲜活易腐的;(三)在线下载或者消费者拆封的音像制品、计算机软件等数字化商品;(四)交付的报纸、期刊。除前款所列商品外,其他根据商品性质并经消费者在购买时确认不宜退货的商品,不适用无理由退货。消费者退货的商品应当完好。经营者应当自收到退回商品之日起七日内返还消费者支付的商品价款。退回商品的运费由消费者承担;经营者和消费者另有约定的,按照约定。"

② 参见刘云:《欧洲个人信息保护法的发展历程及其改革创新》,载《暨南学报(哲学社会科学版)》2017年第2期。

其任何处理活动都依赖于同意这一基础,那么其必须做好尊重该选择的准备,且应在数据主体撤回同意时即停止相应部分的数据处理。不可否认,个人信息处理者取得多重复合型合法基础时应当尊重用户的选择,但个人信息处理者看似多余的操作实质是为了避免在突然丧失某一合法基础时,无法处理个人信息。换言之,当用户撤回同意时,其他的合法基础并不必然丧失其功效。知情同意只是合法处理个人信息的充分非必要条件。① 本案中,用户虽然基于注销行为而撤回对信用公司处理行为的同意,但个人信息处理属于履行合同所必需,故信息处理者仍然有权收集个人信息。具体而言,先享后付对公交公司存在风险,只有通过事先信用评估方式才能尽可能地规避,故收集用户征信信息属于"为订立或者履行个人作为一方当事人的合同所必需"情形,具有合法基础权源依据。

那么,如何理解"为订立、履行个人作为一方当事人的合同所必需"中的"必需"?《常见类型移动互联网应用程序必要个人信息范围规定》第6条对39种常见类型APP的基本功能服务和必要个人信息的类型进行细致的规定,其中明确运动健身类、浏览器类等APP不需要个人信息即可实现基本服务目的。不同的信息处理者告知的基本服务目的不同,例如,《京东隐私政策》明确告知的基本服务目的是实现网上购物所必需的功能,包括用户注册、商品信息展示和搜索、下单、支付功能、交付产品等;《支付宝隐私政策》告知的基本服务目的是转账、收款、消费、账单查询等。如果信息主体拒绝个人信息处理,那么无法实现个人信息处理告知的基本服务目的。只要信息主体期望实现基本服务目的,即使未经过信息主体同意也可以处理个人信息,例如,信息主体希望实现快递基本服务,就必须提供寄件人姓名、寄件人联系电话、收件人姓名、地址、联系电话等必要的个人信息,否则无法实现快递服务目的。"如果产品或服务不提供基本业务功能,个人信息主体将不会选择使用该产品或服务"②,因此基本服务目的可以理解为《个人信息保护法》第13条规定的"合同所

① 参见于柏华:《处理个人信息行为的合法性判准——从〈民法典〉第111条的规范目的出发》,载《华东政法大学学报》2020年第3期。

② 《信息安全技术 个人信息安全规范》C.2a注1。

必需”的处理目的,此时在未征得信息主体同意的情形下仍可收集和使用个人信息。通过对个人信息处理目的的区分实现不同场景下告知同意规则的区分适用,能较好地应对知情同意规则的困境。[①] 对于基于上述基本服务目的而处理个人信息,即属于合同所必需的个人信息处理行为。因此,即使用户撤回同意,基于合同之必需,信用公司仍然有权处理公交公司推送的个人信息。

三、信用公司处理个人信息的边界

由于公交公司同步推送用户乘车订单信息及付款状态,信用公司据此进一步处理用户的征信信息,分析用户履约能力。尽管信用公司处理个人信息具有合法性基础,该服务提供者是否因提供该服务而得以收集个人征信信息?信用公司处理个人信息的边界在哪里?

《个人信息保护法》第6条规定:“处理个人信息应当具有明确、合理的目的,并应当与处理目的直接相关,采取对个人权益影响最小的方式。收集个人信息,应当限于实现处理目的的最小范围,不得过度收集个人信息。”该条规定个人信息处理的必要性原则,即个人信息处理必须与处理目的直接相关,不能超出处理目的的范围,且应采取对个人影响最小的处理方式。个人信息处理遵循必要性原则,是指个人信息处理时采取克制态度,所处理的个人信息数量、处理范围、保存期间都必须与处理目的相称。[②] 具体而言,个人信息处理限于实现相关目的的最小范围,保存期限为实现目的所必要的最短时间,超出处理目的或保存期限的个人信息应当被删除。必要性原则是比例原则三个方面的要求之一。比例原则是指禁止逾越实现目的所必要的程度而对他人的权利进行过度干预,又被称为“禁止过度”原则。比例原则最初源于国家干预基本人权时遵循的原则,包括适当性原则、必要性原则和均衡性原则。其中,必要性原则要求在数个可供实现目的之手段的选择上要采用对权利干预最轻的手段。[③]

---

① 参见陆青:《个人信息保护中“同意”规则的规范构造》,载《武汉大学学报(哲学社会科学版)》2019年第5期。

② 参见郭瑜:《个人数据保护法研究》,北京大学出版社2012年版,第169页。

③ 参见郑晓剑:《比例原则在民法上的适用及展开》,载《中国法学》2016年第2期。

必要性原则保护的权利是相对权利，而不能保护绝对权利。[①] 自然人对个人信息享有的合法利益不是绝对权利，属于必要性原则保护的权利类型。为了保障相对弱势一方当事人的合法权益和兼顾实质公平，原本用于保护基本人权的比例原则在民法上具有了适用的必要性。[②] 个人信息处理者通常为实力强大的企业或政府机构，具有较强的资源和技术优势，可以通过 Cookies 等技术途径收集个人信息或者制定格式条款让信息主体不得不同意个人信息处理。为了保护自然人的个人信息，必要性原则应用于限制个人信息处理者的单方强制行为，确保私法自治不被处于强势地位的民事主体所滥用。[③] 此外，个人信息处理行为反映了“禁止过度”需求，应当适用必要性原则。民法领域中很多制度反映了“禁止过度”的基本要求，例如，《民法典》规定的禁止权利滥用，正当防卫、紧急避险、自助行为等采取的措施不当时应当承担侵权责任等，都不同程度地体现了比例原则的要求，因此有学者主张比例原则可以适用于民法领域。适度的个人信息处理行为有利于满足人们生活的便利需求，提升企业的服务质量和竞争力，促进社会经济的飞速发展；但过度的个人信息处理行为可能侵扰生活安宁、泄露个人隐私，基于数据画像的自动化决策可能侵害信息主体的自主决定权，个人信息处理甚至与电信网络诈骗、敲诈勒索、绑架等犯罪呈合流态势，因此个人信息处理行为应当被限制在一定范围内，应当适用必要性原则限制过度处理行为。

本案中，信用公司有权基于合同必需的目的范围处理个人信息，但信用公司应在边界内处理个人信息，即不得违反必要性原则。具体而言，包括四个边界。

（一）目的限定规则

目的限定是指个人信息处理不能超出处理目的的必要限度，是个人信息处理必要性原则的当然内容。个人信息处理目的是信息处理场景的

---

① 参见梅扬：《比例原则的适用范围与限度》，载《法学研究》2020 年第 2 期。

② 参见李海平：《比例原则在民法中适用的条件和路径——以民事审判实践为中心》，载《法制与社会发展》2018 年第 5 期。

③ 参见郑晓剑：《比例原则在民法上的适用及展开》，载《中国法学》2016 年第 2 期。

重要方面,应当根据不同的处理目的进行区分规制。处理目的包括商业利益目的和公共利益目的,商业利益目的又可进一步分为基本服务目的和扩展服务目的。基本服务是指满足信息主体的具体使用需求的服务,比如,银行提供的转账服务、快递公司提供的邮寄服务。扩展服务是指与提升或改善基本服务相关的服务,包括精准营销、数据分析、基于数据画像的自动化决策、信息交易等。基于扩展服务目的进行个人信息处理必须严格遵循告知同意规则,非经信息主体同意,不得进行基于扩展服务目的的个人信息处理。公共利益目的包括公共卫生、科学研究、统计分析等。例如,在突发公共卫生事件暴发期间,政府为了公共卫生目的收集感染确诊者的个人信息,包括家庭住址、活动轨迹、感冒用药史等个人信息,公布确诊感染者的家庭住址和活动轨迹用于提醒其他公民注意防范感染,除此目的之外不得公开相关个人信息。即使基于公共利益处理个人信息也应当遵循必要性原则,即符合《个人信息保护法》呈现的"所必需"以及"在合理的范围内"等条件,不得过度收集和使用个人信息。

就本案而言,信用公司只能基于基本服务目的或者公共利益目的处理个人信息,不得在未征得用户同意的前提下进行基本服务目的之外的个人信息处理行为。即信用公司有权基于公交公司先享后付服务而提供信用服务,但不得利用已经收集的个人征信信息以实现精准营销、数据分析、基于数据画像的自动化决策、信息交易等扩展服务目的。

(二)最小化处理规则

必要性原则不仅要求目的限定,还要求个人信息处理者在最小范围内收集个人信息,采取对个人权益影响最小的处理方式。《信息安全技术 个人信息安全规范》(GB/T 35273—2020)第5.2条规定,必要性原则不仅要求个人信息类型与处理目的有直接关联,而且要求采集个人信息的频率应是实现处理目的所必需的最低频率,获取个人信息的数量应是实现处理目的所必需的最少数量。个人信息处理应当为实现该处理目的所必需、相适应,其范围、数量应当与该目的相匹配或成比例。最小化处理规则要求信息处理者还应当保证个人信息在数量上尽量与实现处理目的相匹配，尽量最小化。例如，突发公共卫生事件暴发期间，个人信息收集坚持最小化规则，只收集确诊者、疑似者等人群的相关个人信息，而且不得公开特殊群体的姓名等非必要个人信息。《民法典》第1035条规定不得过度处理个人信息，但并未明确规定何为过度处理。过度处理可以理解为与处理目的不成比例，而不仅是目的限定。与目的限定规则相较而言，个人信息最小范围较难界定，最小化规则较难以操作。从立法目的来分析，最小化处理规则旨在保障信息主体人格权益的基础上，促进个人信息处理与利用。最小化处理规则有三个要件：一是处理个人信息的频率最低，信息处理者应当尽量降低收集、加工、共享、转让个人信息的频率，包括降低频繁征求信息主体同意的频率。二是收集的个人信息数量最少，处理个人信息的数量应与处理目的相匹配。三是处理的个人信息识别程度最低，个人信息上承载信息主体的基本利益是识别利益，个人身份、特征或行为轨迹一旦被识别，个人尊严或隐私即被侵害，因此最小化规则可以适用个人信息的识别强度标准，识别度越强的个人信息，越应当限制或禁止处理，这样才符合最小化规则。《常见类型移动互联网应用程序必要个人信息范围规定》中39类APP出现最多的必要个人信息是用户移动电话号码，只有网络支付类、邮件快件寄递类等13种APP需要姓名这种识别度特别强的个人信息。此外，匿名化处理和假名化处理有利于降低个人信息的识别性，也是数据最小化规则的要求。①

就本案而言，信用公司只能收集和处理合同必需目的范围内的最少个人信息，降低个人信息的识别强度，尽可能进行匿名化处理，在处理过程中尽量采取对用户影响最小的方式处理个人信息。

（三）存储期限规则

存储期限规则是个人信息处理必要性原则的重要方面。《信息安全技术 个人信息安全规范》第6.1条明确规定个人信息存储最小化，即个人信息存储期限为信息处理目的的最小必要时间，超出期限的个人信息应当被删除或匿名化处理。存储期限规则是从存储时间的维度，要求在

① 参见齐爱民：《拯救信息社会中的人格》，北京大学出版社2009年版，第266页。

满足个人信息处理目的之后,个人信息处理者不得继续存储具有可识别性的个人信息。[①] 如果个人信息不再为信息处理者特定目的所需,信息处理者疏于对信息的安全管理,可能导致信息泄露或毁损,此时有必要删除或封存该信息。[②]

《个人信息保护法》第 17 条第 1 款第 2 项规定保存期限的告知规则、第 19 条确定存储期限的一般规定、第 47 条第 1 款第 2 项规定保存期限届满的个人信息删除义务等。但是我国大多数企业的个人信息保护政策没有规定存储期限,即使处理目的已经实现,仍然保留个人信息用于其他目的,这导致信息主体可能受到无法预知的侵害。我国《个人信息保护法》第 17 条明确规定了个人信息处理者对于保存期限的告知义务,信息处理者未履行告知义务,则信息主体可以此抗辩个人信息处理行为的合法性。如果个人信息处理者没有主动履行告知义务,信息主体可以与信息处理者协商确定保存期限。没有约定或约定不明确的,个人信息的存储期限应当为实现处理目的所必要的最短时间。我国《民法典》和《个人信息保护法》均没有明确实现处理目的的必要时间标准。由于各行业对于个人信息处理目的不同,立法可以授权法律、行政法规规定实现处理目的所必要的最短时间标准。《征信业管理条例》第 16 条规定征信机构对个人不良信息的保存期限超过 5 年的应予以删除。《金融机构客户身份识别和客户身份资料及交易记录保存管理办法》第 29 条规定客户身份资料和交易记录至少保存 5 年,为了配合反洗钱调查工作保存期限会更长,法律、行政法规和规章对客户身份资料和交易记录有更长保存期限规定的从其规定,从而有利于保障金融安全。

就本案而言,信用公司收集和处理用户个人信息时应当告知个人信息的存储期限,如未约定存储期限,存储期限应当为实现处理目的所必要的最短时间,超过存储期限的个人信息应当予以删除或封存,对于收集的个人征信信息超过 5 年的应当予以删除。

---

① 参见郭瑜:《个人数据保护法研究》,北京大学出版社 2012 年版,第 171 页。

② 参见周汉华:《域外个人数据保护法汇编》,法律出版社 2006 年版,第 29 页。

（四）删除规则

删除规则是指出现个人信息的处理目的已经实现、期限届满或者处理目的无法实现等情形时，信息主体有权请求删除个人信息，但为了维护权利人基本权利或公共利益时除外。删除规则是个人信息处理必要性原则的当然内容，与目的限定规则、最小化处理规则、存储期限规则紧密联系，违背处理目的、超出最小化处理或者存储期限届满的个人信息应当被删除。《民法典》和《个人信息保护法》均规定信息主体享有法定情形下的删除权。关于何为删除，学界存在绝对删除说和相对删除说两种观点。绝对删除说主张个人信息应当彻底在数据系统中被去除，相对删除说则认为只要个人信息不能被检索或访问即视为删除。《民法典》《网络安全法》《个人信息保护法》均没有对此进行规定，我国 2013 年施行的《信息安全技术、公共及商用服务信息系统个人信息保护指南》（GB/Z 28828—2012）采纳相对删除说，只要个人信息在信息系统中不再可用即被视为删除。有学者认为不能被检索或访问的个人信息仍然有可能在数据系统中恢复，与撤回同意的法律效力难以区分，只有完全从系统中去除的个人信息才具有与撤回同意相分离的意义，因此主张绝对删除说。[①] 为了避免商业实践中个人信息处理者长期保存个人信息或违法处理个人信息，此处的“删除”应当界定为从数据系统中彻底去除个人信息的处理行为。

《信息安全技术、公共及商用服务信息系统个人信息保护指南》规定删除的事由包括信息主体有正当理由、使用目的已实现、超出使用期限、信息处理者破产或解散无法完成个人信息使用目的。[②]《个人信息保护法》细化了删除个人信息的法定情形，包括保存期限届满、处理目的已经实现、停止提供产品或服务、撤回同意及违反法律、行政法规或约定的其他情形。处理目的已经实现、期限届满时，个人信息处理不再具有必要性，此时当然应当删除个人信息。信息处理者对提供的产品或服务不断

① 参见万方：《个人信息处理中的“同意”与“撤回同意”》，载《中国法学》2021 年第 1 期。
② 参见《信息安全技术、公共及商用服务信息系统个人信息保护指南》第 5.5.1 ~ 5.5.4 条。

升级时旧的产品或服务停止,或者信息处理者破产或解散,个人信息处理目的已经不能实现,故亦应当删除个人信息。

实践中,个人信息处理者为了充分利用个人信息,一般不会主动删除个人信息,因此明确信息主体的法定删除请求权,有利于信息主体积极行使该项权利;同时,个人信息处理者应当在不必要留存个人信息的情形发生时主动删除个人信息,此为信息处理者的法定义务,不能以信息主体未主张权利而抗辩。伴随数据交易的频繁发生,个人信息处理者可能将个人信息向第三方共享、转让,当信息主体向信息处理者行使删除权时,个人很难请求其他个人信息处理者删除个人信息,需要由最初的个人信息处理者通知第三方,以保障个人信息被彻底删除,防范个人信息被继续处理与使用。

就本案而言,信用公司处理个人信息的必要目的、期限届满停止提供产品或服务、撤回同意及违反法律、行政法规或约定时,信用公司应当主动或者依据用户的申请删除个人信息,否则即超越了个人信息处理的边界。

四、结语

本案主要涉及公交公司开通信用服务是否具备电子公交卡场景下个人信息处理的必要性问题和对个人信息处理边界在个案中的判断。信用公司为了实现公交卡先享后付的合同必需目的,有权开通信用服务,但不得超越合同必要目的范围,必须符合最小化处理规则,超出处理期限、实现处理目的时应当删除个人信息。本案的裁判对于不同场景下个人信息处理的合法性、必要性判断具有指导意义和理论参考意义。虽然《民法典》和《个人信息保护法》对必要性原则进行明确规定,但是立法对合法性、必要性原则的内涵以及违反必要性原则的行为没有明确界定,导致司法实践仍然需要对个人信息处理的合法性和必要性的场景进行分析。司法者应当根据信息处理的目的、期限等具体的场景判断信息处理的必要性,从而明确个人信息处理行为的边界,实现个人信息权益保护与信息处理在个案中的利益平衡。

第二十三章　网络平台向内嵌支付机构提供用户个人信息的合法性认定

向　秦*　肖　芄**

【案例索引】

一审案号：杭州互联网法院（2021）浙 0192 民初 2929 号

二审案号：浙江省杭州市中级人民法院（2021）浙 01 民终 12780 号

【审判人员】

肖芄（承办人）、赵溪、周永根

【核心问题】

个人信息处理者获得个人授权而收集个人信息，但能否因此而与其关联公司和第三人共享该信息？个人信息权益受损，能否认定其人格权受损？能否适用精神损害赔偿？

【案情简介】

原告使用被告某电商购物 APP 的“某钱包”功能，在关联银行卡时得到某银行“暂无银行卡可以绑定”的反馈。原告发现该购物 APP 与“某钱包”分属两个运营主体，前者为被告 1 上海某公司，而后者为被告 2 某付

* 向秦，华东政法大学助理研究员。

** 肖芄，杭州互联网法院（杭州铁路运输法院）跨境贸易法庭庭长。

费通公司;被告辩称两运营主体实际上为关联公司。原告还认为,被告1在原告并未明确知情同意的情况下,将其真实姓名及身份证号泄露给被告2和案外人某银行。原告自觉权利受损,遂决定注销“某钱包”,但竟然无法注销,遂向法院提起诉讼。

在审理过程中,法院查明两被告不仅对原告个人信息的处理行为存在意思联络,而且未履行注意义务,故判令两被告向原告进行书面道歉并赔偿相应合理维权支出。宣判后,被告上诉,二审法院驳回上诉,维持原判。

【分歧意见】

一种意见认为,网购平台侵犯了个人信息权利主体的人格权。在使用该APP和某钱包的过程中,未明确告知运营主体不一致的行为违反了诚信原则,用户的知情权不仅未获得保障,其个人信息亦被违规收集、传输、留存及使用。《民法典》第111条和《网络安全法》第41条规定,自然人的个人信息受法律保护,任何主体收集、使用个人信息,都应当遵循合法、正当、必要的原则,公开收集、使用规则,明示收集、使用信息的目的、方式和范围,并经个人同意。网购平台的相关行为已经严重侵害了用户的个人信息权益等合法权益。

另一种意见认为,网购平台未侵犯个人信息权利主体的人格权。首先,《民法典》第1036条规定了个人无需就个人信息处理行为承担民事责任的三种情形。该获取信息行为是履行法定的“客户身份识别”义务的需要,满足相关监管要求的体现,本不以用户同意为前提,具有充分的合法性基础。开展网络支付业务的非银行机构,在用户自愿选择开通支付服务的情况下,根据《非银行支付机构网络支付业务管理办法》有权也有义务获得用户的身份信息,而无需另行征得同意。其次,网购平台已通过APP的多个业务界面交互及与用户签订相关协议等方式与用户就身份信息的收集进行了明确的约定,相关信息也是用户主动提供,用户已经对此作出了充分、明确的同意。后续服务中的信息提供行为,是由于用户选择的一体化服务,该信息收集及共享流程是业务模式所需,且已事先告知,存在合理性与正当性。

【审判观点】

法院针对个人信息的人格权进行了如下梳理：

首先，自然人的个人信息受保护源自公民人格权。《民法典》第1034条第1款、第2款规定，个人信息权益是自然人对其个人信息的正当利益所享有的权益，是个人信息处理中的个人保护权，直接源于国家对公民人格尊严和人权的保护。

其次，对个人信息处理行为应当具备合法性基础，即以取得同意为原则，以豁免同意为例外的个人信息处理合法性基础的二元结构。《个人信息保护法》第13条规定，知情同意规则并非信息处理行为的唯一合法性基础，为了在保护个人信息权益的同时，也能实现个人信息的合理利用，同时维护公共利益、国家利益等，通常对于信息处理者为订立、履行个人作为一方当事人的合同所必需以及为履行法定职责或者法定义务所必需的处理行为等情形，也可认定为法定许可的情形，具有合法性基础，不属于违法处理行为。但信息处理者运用订立、履行合同必需规则、履行法定职责或法定义务规则等作为其信息处理行为的合法性基础时，需确保其处理行为符合对应规则的要求。本案中，被告既未取得原告同意，又不存在必须采集原告个人信息的情况，侵害了原告人格权和财产权双重权益。

【理论探索】

一、问题的提出

个人信息保护问题是一项复杂的法律实践。一方面，其关系到个人、企业、政府、社会等不同参与主体，同时也关联到个人利益、企业商业利益、公共利益等多元价值的实现；另一方面，其涉及个人信息处理，包含收集、存储、提供、使用、加工、分析、传输、公开、删除等完整数据生命周期。①

① 参见向秦、高富平：《论个人信息权益的财产属性》，载《南京社会科学》2022年第2期。

个人信息合理利用问题是与个人信息保护问题对立统一的一对关系。因为数据(含个人信息)的流通利用乃数字经济时代的核心价值所在,如同街道上的路灯或风景,每个人都有权获取和使用数据。同一数据集可为不同处理者用于各种目的和不受限制地重复消费,而不会影响数据的质量,亦不会面临供应枯竭的风险。数据(含个人信息)的价值恰好在于使用与重复使用。

我国《个人信息保护法》以信息主体同意为基础构筑了个人控制范式下的个人信息直接利用制度,即个人信息从信息主体个人(如用户、消费者)转移至个人信息处理者(如平台企业、网络服务提供者)。而在个人信息后续流转中,例如,个人信息处理者 A 向其他处理者 B 提供关于用户 X 的信息,须符合《个人信息保护法》第 23 条的规定:“应当向个人告知接收方的名称或者姓名、联系方式、处理目的、处理方式和个人信息的种类,并取得个人的单独同意。接收方应当在上述处理目的、处理方式和个人信息的种类等范围内处理个人信息。接收方变更原先的处理目的、处理方式的,应当依照本法规定重新取得个人同意。”但在司法实践中,这一规则能否在保护个人权益的同时,支撑起个人信息的流通利用,仍存疑问。[①] 正如本案面临的核心问题:如何在“保持个人信息的效用(能够用于识别分析)”和“消除信息主体权益受损风险”这两者之间进行价值、利益的衡量与取舍。

二、个人信息处理的合法性认定规则

个人信息保护的基本思路是:个人信息收集和使用应遵循合法、正当、必要等基本原则,经过被收集者同意或有其他法定事由进而收集和保存后,处理者应当依法或依约处理。这也决定了对个人信息处理行为的合法性进行认定,并非某一阶段的合法,而是个人信息处理过程的完整生命周期的合法。具体而言,信息处理活动的合法性有如下三个阶段/要件:一是处理目的合法。二是处理具有合法的依据或基础,即个人同意或

① 参见高富平:《个人信息流通利用的制度基础——以信息识别性为视角》,载《环球法律评论》2022 年第 1 期。

法律规定的其他合法事由(《个人信息保护法》第 13 条)。三是处理行为符合具体的合法规则,比如正当、必要、单独或书面的个人同意、安全保障义务等。[①] 可见,同意仅为合法基础之一。

(一)处理具有合法目的

第一层,处理应具有合法处理目的。合法性是指个人信息处理必须符合法律的相关规定,若从相反的立场思考,以"不法"作为规范的出发点,"不法是不利于生物人发展的他人自由对于自由的侵扰,因此必须被作为一种'恶'而被拒绝"[②],这种对恶的拒绝就是合法。同理,个人信息保护的终极利益是自然人自主决定他人何时及如何收集、使用其个人信息,对个人信息拟议用途享有决策的自由,那么对于这种信息自决的侵扰就是"恶",就应予以拒绝。

合法,是指处理个人信息须符合法律的规定,包括目的合法、程序合法、主体合法、处理方式合法、依据合法等,其中程序合法与依据合法是具体判断个人信息处理是否具有合规范性的方式,如《个人信息保护法》第 13 条。具体表现为个人信息处理活动在何种条件下是合法的,何种条件下是非法的,也即个人信息处理的合法性条件/基础。合法原则包含以下几个方面内涵:一是合法的主体。一类合法主体是法律特别授权的主体,如依职权进行个人信息处理的权力机关、立法机关、司法机关等,虽非经信息主体同意,但依据法律法规的规定在法律授权的职权范围内依法处理个人信息;另一类合法主体是获得信息主体同意或有其他合法依据的信息处理者。二是个人信息处理活动本身具有合法性,包括目的、程序、方式、依据四方面合法:[③]目的合法是指,一方面个人信息的收集等处理活动必须用于合法的目的或用途,不得用于任何非法目的;另一方面非依法律规定或当事人的约定,不得将个人为特定目的所提供的个人信息用

① 参见高富平:《同意≠授权——个人信息处理的核心问题辨析》,载《探索与争鸣》2021 年第 4 期。

② 参见[德]萨维尼:《当代罗马法体系》(第一卷),朱虎译,中国法制出版社 2020 年版,第 258 页。

③ 参见王利明:《人格权法》,中国人民大学出版社 2021 年版,第 389 ~ 390 页。

于另一目的,不得以从事违法犯罪活动或侵害他人合法权益为目的对个人信息进行处理。程序合法是指,一方面个人信息处理原则上要经过告知同意;另一方面个人信息的获取渠道应合法。方式合法是指,即使对于公权力机关而言,也不能处理与行使职权无关的个人信息,即便目的合法,收集等方式也不能非法,如超越职权范围、非法跟踪等方式获取。依据合法则涉及个人信息处理合法性的判断标准问题。

不具备合法目的,构成违法行为。合法目的为个人信息处理合法性的前提,其判断需要从整体法律体系出发综合考察,而《个人信息保护法》本身并不触及目的合法性问题,而是以个人信息处理目的合法为前提条件。也就是说,如果处理个人信息用于欺诈、操纵、歧视等违法目的,便可以直接否定个人信息处理行为的合法性。合法性的认定止步于此即可。司法实践中,在《个人信息保护法》以合法目的为假设的前提下,当依据该法作为裁判说理依据时,判断个人信息处理行为的合法性首要看的便是是否存在合法性基础,没有合法基础,亦可否定该行为的合法性。

(二)处理具有同意或法定许可的合法依据

第二层,处理应有合法性依据(前提)。一是处理者告知并取得了个人的有效同意,即"基于个人同意处理个人信息",此时处理行为的合法性来自信息主体的知情同意。二是具备法律、行政法规规定的情形或理由时,处理者无须取得个人同意便可对个人信息进行处理,即"基于法定许可的处理",[①]此时处理行为的合法性来自法律的直接规定。个人信息处理活动如果没有合法的根据或者合理的理由,就会被认为是侵害个人信息权益的行为,即不法行为。这一基本理念不仅体现在司法实践判决的核心争议焦点中,且立法也一贯行之:《民法典》第111条第2款明确规定"任何组织或者个人需要获取他人个人信息的,应当依法取得并确保信息安全",本款的"依法"用以强调行为的合法性;《网络安全法》第44条则从反面规定"任何个人和组织不得窃取或者以其他非法方式获取个人

① 参见邹健、卢意光:《〈个人信息保护法〉中的健康数据规则》,载《中国卫生》2022年第4期。

信息,不得非法出售或者非法向他人提供个人信息”,“非法”即表明取得、出售、向他人提供个人信息的行为欠缺合法理由。

个人同意是个人信息权利规范路径的结果,是最基本的个人信息处理规则,贯穿《个人信息保护法》。信息处理者应向信息主体充分告知,并征得个人同意,包括明确同意、单独同意或书面同意,否则即属违法处理行为,除非有法律、行政法规的特别规定。[①] 其逻辑是“个人信息自决”或“隐私自我管理”[②],即通过赋予个人系列权利及行使权利来作出管理自己个人信息的自主决策,以实现个人控制,是对个人信息分享成本与收益的自我权衡,是风险的自我判断。互联网时代,个人同意主要以隐私政策或/和服务协议,来保障个人让渡个人信息权益时的自愿性与自决权的行使。同意制度俨然成为划分个人信息处理行为“依法”与“非法”的实质性判断标准。[③] 知情同意规则是个人信息处理中最基本的法律规则,也是处理个人信息合法性基础之一,甚至是根本性标准。换言之,只要没有经过个人同意擅自处理其个人信息,且没有其他的合法性依据时,个人信息处理就是非法的。在整个个人信息处理的过程中,知情同意规则宛如一道“闸口”,处理者除非有法律明确规定的其他事由,否则均不可绕开知情同意。

就内容而言,知情同意规则实际上包含了告知规则和同意规则,二者紧密不可分。因为若没有处理者事前充分的告知,个人就无法对其个人信息被处理作出同意与否的表示,且这种告知需要是充分、清晰、明确的,否则即使个人同意了,这种同意也并非其真实有效的同意。[④] 个人通过分享信息换取经营者提供的产品或服务,参与数字生活。为使个人深度参与、控制和决定信息处理过程,多数情况要求信息处理者须经个人同

---

① 参见程啸:《论个人信息处理中的个人同意》,载《载环球法律评论》2021 年第 6 期。

② See Daniel J. Solove, *Introduction*: *Privacy Self-Management and the Consent Dilemma*, 126 Harvard Law Review 1880 (2013).

③ 参见向秦:《论个人信息处理中个人同意的“弱化”与信义义务的“补充”》,载《法律适用》2022 年第 11 期。

④ 参见程啸:《论我国个人信息保护法中的个人信息处理规则》,载《清华法学》2021 年第 3 期。

意,即个人有机会阅读隐私政策通知并同意后分享个人信息。有效同意包括了基于通知的充分“知情”和基于知情的“自愿”选择两个层面的内涵(《个人信息保护法》第14条),任何一项内涵的缺失都会限制同意的有效性。[①] 因此,司法实践中,往往需要结合“知情+自愿”来判断同意的有效性。

个人信息上除了个人享有的人身财产利益,还有信息处理者的合理利用利益以及公共利益或国家利益。那么,在个人信息具有多元利益的客体特征下,知情同意便不能是个人信息处理活动的唯一合法性基础。为了维护其他的合法权益、公共利益或国家利益,在特定情况下,法律允许处理者无须取得个人同意,就可实施个人信息处理行为。任何权利都是有限的,这些法定许可是对个人信息权益的法律限制,也使客观上属于干扰或侵害了个人信息权益的处理行为,在法律上不被评价为不法行为。因为此时在立法的眼里,这种处理行为并非对法律秩序的破坏,属于合理限制。这些情形包括:一是为订立或者履行个人作为一方当事人的合同所必需的。二是按照依法制定的劳动规章制度和依法签订的集体合同实施人力资源管理所必需。三是为履行法定职责或者法定义务所必需。四是为应对突发公共卫生事件所必需。五是紧急情况下为保护自然人的生命健康和财产安全所必需。六是为公共利益实施新闻报道、舆论监督等行为在合理的范围内处理个人信息。七是在合理范围内处理个人自行公开或者其他已经合法公开的个人信息。

本章案例中,第二种意见认为:“该获取信息行为是履行法定的‘客户身份识别’义务的需要,满足相关监管要求的体现,本不以用户同意为前提,具有充分的合法性基础。”其依据便是上述第三项法定许可事由“为履行法定职责或者法定义务所必需”。法定职责包括法定职权和法定责任。法定职权是公权力机关的职权,来自法律法规的授权,这种职权是不可以任意扩张的,超越职权范围的处理行为是违法行为。法定责任

① 参见向秦:《论个人信息处理中个人同意的“弱化”与信义义务的“补充”》,载《法律适用》2022年第11期。

体现为公权力机关依法行使其职权,不依法履行职权也属于违法行为,应当承担法律责任。为了确保公权力机关履行其法定职责,《个人信息保护法》第13条第1款第3项将为履行法定职责所必需的个人信息处理行为认定为不需取得个人同意。例如,个人向公安机关申请电动车驾驶执照时,必须提供相应的个人信息,公安机关交管部门不需要取得个人同意。法定义务是处理者依据法律法规的规定负有一定义务,这种主体限于普通的民事主体,而非公权力机关。例如,我国《社会保险法》《劳动合同法》《工伤保险条例》等要求职工应当参加工伤保险,由用人单位缴纳工伤保险费,那么用人单位在为职工投保工伤保险时就必须处理员工的相关个人信息,否则其无法履行这一法定义务。被告网络购物APP对于用户使用网络支付的“某钱包”功能具有监管的权力和法定义务,要求用户进行实名制验证,基于此其可以以法定义务的履行必要作为合法性认定依据。

(三)处理行为合法合理

对于个人信息处理活动合法性的判断由三个递进的标准构成,即合法目的、合法性基础、处理行为合法合理。合法性基础层面的个人同意是合法性的前提性条件,即使已经具备合法基础,该处理行为也不必然就合法,还需要判断个人信息处理行为是否符合具体的法律规定,且实质性地保护了个人权益。具备合法目的,也具备合法性基础,但是不符合个人信息保护法相关的其他规则,亦属于不合法的个人信息处理行为。当处理者经过个人同意处理个人信息,并不意味着其能免责,这一方面取决于同意的性质;另一方面取决于个人信息保护法还有不同场景中的具体规则要求。

个人信息处理实践往往非常复杂,处理者收集并利用用户的个人信息这一结构仅为最简单的信息处理活动,更常见的是个人信息从一个处理者向其他多个处理者流转。本案中,原告的个人信息处理活动至少涉及三次流转:一是购物APP(处理者A)收集并存储用户的个人信息。二是购物APP(处理者A)向“某钱包”(处理者B)提供用户的前述个人信息。三是“某钱包”(处理者B)向某银行(处理者C)再次提供用户的前述个人信息。随着个人信息处理活动链条的增长,后果是用户个人对其个人信息处理的情况更加不知情,即使是经过其同意,该同意的有效性也受到质疑。

对于处理者 A 向处理者 B 提供用户的个人信息、处理者 B 向处理者 C 提供用户的个人信息这两个行为,还须符合《个人信息保护法》第 23 条关于“向其他个人信息处理者提供个人信息”的规定。

三、处理者与第三方共享用户信息的合法性认定

(一)适用场景

从个人信息处理行为节点来看,处理可分为两大阶段:第一阶段是个人信息的“一次利用”,即平台方直接收集、使用用户个人信息,涉及信息主体人格权益这一法益,即第一层法益。例如,在“新浪微博诉脉脉不正当竞争案”[①]中,微博平台获取用户注册信息须经用户“具体的、清晰的,在充分知情下自由作出的同意”,以及本案中被告某电商购物 APP 在原告使用其“某钱包”功能时,在无其他合法性基础时须经原告有效同意。第二阶段是个人信息“二次利用”,即第三方获取原信息处理者持有和控制的用户数据,此时既涉及第一层法益,也涉及原信息处理者就数据持有享有的财产性权益,即第二层法益。例如,“微信诉抖音、多闪不正当竞争案”[②]中,抖音 APP 通过第三方登录接口方式获取微信用户身份信息时须经微信平台方和该用户的明确授权,以及本案中被告某网络购物 APP 将原告信息提供给“某钱包”,“某钱包”再将该信息与“某银行”关联而获取到原告并未在该银行开通账户的反馈信息。

《个人信息保护法》第 23 条适用场景是“个人信息处理者向其他个人信息处理者提供”。“提供”应限缩解释为“共享、转让”。“提供”本身属于个人信息处理行为的一种(《个人信息保护法》第 4 条),从文义解释来看,任何将个人信息转移给其他处理者的行为都可解释为对外提供,譬如向社会或不特定人群披露个人信息的发布行为,将对个人信息的控制转移给另一处理者的转让行为、向其他处理者提供个人信息以便各自独

---

① 北京市海淀区人民法院民事判决书,2015 年海民(知)初字第 12602 号;北京知识产权法院民事判决书,(2016)京 73 民终 588 号。

② 天津市滨海新区人民法院民事裁定书,(2019)津 0116 民初 2091 号。

立享有控制的共享行为等。但从体系解释来看,一是结合更具体化、更具有操作性的“安全规范”,“收集、存储、使用”环节的关系发生在信息主体与原信息处理者之间,“委托处理、共享、转让、公开披露”则属于将信息对外“提供”,发生在两个以上的个人信息处理者之间。二是结合《个人信息保护法》另有条文明确对“委托处理”、“因合并、分立等原因”转移、“公开”等情形提出针对性要求,故“委托处理”“公开披露”不应被第 23 条的“提供”涵盖,通过排除法,提供指向“共享、转让”的意涵。三是根据“安全规范”,“共享”细化为个人信息处理者向其他处理者提供个人信息时,“双方分别对个人信息拥有独立控制权的过程”;“转让”细化为将个人信息控制权由一个处理者向另一个处理者“转移的过程”。

(二)适用主体

从个人信息法律关系来看,个人信息以“0”和“1”比特数据形式在不同个人信息处理者之间传输与流动,形成“个人—个人信息处理者(A)-其他个人信息处理者(B,∞)”多元主体关系。[①]《个人信息保护法》第 23 条适用于“个人”“个人信息处理者(提供方)”“其他个人信息处理者(接收方)”。

第一,“个人”限于自然人,不包括法人和非法人组织。我国现行法律规定,法人和非法人组织享有的是名称权、名誉权和荣誉权(《民法典》第 110 条),而仅自然人的个人信息受法律保护(《民法典》第 11 条、《个人信息保护法》第 2 条),因此,对于企业的法人信息而言,法律上仅禁止未经允许冒用其名称的行为,企业本身不属于个人信息权益主体。例如,在“城市链接诉企查查案”[②]中,判决明确否定了企业法人作为个人信息权益主体的地位。

第二,“提供方”可为商业领域提供个人信息的非国家机关处理者,也包括公共管理领域共享个人信息的国家机关处理者,[③]但“平台方”仅

---

① 参见向秦:《三重授权原则在个人信息处理中的限制适用》,载《法商研究》2022 年第 5 期。

② 湖北省武汉东湖新技术开发区人民法院民事判决书,(2019)鄂 0192 民初 6783 号。

③ 参见程啸:《个人信息保护法理解与适用》,中国法制出版社 2021 年版,第 218~219 页。

限于非国家机关处理者。尽管我国对于国家机关和非国家机关处理个人信息的规范采用统一立法模式,[①]但国家机关和非国家机关个人信息处理行为具有差异性。在信息主体利益应受保护情形中,信息主体同意是区分处理行为合法与否的标准,在信息主体利益应让渡给其他利益的情形中,个人信息处理行为均合法。国家机关与个人是不平等主体间的法律关系,处理目的是履行法定职责,是维护社会秩序、公共利益以及国家利益所需,而非营利,绝大多数情况下处理行为均不需获得个人同意。平台方和第三方开发者与个人是平等主体间的法律关系,处理个人信息多为商业模式和开展经营活动所需,无其他法定合法事由时须经用户同意。

第三,"接收方"为个人信息处理者。《个人信息保护法(草案)》规定向"第三方"提供,《个人信息保护法(草案二次审议稿)》修订为向"他人"提供,正式立法限缩为向"其他个人信息处理者"提供。"个人信息处理者"比宽泛的"他人"更符合第23条的立法目的,能与其他涉及多个处理者的场景区分。其一,接收方只能在一定目的及范围内处理个人信息,此处的目的及范围取决于原信息处理者处所获得的授权内容,这意味着接收方是"特定的",不同于公开披露(《个人信息保护法》第25条)所涉及的社会或不特定人群。其二,接收方不同于委托处理个人信息(《个人信息保护法》第21条)中的"受托方",受托方被要求在与委托方约定的范围内处理个人信息且未经同意禁止转委托,在委托合同不生效、无效、被撤销或者终止后,受托方要返还或删除个人信息,不得私自保留,然而接收方不必负有返还或删除义务。其三,接收方不同于因合并、分立等(《个人信息保护法》第22条)原因接收个人信息的"承继方",按照公司法精神,承继方应当继续履行之前主体的权利义务,而接收方并非对前一主体个人信息的承继。其四,接收方不同于共同处理个人信息(《个人信

① 《网络安全法》中网络运营者界定为"网络的所有者、管理者和网络服务提供者",既包括国家机关也包括非国家机关;《民法典》人格权编中尽管调整平等主体间的人身财产关系,但第1039条将国家机关、承担行政职能的法定机构及其工作人员纳入调整范围;《个人信息保护法》延续前述立法模式,任何组织和个人只要从事了个人信息处理活动就适用。

息保护法》第20条)中的另一方,因为处理目的和处理方式是由双方共同决定的,而非各自自主决定的。

(三)适用客体

第23条适用客体是“处理的个人信息”,但排除“匿名化信息”(若技术上是可行的)。第一,“处理的个人信息”不同于纯粹“个人信息”。处理的个人信息是包含可识别的个人信息在内的用户数据,可能包含经过一定加工或去标识化、匿名化等处理后的数据,也可能会以个人数据集合或者个人数据报告等形式出现。第二,《个人信息保护法(草案)》要求第三方获取的是提供方的匿名化信息时,虽无需事先经过个人同意,但设置了“不得利用技术等手段重新识别个人身份”的要求,《个人信息保护法(草案二次审议稿)》将之删除,正式立法中也并未再出现。这是因为该要求面临个人信息“匿名化”与“实用性”之间的价值冲突,和特定自然人的信息关联性越强,数据点(data points)的连接关系就越多,对于企业数据分析而言越具有实用性,价值越大。而匿名化的目的正在于切断数据点的连接关系。技术的不完善使得匿名化后的数据仍存在逆向识别特定个人的可能,[①]实践中可能出现购买匿名化信息后利用技术和特殊算法反向识别特定个人的不法操作。因此,该要求的实践价值大于其规范意义。

(四)具体规则

在符合上述适用场景、适用主体、适用客体的条件下,提供方应履行告知义务,并取得个人的单独同意。“单独同意”即信息主体在充分知情下单独就“向其他个人信息处理者提供其处理的个人信息”这一事项作出明确、自愿的同意。个人信息处理中需取得单独同意的情形都将会对个人权益产生较为重大的影响(《个人信息保护法》第23、25、26、29、39条)。[②] 随着处理个人信息的主体增加,个人信息数据链条延长,信息安

① See Sophie Stalla-Bourdillon & Alison Knight, *Anonymous Data v. Personal Data-False Debate: An EU Perspective on Anonymization, Pseudonymization and Personal Data*, 34 Wisconsin International Law Journal 284 (2016).

② 参见程啸:《论个人信息处理中的个人同意》,载《环球法律评论》2021年第6期。

全风险也随之增加,并在一定程度上削弱了信息主体和持有者对个人信息的控制能力。因此,下游环节要防止个人同意沦为对所有信息处理的“一次性”(one-shot)许可。[①] 接收方则应在提供方所取得的同意范围内处理个人信息,否则属于非法处理行为。

那么,处理者 A 不仅需要就其自身收集使用用户个人信息的行为获得一次同意,还要就其向处理者 B 提供前述个人信息这一事项取得用户的再一次同意,同样,处理者 B 也只能在处理者 A 告知用户的处理目的、方式和个人信息的范围内进行处理,如果处理者 B 再次将个人信息提供给 A 这一事项超出了前述范围,还需重新取得用户的个人同意。

但是鉴于单独同意的操作成本高、技术难度大,为了业务一体化的开展,用户信息共享可采用“动态—有限”可让与性规则。该规则源于斯瓦茨提出的“复合不可转让”(Hybrid Inalienability[②])理论[③],“复合不可转让理论”的核心是原则上允许个人信息一次利用,前提是个人有权阻止对外提供等二次利用,阻止方式是为个人设置“选择加入”式同意,意味着除非个人明确同意,否则不允许进一步利用或转让。“动态—有限”可让与性规则与之不同在于:一是明确人格保护优位性。“动态”是指人格随着个人信息共享而流动,具有“在场性”特征,即个人信息收集、存储、使用、加工、传输、提供、公开、删除等各环节都应以不侵害人格为底线。二是提升财产价值可用性。“有限”是指二次利用中个人以同意权来避免完全失去控制和一次性同意,但“原则上允许一次利用”扩张至“原则上允许个人信息的处理”来促进信息流动,即只要不识别或无须识别,个人信息就是可以处理的,只要识别性的处理是合法、正当、必要的,个人信息的处理即是符合个人隐私期待而可接受的。

本章案例中,原告在“某银行”是否拥有账户这一信息,属于被告提

① See Paul M. Schwartz, *Property, Privacy, and Personal Data*, 117 Harvard Law Review 2056 (2004).

② Paul M. Schwartz, *Property, Privacy, and Personal Data*, 117 Harvard Law Review 2056 (2004).

③ 参见李汶龙:《数据权属讨论中的六大误区》,载微信公众号“科技利维坦”2022 年 1 月 9 日,https://mp.weixin.qq.com/s/p6VU3BAyef-flsPKCUdyOg。

供后续一体化服务的合理使用范畴，该信息收集及共享流程是业务模式所需，并也履行了告知义务，且根据"动态—有限"可让与理论，该信息很难认定会对原告造成实际损害，若被告作为处理者履行了安全保障义务等其他义务，不泄露原告的涉案信息，应原则上支持其正常商业模式的展开。

四、处理者与关联公司共享用户信息的合法性认定

（一）关联公司或关联方的界定

《外商投资企业和外国企业所得税法》第52条规定："关联企业，是指与企业有如下之一关系的公司、企业和其他经济组织。（1）在资金、经营、购销等方面，存在直接或者间接的拥有或者控制关系。（2）直接或者间接地同为第三者拥有或者控制。（3）其他在利益上相关联的关系。"可见，关联企业或关联方是指，在企业财务和经营决策中，如果一方有能力直接或者间接控制、共同控制另一方或者对另一方施加重大影响；抑或两方或者多方同受一方控制，则各主体间为关联方。包括关联法人和关联自然人。主要的认定标准是：建立控制、共同控制和施加重大影响。

（二）与关联公司共享的规则选择

如果《个人信息保护法》第23条将关联公司视为接收用户信息的接收者，那么处理者与关联公司之间的共享行为应该受"个人单独同意"规则的约束。但是我们注意到，在实践中，通常在原处理者向用户作出的告知中关于关联方的信息是笼统的。表现为仅概括性地阐述有关关联方的内涵，而不列明关联方的具体主体，有些甚至对关联方的内涵也不作出解释。因此用户难以知悉收集者与关联方的真实关系。

正是基于上述原因，用户难以作出有效、明确的同意，其实质上对"关联公司"并不知情。"知情"是理性社会的一项基础性人权，只有充分享有和行使知情权利，公民才能据此合理安排自己的生活，并最大限度保护自己的权益。① 首先，个人信息保护领域，"知情"是个人作出同意决策及

① 参见汪习根、陈焱光：《论知情权》，载《法制与社会发展》2003年第2期。

限制、拒绝他人处理其个人信息的基础。[1] 然而,个人信息处理中大多数信息主体易陷入"不知情"状态,而基于不知情的同意会减损个人尊严。即使点击同意隐私政策,亦属于被迫同意将其个人信息共享给关联公司。其次,与关联公司共享用户信息应具有场景性,部分共享行为并不具有充分的必要性,比如,与原信息处理者的服务场景无关。就本案而言,被告作为网络购物APP,关联公司"某钱包"的网络支付功能对于实现其服务和商业模式运转则是必要的。最后,关联方后续个人信息处理行为的监管往往缺乏约束。比如,多数APP并不会评估关联方的个人信息安全保障能力,甚至持放任不管的态度。这就容易导致原信息处理者和用户对其信息利用的"双重失控"。

鉴于上述关联公司共享信息场景的现实风险,可转而结合企业与关联企业"共同控制"的特征,适用《个人信息保护法》第20条的规定:"两个以上的个人信息处理者共同决定个人信息的处理目的和处理方式的,应当约定各自的权利和义务。但是,该约定不影响个人向其中任何一个个人信息处理者要求行使本法规定的权利。个人信息处理者共同处理个人信息,侵害个人信息权益造成损害的,应当依法承担连带责任。"

"连带责任"意味着企业与关联企业间关于个人信息处理中权利与义务的划分仅存在其内部,对外而言,用户可以选择向原始处理者行使权利,也可以在知道关联公司的真实身份后选择向后者行使权利。如此一来,将使个人维权困难、个人同意有效性困境等带来的风险大大降低。

五、个人信息权益受损与精神损害赔偿

(一)个人信息权益受损是否等同于人格权受损

我国《宪法》《民法典》《个人信息保护法》中关于个人信息权益保护的法律性质之规定并不相同。

个人信息权益在私法层面是一项独立的民事权益。个人信息权(益)性质为人格权,权利主体是自然人,但因数字社会中对个人信息的自动化处理与电子化转换为数据等技术应用,个人信息事实上又具有财

---

① 参见万方:《算法告知义务在知情权体系中的适用》,载《政法论坛》2021年第6期。

产价值,甚至被称为“新石油”。其内核是意志论与利益论、选择与利益的天然结合。对主体欲求的全面且自由的选择(意志)便是利益,反之,利益在某种程度上是选择(意志)的结果。①

从意志论角度看,个人信息权的本质是选择,权利的实现是支配或控制,个人信息受保护被视为自由选择、自主决策的过程,尤其是通过个人同意这一核心机制来赋予个人选择的自由,从而定义了“人”,因为人的理性本质正是选择的能力,因此自然人从应然上可以选择自己的个人信息被谁以及被如何处理。例如,处理者对个人信息的收集、存储、使用、加工、传输、提供、公开等处理活动在不具备其他合法性基础时,应当取得个人同意(《个人信息保护法》第 13 条)。

从利益论角度看,个人信息权的本质是通过给处理者施加义务来实现其利益保护,权利的实现是信息安全。个人信息权是一种天然内置财产价值的人格利益,②是一种维持人之基本社会生存欲求的利益。个人参与社会生活,尤其是数字社会,不仅要生存,而且还要体面地生存。个人信息中的人格利益是指维持人之为人的独立人格所需的基本相互尊重,财产价值能够让人体面生活且在终极意义上属于人权,在一定程度上会影响人的尊严和自由意志。

此外,即使跳出意志或利益理论的框架来界定权利,如借用霍姆斯的权利是根基于对权利人(非他人)具有真正价值的特定事实考量,③对个人信息主体赋予相应权益也符合数字社会中个人信息处理活动所附加的风险及损害后果的事实。因此,个人信息权在私法上得以确立。

但是《个人信息保护法》中赋予个人的系列权利并非独立民事权益。《个人信息保护法》中的具体权利(包括第 23 条赋予个人的同意权)是为实现个人信息权的手段。《个人信息保护法》进一步明确“保护个人信息

---

① 参见彭诚信:《现代权利理论研究:基于“意志理论”与“利益理论”的评析》,法律出版社 2017 年版,第 214 页。

② 参见向秦、高富平:《论个人信息权益的财产属性》,载《南京社会科学》2022 年第 2 期。

③ 参见彭诚信:《现代权利理论研究:基于“意志理论”与“利益理论”的评析》,法律出版社 2017 年版,第 18 页。

权益”的立法目的,同时又新增一系列个人权利,是在《民法典》赋权思路基础上的内容扩充,本质是个人信息权消极效力或权能的体现。之所以没有必要将《个人信息保护法》中的各种权利视为单独创设的不同于个人信息权的民事权利,是因为该法的定位与《宪法》《民法典》不同。

《宪法》需要解释构建出作为基本权利的个人信息受保护权①,内含在《宪法》尊重和保护人权,保护人格尊严、人身自由、通信自由与通信秘密的相关规定中。《民法典》确立的是作为民事权益的个人信息权。而《个人信息保护法》所规范的对象是权义结构不对称的个人信息处理行为或活动,本质上可谓为一部个人信息处理规则法,其中的权利设置目的是对个人信息处理活动设置手段性或程序性的限制,为个人信息主体提供程序性与救济性保护。② 因此,《个人信息保护法》的定位实际上是为《宪法》《民法典》中作为基本权利的个人信息受保护权、作为不同于传统姓名、肖像、隐私等具体人格权的个人信息权益的具体实现而“保驾护航”。

若将个人信息权体系比作一棵树,那么《宪法》所确立的作为基本权利的个人信息受保护权就是“树根”,《民法典》所确立的作为民事权益的个人信息权就是“树干”,基于前述实体权利的呈现开放性特征的《个人信息保护法》系列个人权利或权能,包括显性的知情权、决定权,隐性的有权撤回同意、有权要求处理者解释说明、有权拒绝自动化决策等,就是“树枝”。这些“树枝”上的辅助性权利在任何可能情境下都可为基础性权利(个人信息权)的行使或实现而创设,因此,虽难以一一列举出其全部权利内容与类型,但也表明其内容和类型是开放的,只是等待人们去发现,个人信息权体系方能“枝繁叶茂”。

因此,个人信息权益是兼具人格和财产利益、兼受公法与私法规制,甚至主要依靠公法和行政法手段保护的个人主体权益。这种多元性、复合性权益的受损并不等同于人格权受损。

---

① 参见李忠夏:《数字时代隐私权的宪法建构》,载《华东政法大学学报》2021年第3期。

② 参见蔡培如:《欧盟法上的个人数据受保护权研究——兼议对我国个人信息权利构建的启示》,载《法学家》2021年第5期。

（二）个人信息权益受损是否适用精神损害赔偿

《个人信息保护法》中的系列权利实质上是个人信息权益的权能内容，因此在侵权领域中应评价为过错标准。我国《个人信息保护法》第69条明确个人信息侵权行为的归责原则为过错推定原则，即处理者无法证明自己没有过错的，便推定其过错，应当承担侵权责任。意味着处理者对其没有过错负举证责任。那么，只要处理者存在非法处理个人信息的行为，或者没有尽到法律规定的个人信息保护义务，行为中的违法性或者未尽到保护义务本身就足以证明处理者具有过错。处理者免责的方式是除非其证明他的处理行为不违法或者其已经尽到了保护义务，来推翻过错的推定。因此，当信息提供者与接收者以及关联公司不具备合法性依据或不符合第20条、第23条的合理处理规则时，就属于对保护义务的违反，应推定为存在过错。

个人信息权益具有明显的人格属性，与个人信息主体的人格尊严、人格自由密切相关，因此个人信息权益[①]遭受侵害时，被侵权人应获得精神损害赔偿具有一定的理论根基与实践需求。传统侵权责任的承担的方式是与民事权益的类型对应的，如侵害的是物质性人格权，责任方式对应的是恢复原状、赔偿损失等，如侵害的是精神性人格权的，责任方式对应的是停止侵害、赔礼道歉、消除影响、恢复名誉以及精神损害赔偿。

然而个人信息上承载人格、财产等多种利益，其对应的责任方式也应是多样化的。司法实践中将个人信息的财产利益打包在人格中一体保护，个人信息上的财产权益缺乏独立的请求权基础，因此责任方式上也表现为对精神性人格权的救济。其中精神损害赔偿又设有“严重”的限制条件，但是个人信息（尤其是非私密的）的泄露或不当处理一般不会对人格尊严带来严重打击。这就造成了个人信息救济中财产保护缺乏救济，人格保护又难以达到损害严重程度的要求，新型损害是无形且隐蔽的，更难以量化成具体数额。因此，原告胜诉获得救济的力度也与其诉讼成本

---

① 参见彭诚信、许素敏：《侵害个人信息权益精神损害赔偿的制度建构》，载《南京社会科学》2022年第3期。

不匹配。另外,隐私和个人信息一旦泄露具有不可逆转的属性,从这个角度来看,即使予以金钱赔偿,已经受损的人格和尊严也难以挽回,无法恢复原状。

我国立法采用对隐私和个人信息保护二元区分立法模式。《民法典》第1182条规定隐私权侵权导致严重精神损害才赔偿,《个人信息保护法》第69条对"严重"这一要求进行了一定程度弱化,不严格区分财产损害和精神损害,因此个人信息侵权除精神损害赔偿外还可通过财产损害赔偿救济。实践中,对于擅自公开私密信息的损害赔偿一般采用消除影响和精神损害,而对于违法侵害个人信息权益的民事责任一般采用停止侵害。"当双方法律地位平等但信息能力不平等,如私人信息业者处理个人信息,应同时适用两套规则,信息主体既可援引《民法典》上的人格权禁令和绝对权请求权来维护隐私权,也可按照《个人信息保护法》确立的过错推定原则来请求损害赔偿。"①

六、结语

个人信息处理合法性认定要满足三个层次的合法性,即合法目的、合法性依据(《个人信息保护法》第13条)及具体的合法合理处理规则。《个人信息保护法》就是一部公法与私法规制结合、兼顾私人利益与其他多种利益的综合性立法。数据(含个人信息)作为数据市场的重要生产要素,将个人信息利用对个人主体权益的侵害风险限制在社会或者信息主体可以接受的合理范围内,应支撑起个人信息的流通与共享。

---

① 参见彭錞:《再论中国法上的隐私权及其与个人信息权益之关系》,载《中国法律评论》2023年第1期。

第二十四章　购物类 APP 自动化推荐应用的合法性基础判定

夏　燕* 　何　淼**

【案例索引】

一审案号:杭州互联网法院(2021)浙 0192 民初 5626 号

【审判人员】

何淼(承办人)、周永根、金广栋

【核心问题】

在网络用户拒绝使用自动化推荐应用的场景下,购物 APP 运营者应当如何行为才能有效保障用户个人信息权益?网络用户免受自动化推荐的拒绝权实现的条件、时段与方式应当怎样认定?

【案情简介】

原告郭某某在注册、使用被告运营的某购物 APP 过程中发现,打开案涉 APP 时,APP 会弹窗显示《隐私权政策》《用户协议》等,要求其选择"同意"或"拒绝",若其选择"拒绝",则不能继续使用该购物 APP。原告认为《隐私权政策》中的部分内容违反《个人信息保护法》第 16 条、第 24

* 夏燕,重庆邮电大学教授。
** 何淼,杭州互联网法院(杭州铁路运输法院)研究中心法官。

条的相关规定,侵犯其个人信息权益,请求法院判令被告提供在原告不同意上述隐私政策内容时仍能使用案涉APP的选项,并就侵害原告个人信息权益的行为进行赔礼道歉、赔偿经济损失。

被告辩称其就用户授权和自动化决策问题已向用户提供选择权(拒绝权)的权益保障措施,并不构成对个人信息权益的侵害。法院最终判定被告未侵害原告个人信息权益,依法驳回了原告的诉讼请求。判决后,当事人均服从法院判决未提起上诉。

【分歧意见】

第一种意见认为,购物类APP收集和使用用户的浏览、搜索记录及设备信息、服务日志信息超出了必要信息范围,无权以用户不同意处理其个人信息为由拒绝提供服务。用户在使用购物类APP时仅需要填写收件人姓名、电话、地址信息,若该类APP额外扩大收集用户个人信息、搜索浏览记录、设备信息、服务日志等行为,利用这些信息进行分析形成用户画像,以便其了解用户偏好的行为,便超越了《常见类型移动互联网应用程序必要个人信息范围规定》(国信办秘字〔2021〕14号)规定的必要的要素信息收集,属于非必要信息的采集和使用,因此,在隐私条款中捆绑自动化决策服务是违法违规行为。

第二种意见认为,购物类APP收集和使用用户的浏览、搜索记录及设备信息、服务日志信息未超出必要信息范围,处理这些个人信息属于提供网络服务所必需,其有权以用户不同意处理其个人信息为由拒绝提供服务。通过自动化决策及其在信息推送、商业营销行为中的应用,已通过APP内措施保障用户的拒绝权,符合《个人信息保护法》第24条的规定。

【审判观点】

法院针对该案中收集用户个人信息并进行自动化算法决策的裁判观点如下:

首先,被告通过事前概括同意机制和事后退出机制,对用户基本知情同意权进行了保障。本案中,被告采取了四种方式保障原告的知情同意权:一是在"我的APP—设置—隐私设置—广告管理"中,用户可依照不同商品(或服务)类目选择删除个性化广告,或点击按钮整体关闭个性化广告。二是在"我的APP—设置—隐私设置—推荐管理"中,用户可以点击按钮整体关闭个性化推荐。三是在"我的APP—足迹""搜索框—历史搜索"中,用户可以选择删除浏览、搜索记录。四是用户可以在搜索结果页面点击"筛选",选择其中的"销量""价格""通用排序"进行不针对其个人特征的排序设置。

其次,个人信息保护应遵循比例原则。移动互联网应用程序以用户不同意处理其个人信息为由拒绝提供服务,但其处理的个人信息为该应用程序的基本服务功能、维护网络技术安全所必需,且对敏感个人信息处理已获得用户单独授权的,属于没有超出必要信息处理范围,应当被允许。司法裁判应当在充分保障个人信息安全合法权益的同时,保障和促进网络服务行业的正常开展,在利用个人信息自动化决策与个人信息权益保护之间进行合理平衡。

【理论探索】

一、问题的提出

随着网络信息技术的纵深发展,不断涌现的网络平台集聚了越来越多的用户信息。平台运营者秉持拥有海量数据的优势,依据不同类型的算法形成自动化决策。在购物类APP中,收集地理位置、操作习惯、浏览偏好等维度的用户信息,自动向用户推荐与其需求相契合的商品服务已经成为业界普遍做法。购物类APP自动化推荐应用促进数字经济发展,它不仅使商家营销更加精准化,也提升用户获取有效信息的便捷性。然而,自动化推荐应用也给个人信息保护带来挑战与威胁。在网络用户拒绝使用自动化推荐应用的场景下,购物APP运营者应当如何行为才能有效保障用户个人信息权益?网络用户行使免受自动化推荐拒绝权的实现条件、时段与方式应当怎样认定?应当如何正确理解《个人信息保护法》第16条不得拒绝提供原则与第24条通过个人信息自动化决策之间的关系与适用,已经成为理论界与实务界亟待解决的问题。

本章结合郭某某诉某网络有限公司个人信息保护纠纷案[1],探析自动化推荐应用的合法性基础。购物类 APP 收集用户个人信息后进行自动化算法分析,并以此作为基础形成算法推荐的行为定性?采取“先同意后退出”机制对用户个人信息进行收集的行为是否等同于保障用户“知情同意”的权利?“先同意后退出”机制如何认定才能平衡个人信息保护与处理活动?本章尝试回答以上三个问题,以期能达成自动化推荐规范应用与实现个人信息权益有效保护的“双赢”局面。

二、购物类 APP 自动化推荐的定性分析

根据《个人信息保护法》第 73 条关于自动化决策的定义[2],购物类 APP 收集用户个人信息后进行自动化算法分析,并以此作为基础形成算法推荐的行为属于自动化决策。同时《个人信息保护法》第 24 条规定了自动化决策中个人的权利与个人信息处理者的义务。自动化决策“既在私法领域的商业部门广泛使用,又深度参与了公共部门的决策”[3],购物类 APP 中的自动化推荐属于商业自动化决策,因而对它的定性分析主要立足于私法领域。

第一,自动化推荐的正向功能。购物类 APP 为何在网络社会广泛适用?一方面对网络用户而言,除 APP 购物具有摆脱时空限制的优势之外[4],感知有用性与服务质量优化是用户持续使用的正向因素。感知有用性是指购物类 APP 结合用户需求、浏览爱好、地理位置等个人信息分析,筛选出最优结果,帮助用户节约时间精力成本提高购物效率。服务质量优化主要表现为购物类 APP 通过分析用户搜索关注内容等,更好地推荐与用户需求匹配的商品和促销信息,从而提供更优质的个性化服务。[5]

---

① 杭州互联网法院民事判决书,(2021)浙 0192 民初 5626 号。

② 《个人信息保护法》第 73 条第 2 款规定:“自动化决策,是指通过计算机程序自动分析、评估个人的行为习惯、兴趣爱好或者经济、健康、信用状况等,并进行决策的活动。”

③ 张凌寒:《商业自动化决策的算法解释权研究》,载《法律科学(西北政法大学学报)》2018 年第 3 期。

④ 参见刘百灵、徐伟等:《应用特征与个体特质双重视角下移动购物持续使用意愿研究》,载《管理科学》2018 年第 2 期。

⑤ 参见周沛、伏苏云等:《购物类 APP 用户持续使用影响因素的实证研究》,载《南京师大学报(自然科学版)》2020 年第 2 期。

另一方面对企业而言，快速精准地找到自己潜在客户为其提供性价比更高的产品与服务有助于企业长远发展。其中，中小企业是自动化推荐的主要受益者，“个性化推荐可以帮助小企业的产品有效地为消费者所知晓”①，真正匹配网络用户需求的个性化小众产品在自动决策之下有更多的呈现机会。无论是用户感知有用性与服务质量优化还是企业有精准营销以及公平展现的机会，都离不开收集用户个人信息后进行自动化分析，并以此作为基础形成算法推荐。自动化推荐的正向功能成就网络时代社会资源的极大优化，承载着科技向善创造更好生活的美好期待。

第二，自动化推荐的负向作用。在自动化推荐正向功能发挥的过程中，存在侵犯个人信息权益的潜在风险，APP 自动化推荐负向作用不断显现。首先，APP 自动化推荐负向作用源起于不平等的信息主体关系。一方是掌握海量数据，运用“暗箱”算法的平台信息优势方，另一方为信息知情量少，难以作出正确判断的个体信息弱势方。信息优势方压榨信息弱势方的乱象频发，层出不穷的网络平台“大数据杀熟”②、个性化推荐隐藏“价格歧视”③等新闻报道有效印证了这一观点。其次，APP 自动化推荐中算法不透明导致信任危机。由于缺乏“人”的在场，“算法模糊掺杂不可知因素”④（如输入歧视性变量）导致不公平不公正的结果，公众甚至发出“远离算法算计”⑤的呼吁。最后，用户拒绝 APP 自动化推荐权利保障落实不力拓深负向作用影响。基于自动化推荐高度关联个体偏好（产生针对其个体特征），或者作出对个人权益产生重大影响的决定（尽管这样的情形在购物类 APP 自动化推荐中罕见）等各种原因，用户拒绝利用个体信息自动化推荐的权利如果得不到保障，则将用户困于自动化推荐

---

① 丁晓东：《用户画像、个性化推荐与个人信息保护》，载《环球法律评论》2019 年第 5 期。

② 杜园春、张若白等：《51.3% 受访者遭遇过大数据“杀熟”》，载《中国青年报》2018 年 3 月 15 日，第 7 版。

③ 王品芝、潘泽强：《75.3% 受访者曾被算法推荐服务困扰》，载《中国青年报》2022 年 3 月 24 日，第 10 版。

④ [英]凯伦·杨、马丁·洛奇主编：《驯服算法：数字歧视与算法规制》，林少伟等译，上海人民出版社 2020 年版，第 24～30 页。

⑤ 毛湛文、白雪蕾：《如何远离算法之“算计”》，载《光明日报》2022 年 4 月 7 日，第 7 版。

之中,损害公民的自主性。

第三,自动化推荐兼容合作互惠与对抗防范关系。从自动化推荐的正向功能可知,加强与用户"需求"的对话,达成更有匹配度的信息交换、促成更优惠的价格与更好的服务是自动化推荐的主要目标之一。围绕自动化推荐目标的达成,平台信息方、企业方与网络用户形成合作互惠关系,共同享受大数据技术利用带来的福祉与数字经济红利。从自动化推荐的负向作用分析,算法决策不透明、交易结果不公平、不合理的差别待遇、仅有针对个人特征的推荐等一系列乱象确实损害个人信息主体权益,破坏个人信息主体对自动化推荐的信任,最终导致对抗防范关系的出现。既然自动化推荐兼容合作互惠与对抗防范关系,那么法律不能仅仅因为存在对抗防范而因噎废食地禁止自动化推荐,而应以促进正向功能为宗旨,同时赋予个人信息主体知情权与拒绝权,以消除信息主体的疑虑和防范自动化推荐风险,修复对抗防范中断裂的信任关系。

第四,三种理论路径下自动化推荐的认定。关于自动化决策法律规制研究,有禁令、权利①以及平衡②三种理论进路。禁令理论进路将数据主体利益最大化,对自动化决策采取严谨审慎的态度,从源头开始对自动化决策进行事前规制。权利理论进路以促成数字生产为宗旨,赋予数据主体知情同意权和选择权的前提下,给予自动化决策较大的生存与发展空间。它认为只要不违反国家强行性规范,在个人数据主体没有行使拒绝权或者自动退出自动化决策之前,自动化决策的存在理所当然。平衡理论进路结合个人利益与公共利益,强调免受自动化决策权应当分级保护、全过程平衡保护、硬法与软法协同保护等观点,促成数字行业发展与个人信息主体权益保护的协同发展。具体说来,禁令理论进路尚未考虑数据利用具有的正向功能,忽视自动化决策已在社会大规模适用的客观事实,不利于数字生产的创新与发展。尽管如此,作为商业自动化决策典

---

① 参见王苑:《完全自动化决策拒绝权之正当性及其实现路径——以〈个人信息保护法〉第 24 条第 3 款为中心》,载《法学家》2022 年第 5 期。

② 参见郑智航:《平衡论视角下个人免受自动化决策的法律保护》,载《政法论丛》2022 年第 4 期。

型代表的自动化推荐,在禁令理论的透视下,保障数据利用正向功能与数据主体利益最大化也并不相悖,有其合理存在的价值基础。权利理论路径视野下的自动化推荐通过设定个人信息主体知情与选择权保障其存在正当性。平衡理论进路主张根据自动化决策影响进行分级,相比那些高度关联个人尊严并产生不可逆转永久性的自动化决策(如司法系统对犯罪分子的认定)而言,购物类 APP 的自动化推荐对信息主体的负面影响相对有限,其在商业领域中被广泛应用能被合理解释。

综合而言,理解购物类 APP 自动化推荐的定性应当注意三个维度:第一,它是已经在商业领域客观普遍存在的自动化决策,它兼融正向功能与负向作用。第二,《个人信息保护法》遵循权利理论进路确认了自动化决策,通过保障信息主体权利行使可确定自动化推荐的合法性基础。第三,作为一种商业自动化决策,自动化推荐对个人信息权益负向影响较小,司法适用中促成其"合作互惠"正向功能的发挥非常关键。

三、"先同意后退出"机制的法理分析

在本案中,原告郭某某在打开案涉 APP 时,不同意弹窗显示的《隐私权政策》和《用户协议》中包含的利用个人信息开展自动化推荐,选择拒绝则无法使用该购物 APP,只能采取先同意用户协议,接受自动化推荐后再行退出。原告认为"先同意后退出"机制违反《个人信息保护法》第 16 条、第 24 条,侵害其个人信息权益,但法院判决认为该机制已经实现了对原告个人信息权益的同效保护。"先同意后退出"机制表面看起来是一个行权时间节点问题,背后却是如何理解与定性个人对自动化决策的拒绝权,这对分析"先同意后退出"机制至关重要。正如研究者所言"立法者以第 24 条为核心赋予了个人对抗自动化决策的权利,但进行立法体系化梳理后发现,各项相关权利或内容宽泛,或行权节点连接不清"①,不完善的立法理论更会造成司法适用的困境。必须要说明的是,本章并不广泛地讨论个人对自动化决策的拒绝权,而是在购物类 APP 自动化推荐的

① 张欣:《免受自动化决策约束权的制度逻辑与本土构建》,载《华东政法大学学报》2021 年第 5 期。

场景下分析“先同意后退出”机制。也就是说,我们将议题讨论限定于个人对自动化推荐的拒绝权,才能进行有的放矢的法理分析。

首先,如何理解个人对自动化推荐的拒绝权?解读《个人信息保护法》第 24 条并结合前文对自动化推荐的定性分析,发现自动化推荐与第 24 条第 3 款的关联度较弱。[①] 第 3 款规定自动化决策对个人权益有重大影响,个人有权要求说明并拒绝。购物类 APP 的自动化推荐主要体现为推荐商品或者服务,对个人权益的影响无法与警务管理、司法裁判等领域的自动化决策比肩,难以达到重大的程度,因而第 3 款所考虑的拒绝权不属于自动化推荐法理分析的重点内容。因而个体对自动化推荐拒绝权的依据主要在于第 24 条第 2 款,即通过自动化决策方式向个人进行信息推送、商业营销,应当同时提供不针对其个人特征的选项,或者向个人提供便捷的拒绝方式。可以说,在购物类 APP 自动化推荐的场景下,个人对自动化推荐拒绝权的法理基础并不扎实。这是源于:第一,在“合作互惠”正向价值更加凸显的自动化推荐中,赋予信息主体拒绝的绝对权利,会给双方关系带来不必要的烦扰,并不利于双方互惠。第二,由于个人信息风险具有“聚集效应”[②],个人信息主体基于有限的理解能力,可能误判自动化推荐风险,在未能体验的前提下拒绝本来可能为个人提供更好服务或产品的机会。第三,自动化推荐对个人权益的重大影响具有可控性,赋予信息主体拒绝的无限权利并不具有必要性。归纳而言,个人对自动化推荐拒绝权应当被认为是一种“相对而非绝对”的权利,一种“程序性而非实体性”的权利,一种“限定性而非无限性”的权利。

其次,如何理解《个人信息保护法》第 16 条与第 24 条之间的关系。《个人信息保护法》第 16 条明确规定,个人信息处理者不得以个人不同意处理个人信息或者撤回同意为由,拒绝提供产品或者服务,处理个人信

---

① 《个人信息保护法》第 24 条第 3 款规定:“通过自动化决策方式作出对个人权利有重大影响的决定,个人有权要求个人信息处理者予以说明。并有权拒绝个人信息处理者仅通过自动化决策的方式作出决定。”

② See Daniel J. Solove, *Introduction: Privacy Self-Management and the Consent Dilemma*, 126 Harvard Law Review 1880 (2013).

息属于提供产品或者服务所必需的除外。关于第16条与第24条的关系与适用,存在两种不同的理解:第一种将第16条理解为第24条适用的关联条件,本属于《个人信息保护法》第24条规定的个人对自动化决策的拒绝权成为第16条"个人不同意"的内容,在一开始(自动化决策的事前)就要求个人信息处理者不能自动化决策,也不能拒绝提供服务,直接排除"先同意后退出"机制的适用。第二种是将第24条视为关于自动化决策的特别条款,与第16条的行使完全不同。"个人自动化决策当中的拒绝权应当受到一定程度限制,不宜将之等同为一般意义上的拒绝权"[①]、"第24条的拒绝权不同于第16条规定的个人撤回同意的权利,因为后者不需要任何条件可以随意行使"。[②] 因此,个人对自动化决策的拒绝并不能必然引发第16条中"个人不同意",在事前就决然拒绝自动化推荐不可行,通过"先同意后退出"机制也能保障个人知情同意权。在《个人信息保护法》中,第16条与第24条同属于"个人信息处理规则"的章节,并未体现出第16条与第24条关联的设计逻辑,基于个人对自动化推荐拒绝权定性为是一种"相对的、程序性的与限定性"的权利,本章更赞同第二种理解,即不应将个人对自动化推荐拒绝权视为一般"不同意"内容,触发第16条对个人信息处理者的禁止性义务,尤其是在本案中个人对自动化推荐拒绝权还能通过事后选择机制加以保障的前提下。

最后,关于个人对自动化决策拒绝权的时间节点问题。有学者认为,"通常的情况下拒绝权的行使应当在自动化决策实施之后"[③]、"个人对自动化决策的拒绝权是针对个人信息处理者的自动化决策行为而作出的一种反射机制,是一种仅限于行为发生以后的事后救济"。[④] 有学者持相反观点,认为"将拒绝完全自动化决策权理解为事后救济……无法保障真正

---

① 江必新、李占国主编:《个人信息保护法条文解读与法律适用》,中国法制出版社2021年版,第88页。

② 程啸:《个人信息保护法理解与适用》,中国法制出版社2021年版,第231页。

③ 杨立新、赵鑫:《利用个人信息自动化决策的知情同意规则及保障——以个性化广告为视角解读〈个人信息保护法〉第24条规定》,载《法律适用》2021年第10期。

④ 林洹民:《个人对抗商业自动决策算法的私权设计》,载《清华法学》2020年第4期。

的自主”[①]、“有权拒绝可以分为事前、事中与事后三个阶段”[②]。学者的争论源于对拒绝权的定性不同,也在于对自动化决策影响未加分级而各自的考量标准迥异,因而关于拒绝权行权时间节点划定也不同。在购物类 APP 自动化推荐的场景之下,结合自动化推荐的定性,衡量拒绝权行使的条件,本章认为,“先同意后退出”机制足以有效保障网络用户知情同意与拒绝权,严苛的事前、事中、事后三阶段赋权必要性不足。一方面,“以‘知情—同意’模式保护个人信息相关权益,本身就面临很多困境,可能同时引发个人信息权益保护不足或者保护过度的问题”。[③] 三阶段赋权容易打破自动化推荐合作互惠的平衡,个人信息权益保护过度产生数据资源利用不足的危害。正如哈贝马斯所言:“权利毕竟不是一支枪,也不是一台独角戏。它是一种关系、一种惯例而在那两者的根本方面,它是关联性的一种表达……但归根结底,仍然是合作。”[④]另一方面,个人对自动化推荐的拒绝权可以通过事中与事后加以保障,其保障方式、力度与个人对自动化推荐的拒绝权相匹配。事实上,过多的程序性赋权并非都能带来权益保护的提升,反而可能成为非理性思维情绪化表达的“通道”。而对于每天可能处理上亿自动化决策的平台而言,多一种必需的处理节点就意味着不堪重负。

四、自动化推荐的“平衡”之道

关于自动化推荐应用,文本研究、规则设定、司法判决都在以不同的方式彰显“平衡”数据处理与个人信息保护的智慧。

第一,理念方面。个人信息主体的权益保护应当放入数字科技发展的历史洪流中衡量,学术理念的演变证实了这一观点。早在 20 世纪 60

---

① 王苑:《完全自动化决策拒绝权之正当性及其实现路径——以〈个人信息保护法〉第 24 条第 3 款为中心》,载《法学家》2022 年第 5 期。

② 万方:《算法治理应聚焦解决的关键性问题》,载《理论探索》2022 年第 2 期。

③ 丁晓东:《基于信任的自动化决策:算法解释权的原理反思与制度重构》,载《中国法学》2022 年第 1 期。

④ [德]哈贝马斯:《在事实与规范之间》,童世骏译,生活 · 读书 · 新知三联书店 2003 年版,第 111 页。

年代,美国学者阿兰·威斯丁(Alan Westin)提出个人信息控制权利[①],开创个人信息保护制度的先河。然而数字科技的发展深刻影响着理论发展,"信息隐私的本质应当是信任,而非关于个人控制"[②]的观点也越来越深入人心。在我国《个人信息保护法》的制定过程中,第24条第3款曾表述为:"个人认为自动化决策对其权益造成重大影响的,有权要求个人信息处理者予以说明,并有权拒绝个人信息处理者仅通过自动化决策的方式作出决定。"立法者最终考虑数字科技企业的成本负担,放弃给个人主观上过度赋权的做法,将"个人认为"的字句删去。

第二,规则方面。平台应当遵循《个人信息保护法》相关规则才能保证自动化推荐的合法性。在这些确立与调整自动化决策规则的字里行间,"平衡"二字从未隐去。规则设定自动化推荐个人信息处理者的义务性规定,保障网络用户权利。例如,自动化推荐应当保证决策透明度。保障自动化推荐的透明度是个人信息保护法公开透明原则的深度体现。自动化推荐容易产生信任危机的根源之一在于"算法黑箱",而保证算法透明度也就明确了自动化推荐的可追责性。自动化推荐同时应当保证对个人所产生的影响结果,不能有不合理的差别待遇,保证结果的公平公正。[③] 再如自动化推荐应当同时提供不针对其个人特征的选项,或者向个人提供便捷的拒绝方式。这些命令性规定和禁止性规定的结合,最终形成网络用户在自动化决策中知情权与拒绝权的保障。最后当自动化推荐方式作出对个人权益有重大影响的决定时,网络用户有权要求处理者说明并拒绝该项处理。网络用户要求说明的权利,在一定程度上可以纠正自动化推荐中正当程序保障的缺失,保障个人对自动化推荐的知情权

---

① See Alan Westin, *Privacy and Freedom*, Atheneum Press, 1967, p. 7.

② Ari Ezra Waldman, *Privacy as Trust: Sharing Personal Information in a Networked World*, 69 University of Miami Law Review 559 (2015).

③ 《互联网信息服务算法推荐管理规定》第8条明确算法推荐服务提供者不得设置诱导过度消费等,第21条规定算法推荐服务提供者不得根据消费者的偏好、交易习惯等特征实施不合理的差别待遇。《消费者权益保护法》第10条规定:"消费者享有公平交易的权利。消费者在购买商品或者接受服务时,有权获得质量保障、价格合理、计量正确等公平交易条件,有权拒绝经营者的强制交易行为。"

与参与权。

第三,司法方面。满足一定条件的自动化推荐,个人信息处理者应当"向个人提供便捷的拒绝方式",但如何能称为便捷的拒绝方式,法律并没具体规定,留与司法适用探索。在本案中,法院判决确认了"先同意后退出"的方式视为对个人知情同意权的保障,较好地平衡了自动化推荐应用与用户个人信息保障之间的关系。首先,APP运营方在《隐私权政策》中告知用户将利用其个人信息进行自动化推荐,并以普通人能够理解的语言告知用户自动化推荐将以何种依据来作出。通过隐私政策事前概括同意机制对用户进行告知是业界通行且满足效率需求的做法,保障了用户基本知情同意的权利。其次,针对自动化推荐在信息推送、商业营销行为中的应用,APP提供完善的事后选择(拒绝)路径,主要表现为可以删除或者点击按钮整体关闭个性化广告、可以关闭个性化推荐、可以删除浏览与搜索记录、可以选择不针对其个人特征的排序设置。最后,APP运营方采取多样化的推荐技术,拓展推荐的内容,避免同类型内容过度集中,弥补自动化推荐容易"同质化"的缺陷。可见,在程序设定中,每一步都保留了网络用户权利落地的空间。

综上所述,"先同意、后退出"机制保障了网络用户的知情权和拒绝权,也有效地遵循了数字经济的发展规律,维护了APP运营者在科技洪流中的"数字化生存方式"。而另外一个值得探讨的话题是,"先同意"的做法也保障了网络用户便捷获得自动化推荐的权利(并不排除第一次进入APP并不清楚有该项大数据红利存在的用户)。既然有"免受自动化决策"的拒绝权,为何不能有"享受自动化决策便利"的自动权呢?在法院秉持"平衡"之道的判决中,一个适应数字社会发展的权利理念正在浮现:权利实现的方式从对抗防御逻辑日益转向为沟通合作逻辑,权利实现的目的不在于全赢,而在于共赢。

五、结语

在自动化决策之下专门探析购物类APP自动化推荐的合法性基础,是一种在数字前沿中精准刻画自动化推荐权利义务分配的历程。自动化推荐如此契合大多数人在数字交易中的购物习惯,以至于人们对它的正向功能往往视而不见,认为理所当然。当其负向作用显现时候,口诛笔伐的研究者总是可以敏锐地捕捉到并作出相对激烈的反应:自动化推荐中"先同意后退出"的机制还是会有人会争议是一种以商业利益为导向的迂回保护,购物 APP 向用户提供的不针对其个人特征的选项或向其提供便捷拒绝方式只是对于这种非公正结果的后置性救济。幸而法院的判决给社会指明了一条个人信息保护与数字产业发展的平衡之道。判决在裁判要旨中肯定本案信息处理者利用个人信息进行自动化决策具有合法性基础,同时也指出信息处理者通过自动化决策方式进行信息推送,未向个人提供拒绝的方式或者拒绝的方式完全不能达到便捷性要求的,使用户不能依据自己的真实意思表示进行拒绝,应当认定侵害用户个人信息权益。自动化推荐将在中国个人信息法律保护的"温度"与"韧性"中,在理论争论的"交锋"与司法实践的"指正"中继续发展。